Michael Hesemann

Der Papst, der Hitler trotzte

Die Wahrheit über Pius XII.

Michael Hesemann

Der Papst, der Hitler trotzte

Die Wahrheit über Pius XII.

paulinus

Den Überlebenden des Holocaust
und ihren Rettern

sowie, ganz persönlich,
Pater Peter Gumpel, S.J.

gewidmet.

Ut veritas vinceret!

Bibliografische Information der Deutschen Nationalbibliothek

Die Deutsche Nationalbibliothek verzeichnet diese Publikation in der Deutschen Nationalbibliografie; detaillierte bibliografische Daten sind im Internet über http://dnb.dnb.de abrufbar.

2., vollständig überarbeitete Auflage

Titelbild: KNA und kpa
Gesamtherstellung: Paulinus Verlag GmbH, Trier
Druck: Repa-druck, Saarbrücken-Ensheim
Printed in Germany
ISBN 978-3-7902-5764-9
www.paulinus-verlag.de

Inhalt

Vorwort

Als mich vor einigen Wochen der (italienische) Verlag Paoline bat, eine kurze Vorstellung des Buches über Papst Pius XII. aus der Feder des deutschen Historikers Michael Hesemann zu schreiben, habe ich mit großer Freude zugesagt. Ich kannte die Originalausgabe des Buches, das in Deutschland erstmals 2008 erschienen ist. Schon damals war ich der Ansicht, dass es in andere Sprachen übersetzt werden müsse, denn es hatte verdient, einer breiten Öffentlichkeit zugänglich gemacht zu werden. Wie wohl allgemein bekannt ist, wurde in den letzten Jahrzehnten viel über Papst Pius XII. geschrieben und gesagt, das leider nicht der Wahrheit entspricht: folglich wurde die Erinnerung an eine der größten, wichtigsten und heiligsten Persönlichkeiten des 20. Jahrhunderts verdunkelt und verfälscht. Umso wichtiger ist es, dass die Öffentlichkeit über derlei Verfälschungen aufgeklärt und ihr vermittelt wird, worin die Bedeutung des Lebens und Handelns Eugenio Pacellis liegt, der unter dem Namen Pius XII. die katholische Kirche in einer der finstersten Zeiten der Menschheitsgeschichte lenkte. Das Werk Michael Hesemanns dient bewusst und beabsichtigt dieser dringend notwendigen Aufgabe. Tatsächlich basiert es auf einwandfreien historischen Quellen und ist gleichzeitig in einer so klaren und verständlichen Sprache verfasst, dass es eine gute und angenehme Lektüre garantiert.

Ich möchte ausdrücklich betonen, speziell angesichts der gegenwärtigen Situation, dass es aus historischer Sicht in jeder Weise seriös und glaubwürdig ist. Ich glaube, dass ich das Recht habe und befähigt bin, dies zu beurteilen, da ich seit über 20 Jahren im Auftrag der höchsten Autorität der Kirche (d.h. des Papstes, d. Übers.) das Amt des Relators im Selig- und Heiligsprechungsprozess des Pacelli-Papstes innehatte. Relatoren sind leitende, hochrangige Beamte des Heiligen Stuhls, die als Untersuchungsrichter in unparteiischer und objektiver Weise alles kritisch prüfen, was in einem Selig- und Heiligsprechungsprozess zusammengetragen wurde und was das Leben, Handeln und die Tugenden eines Kandidaten für die Heiligsprechung ausmachte. In der Ausübung dieses Amtes habe ich buchstäblich hunderttausende Seiten historischer Dokumente, beeidigter Zeugnisse von Zeitgenossen des „Dieners Gottes“ (offizieller Titel des „Kandidaten“ für eine Selig- oder Heiligsprechung, d. Übers.) sowie alle Bücher, Abhandlungen und Artikel über Pius XII. und die unterschiedlichen Stationen und Situationen seines Lebens studiert.

Um diese Arbeit verrichten zu können, ermöglichte man mir den vollen Zugang zu allen Pacelli/Pius XII. betreffenden Akten und Dokumente in den Vatikanischen Archiven. Zudem konnte ich auf die Mitarbeit dutzender Kollegen, darunter namhafter Universitätsprofessoren, zählen, die mit ihrer ganzen Kompetenz in den Archiven verschiedener Nationen die notwendigen Recherchen unternahmen und ihre Ergebnisse dankenswerter Weise an mich weiterleiteten. Weiter war ich mit der Redaktion der umfangreichen Posizione betraut, die der Postulator Paolo Molinari SJ zusammengestellt hatte und die nach vorangegangener Diskussionen durch Historiker und Theologen am 8. Mai 2007 vom Obersten Tribunal der Kongregation für die Selig- und Heiligsprechungen, das aus 13 Kardinälen und Bischöfen aus sechs verschiedenen Nationen zusammengesetzt ist, einstimmig angenommen wurde.

Je mehr wir in dieser umfangreichen Arbeit, unseren Recherchen und Untersuchungen, vorankamen, desto fester waren meine Mitarbeiter und ich davon überzeugt, dass um Pius XII. eine regelrechte „schwarze Legende“ gewoben wurde.

Wir Berufshistoriker wissen natürlich, dass der Fall Pius XII. weder der erste, noch der einzige Fall einer solch verachtenswerten Geschichtsfälschung ist. Es gibt nicht wenige Fälle, in denen Personen während ihres Lebens und in den ersten Jahren nach ihrem Tod zurecht von allen gelobt und bewundert wurden. Dann plötzlich erhob irgendjemand eine ungerechtfertigte und unentschuldbare Kritik, die zwar die Gelehrten nicht überzeugte, die aber leider und allzu oft beabsichtigt mit einer solchen Vehemenz vertreten und verbreitet wurde, dass sie am Ende die öffentliche Meinung dominierte.

Bei einer solchen Absicht sei zitiert, was mir vor ein paar Jahren einer der berühmtesten Historiker unserer Zeit sagte: „Lieber Kollege, wissen Sie, was die Tragödie für uns heutige Historiker ist? Ich werde es Ihnen sagen: Bevor wir ein Buch veröffentlichen, recherchieren wir jahrelang, weil wir es als unsere Pflicht gegenüber der Wahrheit ansehen, alles zu wissen, was über das Thema, mit dem wir uns beschäftigen, bekannt ist. Wenn wir dann soweit sind, setzen wir uns hin und beginnen mit dem Schreiben - ohne jede Eile. Wir wägen in Ruhe jedes Wort ab, um uns nicht auf die eine oder andere Art an der Wahrheit zu vergehen, die wir in jahrelangen Recherchen und Studien gefunden zu haben glauben. Letztlich erscheint das Buch als Ergebnis all dieser Arbeit, und dann: Wer wird es lesen? Einige spezialisierte Kollegen, aber nicht die große Öffentlichkeit, die heutzutage immer weniger liest und sich informiert. Dann jedoch müssen wir die folgende Situation erleben: Der erste Ignorant (er sagte wörtlich: „Der erste Idiot") präsentiert sich im Fernsehen und sagt dort die dümmsten und absurdesten Dinge, die in kreischendem Kontrast zur Wahrheit stehen und diese Idiotien werden von der Masse der Zuschauer geglaubt, sie werden für bare Münze genommen. Das, lieber Kollege", so schloss er, „das ist die Tragödie des heutigen Historikers".

Die Mitglieder unserer Historikergruppe und mit ihnen viele andere Spezialisten wissen, wie zutreffend dieses Bild ist, das unser berühmter Kollege von der heutigen Situation zeichnet, in der die öffentliche Meinung nicht von den Ergebnissen wissenschaftlicher Studien geprägt ist, sondern von dem, was im Fernsehen vermittelt wird. Wir sind uns ebenfalls völlig der Tatsache bewusst, dass in Fernsehsendungen nicht selten gerade und oft sogar exklusiv eben jenen Personen ein breites Forum gegeben wird, die von bestimmten Ideologien, Vorurteilen, oberflächlichen Meinungen oder auch von der so genannten Political Correctness, der es in Wirklichkeit nicht um Korrektheit, sondern um befangene Politik geht, beeinflusst sind.

Wir wissen natürlich auch, dass seinerzeit eine ganz bestimmte Seite Interesse daran hatte, in der Auseinandersetzung mit Pius XII. vorsätzlich böswillige Unwahrheiten in die Welt zu setzen und größtmöglich zu verbreiten. Der Kollege Michael Hesemann hat in diesem Zusammenhang das theatralische Werk des Dichters und Dramaturgen Rolf Hochhuth aufgearbeitet und dieses zutreffend als niederträchtige und verleumderische Fiktion entlarvt, die ihre endgültige Form dem fanatischen Kommunisten Erwin Piscator verdankt, der in Moskau ausgebildet wurde und als serviler Vollstrecker von Aufträgen aus der Moskauer Zentrale diente. Heute wissen wir längst, dass die kommunistischen Genossen in den verschiedensten Ländern die Aufführung dieses „Dramas", das so voller Unwahrheiten und Verleumdungen gegen Pius XII. ist, teils offen, teils geschickt getarnt unterstützt und promotet haben. Es ist traurig, aber leider wahr, dass diese Negativpropaganda auch von jenen unterstützt und gefördert wurde, die eigentlich jeden Grund gehabt hätten, diesem Papst für das, was er für sie getan hatte, dankbar zu sein.

Wir wissen jedoch, dass Lügen kurze Beine haben und auch Verfälschungen der Geschichte - früher oder später – einmal entlarvt werden. So freut es mich, feststellen zu können, dass auch die Rehabilitation des Pacelli-Papstes längst begonnen hat. Das ist auch dem Umstand zu verdanken, dass jetzt Berufshistoriker, die sich auf wissenschaftlich gesicherte Daten stützen, begonnen haben, Bücher und Studien zu veröffentlichen, die nicht nur Gelehrten und Wissenschaftlern zugänglich sind, sondern in einer Sprache verfasst wurden, die sie auch für ein breiteres Publikum verständlich machen. Das Buch von Michael Hesemann ist eine dieser Publikationen, der ich von Herzen eine wohlverdiente, weite Verbreitung wünsche.

P. Peter Gumpel, SJ*

* *Pater Prof. emeritus Dr. Peter Gumpel, Jesuit und Historiker, war der Relator im Seligsprechungsprozess Papst Pius XII.*

Einleitung

Als Pius XII. am 9. Oktober 1958 in Castel Gandolfo bei Rom für immer seine Augen schloß, war die Welt sich einig, daß sie einen großen Papst verloren hatte.

Anderthalb Millionen Menschen säumten den Weg, als sein Leichnam von der traditionellen Sommerresidenz der Päpste zunächst in die Lateranbasilika, dann in den Petersdom überführt wurde, und einige Kommentatoren fühlten sich an einen antiken Triumphzug oder das Begräbnis Cäsars erinnert. In den nächsten Tagen, als er auf einem schwarzen, hölzernen Katafalk im Petersdom aufgebahrt war, standen die Gläubigen stundenlang geduldig in der Schlange, um Abschied zu nehmen von einem Mann, den die Römer als *Defensor civitatis,* als Retter und Verteidiger ihrer Stadt, und der Rest der Menschheit als *Friedenspapst oder engelgleichen Hirten (Pastor angelicus)* rühmten. Erst beim Tod von Johannes Paul II. fast ein halbes Jahrhundert später kamen mehr Trauergäste nach Rom, aber da war auch das Reisen sehr viel einfacher.

Die Kommentatoren der Weltpresse und die kondulierenden Staatsoberhäupter waren sich ausnahmsweise einmal einig in ihrem Lob für die Lebensleistung Eugenio Pacellis. Er habe den Totalitarismen seiner Zeit, dem Kommunismus und dem Nationalsozialismus, getrotzt, Hunderttausende aus Not und Verfolgung gerettet und entscheidend zum Aufbau einer neuen Friedensregelung für Europa und die Welt beigetragen.

„Papst Pius XII. hat für den Frieden in der Welt mehr getan als jeder andere Staatsmann“, erklärte der Präsident der U.N.-Vollversammlung, Charles Malik.

„Er war immer ein erklärter Feind der Tyrannei und ein Freund und Wohltäter der Unterdrückten“, pries ihn US-Präsident Dwight D. Eisenhower.

„Das französische Volk wird sich stets der Botschaften Pius' XII. erinnern, deren Lauterkeit die Bewunderung aller gefunden hat, die nach den Idealen des Friedens und der Gerechtigkeit streben“, stellte Frankreichs Präsident René Coty fest.

„Der Heimgang Seiner Heiligkeit bewegt die Seelen aller Menschen, gleichviel, welcher kirchlichen Gemeinschaft sie angehören, die das religiöse, das sozialkaritative, das moralisch-politische Wirken des verehrungswürdigen Mannes im Bewußtsein tragen. Mit einem nur dem Wachstum des Guten im Menschen zugewandten Sinn, mit einem sich verzehrenden Pflichteifer gegenüber den Anforderungen seines hohen Amtes, in einer wunderbaren Mischung von überschauender Weisheit und herzlich einfacher Güte ist er über seine Generation hinaus zu einer geschichtlichen Erscheinung eigener Würde geworden", pries ihn der liberale deutsche Bundespräsident Theodor Heuss.

„Pius XII. hat mit seinem Leben nicht nur seiner Kirche, er hat auch unserem Volke, er hat auch der Menschheit gedient, und das soll ihm unvergessen bleiben", rühmte ihn der evangelische Kirchenpräsident Martin Niemöller, den sein Widerstand gegen das NS-Regime ins KZ gebracht hatte.

„Als unser Volk im Jahrzehnt des Naziterrors ein fürchterliches Martyrium erlitt, hat sich die Stimme des Papstes erhoben, um die Henker zu verurteilen und um Mitgefühl für die Opfer zum Ausdruck zu bringen. Unsere Epoche ist durch diese Stimme bereichert worden, die sich im Namen der großen sittlichen Werte über dem Tumult und den täglichen Konflikten erhob", stellte Israels Außenministerin und spätere Premierministerin Golda Meir fest.

Es schien nur noch eine Frage der Zeit, bis Pius XII. selig-, dann heiliggesprochen würde, und auch den Titel *der Große* hatte ihm mancher Kommentator schon zugedacht.

Doch dann kam alles ganz anders.

Nur sechs Jahre später schien es, als habe die Welt all das Gute, das dieser Papst bewirkt hatte, längst wieder vergessen. Von *Pius dem Großen*, dem *engelgleichen* Hirten und *Friedenspapst* wollte jetzt kaum einer noch etwas wissen. Er war jetzt *der Stellvertreter* – der Papst, der angesichts des nationalsozialistischen Völkermordes geschwiegen hatte.

Einem Bühnenstück war es gelungen, die Geschichte umzuschreiben. Dabei war der Autor des Schauspiels *Der Stellvertreter*, das am 20. Februar 1963 auf der linken *Freien Volksbühne* in Berlin uraufgeführt wurde, bislang ein Unbekannter. Er war Hitlerjunge gewesen, hatte nach dem Krieg zunächst als Buchhändler, dann als Lektor beim Bertelsmann-Verlag gearbeitet, bevor er 1959 für drei Monate nach Rom ging. Dort, so behauptete er später, sprach er mit Zeitzeugen, deren Informationen er beim Verfassen des Dramas verwertete.

Heute wissen wir, wer diese Informanten waren. Der eine war ein deutscher Priester im vatikanischen Staatssekretariat, Bruno Wüstenberg, der sich rächen wollte, weil Pius XII. ihn wegen seines weltlichen Lebensstils nie befördert hatte. Der andere, Bischof Alois Hudal, genannt der *braune Bischof,* mußte 1952 auf Geheiß des Papstes als Rektor des deutschen Priesterkollegs *Santa Maria dell'Anima* zurücktreten, weil er mit Altnazis verkehrte und nicht wenigen von ihnen zur Flucht nach Südamerika verholfen hatte.

Die Figur Pius' XII., die Hochhuth auf die Bühne brachte, ist ein Zerrbild, eine Karikatur: ein eiskalter, scheinheiliger Bürokrat, der sich mehr für die Aktienpakete des Vatikans interessiert als für den Tod von Millionen Juden und der Hitler nicht brüskieren will, weil er ihn braucht als Bollwerk gegen den Bolschewismus. Ihm zugedachte Attribute wie „lächelnde, aristokratische Kälte", „hinter goldener Brille die eisige Glut seiner Augen", „die Kälte und Härte seines Gesichts ... haben gleichsam den Gefrierpunkt erreicht" nehmen dem Papst bei Hochhuth alles Menschliche. Der Held des Stückes dagegen, der Jesuitenpater Riccardo, heftet sich den Judenstern an und geht nach Auschwitz, um dort das Martyrium zu erleiden, nicht ohne vorher – der Schlüsselsatz des Dramas – festgestellt zu haben: „Ein Stellvertreter Christi, der das vor Augen hat und dennoch schweigt ... ein solcher Papst ist ... ein Verbrecher."

Es war nicht einmal ein sonderlich gutes Drama. Erwin Piscator von der *Freien Volksbühne,* überzeugter Kommunist und Förderer Hochhuths, mußte es zunächst einer radikalen Kürzung unterziehen, bevor es zur Aufführung gebracht werden konnte. Im Original hätte es acht Stunden gedauert und war deshalb nicht bühnentauglich. Auch Hochhuths Nachfolgewerke gelten als schwach, aber skandalträchtig. Sein Drama über Churchill führte zum Verbot des Buches in England und zahllosen Prozessen. Seine Vorwürfe gegen den Baden-Württembergischen Ex-Ministerpräsidenten Filbinger erwiesen sich im Nachhinein als falsch und teilweise frei erfunden. Nach dem Fall der Mauer kam heraus, daß Hochhuth damals von der *Stasi* der DDR lancierte Quellen benutzt hatte. Seine Behauptung, der Bankier Alfred Herrhausen sei nicht von der RAF, sondern von den Amerikanern ermordet worden, ist geradezu absurd. Sein letztes Theaterstück, *Heil Hitler,* war so schlecht, daß es nur ein einziges Mal aufgeführt wurde. Seine linke Anhängerschaft dagegen schockierte er, als seine enge Freundschaft mit dem britischen

Holocaust-Leugner David Irving bekannt wurde; am Ende entschuldigte sich Hochhuth mit der Behauptung, er habe von dessen rechter Gesinnung nichts gewußt. Gegen Pius XII. hetzt er munter weiter. Als 2006 bekannt wurde, daß hinter Hochhuths Stück eine Desinformationskampagne des sowjetischen Geheimdienstes KGB steckte, machte er sich nicht einmal die Mühe, die Vorwürfe zu widerlegen. Stattdessen bezeichnete er den Pacelli-Papst in einem Interview mit dem *Spiegel* jetzt als „genuin schlechten Menschen", ja als „satanischen Feigling". Ein Jahr zuvor hatte er höchstpersönlich in der RTL-Seifenoper *Gute Zeiten, schlechte Zeiten* für sein neues Stück *Familienbande* geworben, das trotzdem erfolglos blieb. So stellt sogar die harmlose Internet-Enzyklopädie *wikipedia.de* lakonisch fest: „Kritiker werfen Hochhuth vor, rückläufige öffentliche Aufmerksamkeit als Dramatiker mit publikumswirksamen skandalträchtigen Effekten zu kompensieren". Paul Spiegel, der verstorbene Vorsitzende des *Zentralrates der Juden in Deutschland*, nannte ihn sehr viel direkter einen „geistigen Brandstifter". Und doch gelang es dem Skandaldramatiker Hochhuth, das Pius-Bild in der deutschen und internationalen Öffentlichkeit radikal umzukehren. Immerhin lieferte der ehemalige Hitlerjunge das perfekte Alibi, den moralischen Persilschein für die Mitläufergeneration. Sie konnte sich fortan rausreden, selbst der Papst, die höchste moralische Autorität auf Erden, sei – ganz wie sie selbst – im Angesicht des Naziterrors passiv geblieben.

Vielleicht wäre es dabei geblieben, hätte nicht der britische Journalist John Cornwell 1999 die alten Vorwürfe um einige neue erweitert. In seiner Pius-Biographie, die im Original den ebenso reißerischen wie perfiden Titel *Hitler's Pope* (Hitlers Papst) trägt, stellt er Pacelli als notorischen Antisemiten dar, der im Kampf gegen den verhaßten Bolschewismus auf die Nazis setzte. 2002 verwendete der linke griechisch-französische Regisseur Constantin Costa-Gavras den Stoff des *Stellvertreters* für seinen Film *Amen*, der bei der Kritik durchfiel. Ein Jahr später erklärte der Amerikaner Daniel Jonah Goldhagen in seinem Buch *Die katholische Kirche und der Holocaust* den angeblichen Antisemitismus der Kirche zur Hauptursache für den Völkermord. Auch er nahm die Debatte um Pius XII. zum Aufhänger für seine Thesen. 2007 schließlich kam es zum Eklat, als sich der päpstliche Nuntius in Israel, Erzbischof Antonio Franco, zunächst weigerte, die Holocaust-Gedenkstätte *Yad Vashem* zu besuchen. Auf einer Schautafel neben seinem Bild wurde behauptet, der Pacelli-Papst habe zu den Grausamkeiten der Nazis geschwiegen, um im Krieg neutral zu bleiben.

Im Vatikan dagegen bereitet man mit stoischer Ruhe angesichts dieser internationalen Rufmordkampagne weiterhin die Seligsprechung Pius' XII. vor, die Johannes Paul II. ein wichtiges Anliegen war. Von Paul VI. im Jahre 1965 feierlich (und geradezu trotzig nur zwei Jahre nach Hochhuth) eröffnet, geht der Prozeß langsam seinem Ende zu. 3500 Seiten umfaßt die sechsbändige *Positio,* die Dokumentation seines Lebens und die Begründung für seine „Erhebung zur Ehre der Altäre“, basierend auf Hunderten von Dokumenten und Interviews mit Augenzeugen, teils aus dem engsten Umfeld Pacellis. Sie entstand zwar in Zusammenarbeit mit Historikern aus der ganzen Welt, doch in erster Linie ist sie das Werk eines Deutschen. Pater Dr. Peter Gumpel SJ, ein Jesuit, lehrte Dogmatik und Geschichte an der berühmten *Gregoriana*-Universität, bevor er sich vollständig seiner letzten großen Aufgabe widmete. Der schmale, feingliedrige, kerzengerade Ordensmann mit der sanften Stimme ist Aristokrat durch und durch. Man sieht ihm nicht an, daß er bereits 84* ist; zu lebhaft funkeln seine warmen, durchdringenden blauen Augen unter der hohen Stirn und den dichten, grauen Augenbrauen. Als er nach Rom ging, wechselte er seinen Namen, um einen Schlußstrich unter sein bisheriges Leben als politisch Verfolgter zu ziehen. Er wuchs in Berlin und Hannover auf. Sein Großvater wurde von den Nazis getötet, seine Mutter zeitweise inhaftiert; ihn selbst schickte seine Familie zuerst nach Frankreich, dann in die Niederlande, aus Sorge, er könne als nächster auf einer der „schwarzen Listen“ stehen. Um so bitterer klingt seine Stimme, wenn er erzählt, er sei von amerikanischen Pius-Gegnern als „Nazi“ und „ehemaliger Hitlerjunge“ beschimpft worden. So als seien alle Deutschen automatisch Nationalsozialisten gewesen. Vielleicht übernahm er deshalb die Aufgabe des *Relators* (Untersuchungsrichters) im Seligsprechungsprozeß, weil er weiß, was es bedeutet, wenn einem Unrecht widerfährt.

Zunächst untersuchten Fachhistoriker die sechsbändige *Positio,* dann ein Komitee aus Theologen und schließlich, in dritter und letzter

* *Zum Zeitpunkt der Neuauflage dieses Buches (2015) ist er 91 und, Deo gratias, bei bester Gesundheit.*

Instanz, die Kardinäle und Bischöfe, die im Gremium der Kongregation für Selig- und Heiligsprechungen sitzen. Am 8. Mai 2007 verabschiedeten diese einstimmig ein Dekret, das den *heroischen Tugendgrad* des Weltkriegspapstes feststellte. Jetzt fehlt auf dem Dokument nur noch die Unterschrift des Papstes, damit der Seligsprechungsprozess Pius XII. in seine letzte Phase, die Feststellung eines Wunders, eintreten kann.*

Doch noch zögert Benedikt XVI. Dabei hat sich das Blatt längst wieder zugunsten des Pacelli-Papstes gewendet, seit Johannes Paul II. im Jahre 2003 als Antwort auf die Kritik an der geplanten Seligsprechung die Archive des Vatikans für Historiker öffnen ließ. Seitdem sind alle Akten Deutschland betreffend aus dem Zeitraum zwischen dem 12. Februar 1922 und dem 10. Februar 1939 für Experten frei zugänglich. Das schließt das zentrale Geheimarchiv der Päpste ebenso mit ein wie die Archive des vatikanischen Staatssekretariats und der Glaubenslehrekongregation. Historiker der Universität Münster gehörten zu den ersten, denen erlaubt wurde, das umfangreiche Material zu sichten und auszuwerten. Sechs Monate später mußte Prof. Dr. Thomas Brechenmacher feststellen, daß „die Thesen der großen Vereinfacher", wie er Hochhuth, Cornwell und Goldhagen nennt, vom schuldhaften Schweigen oder gar einem Teufelspakt mit Hitler „nun noch überzeugender als bisher zurückgewiesen" werden können. Im Gegenteil: Geradezu auffällig war die „eisige Distanz" des Vatikans gegenüber dem braunen Regime.

Doch noch etwas bewies der neue Einblick in das Aktenmaterial: Cornwell und Goldhagen hatten schamlos manipuliert und gewissenlos selektiert, wenn es darum ging, ihre Thesen zu erhärten. Sämtliche „Indizien" für den vermeintlichen Antisemitismus Pacellis beruhten schlichtweg auf falschen Übersetzungen. Wichtiges, entlastendes Material, das ihre Thesen eindeutig widerlegte, war kurzerhand unterschlagen worden.

Diese Erkenntnis, aber auch die Enthüllungen über die Hintergründe des *Stellvertreters* als Propagandaoperation des KGB, zwingen immer mehr Historiker zu einer Revision ihres Pius-Bildes. Kein geringerer

* *Die erste Auflage dieses Buches erschien im Herbst 2008. Ein Jahr später, am 19. Dezember 2009, promulgierte Papst Benedikt XVI. das Dekret durch seine Unterschrift. Lediglich das Wunder gilt es jetzt zweifelsfrei zu dokumentieren, damit sein Nachfolger, Papst Franziskus, Pius XII. selig sprechen kann.*

als Rabbi David Dalin, ein gläubiger Jude, der an der Universität von Naples/Florida Geschichte und Politikwissenschaften lehrt, forderte für Pius XII. den Titel eines *Gerechten unter den Völkern,* eines Freundes und Retters des jüdischen Volkes.

Dieses neue, auf historischen Tatsachen und nicht auf sensationslüsternen Bühnenstücken basierende Pius-Bild ist Thema dieses Buches. Immer wieder war mir der Pacelli-Papst in meinem eigenen Schaffen als Autor und Historiker begegnet, etwa als ich über das Geheimnis von Fatima oder die Entdeckung des Petrusgrabes unter dem Petersdom schrieb, als ich Hitlers antichristlicher Religion auf den Grund ging oder mich in *Die Dunkelmänner* mit den *Schwarzen Legenden* um die Kirchengeschichte beschäftigte. Der Eindruck, den ich während meiner Recherchen von Pius XII. gewann, unterschied sich deutlich von den Zerrbildern eines Hochhuth, Cornwell oder Goldhagen. So wurde es auch mir ein Anliegen, dazu beizutragen, daß diesem großen Papst endlich Gerechtigkeit widerfährt.

Ich danke allen, die mir die Türe zu ihren Archiven öffneten und speziell Pater Peter Gumpel SJ, daß er mir Einblick in so viele Dokumente und wichtige Aspekte seines Pontifikats gegeben hat. Als dieses Buch entstand, wurden in Rom zum 50. Todestag des Pacelli-Papstes eine große Ausstellung und ein gemeinsames Symposium der *Gregoriana* und der *Lateran-Universität* vorbereitet. Am 19. Juni 2008 empfing Benedikt XVI. eine Gruppe jüdischer Holocaust-Überlebender, die durch direkte Intervention Pius XII. vor den Nazis gerettet wurden. Die amerikanisch-jüdische *Pave the Way-Foundation* veranstaltete in Rom einen internationale Historikerkongress, um die Hilfsmaßnahmen des Papstes für die verfolgten Juden umfassend zu dokumentieren. Als er die Mitglieder der Stiftung am 18. September 2008 in Castel Gandolfo in einer Sonderaudienz empfing, machte Benedikt XVI. aus seiner Sympathie für seinen Vorgänger keinen Hehl: „Nähert man sich diesem edlen Papst ohne ideologische Vorurteile, wird man nicht nur von seinem erhabenen spirituellen und menschlichen Charakter ergriffen, sondern darüber hinaus auch von der Vorbildlichkeit seines Lebens und dem außerordentlichen Reichtum seiner Lehre." So ließ es sich Benedikt XVI. auch nicht nehmen, am 9. Oktober 2008 im Petersdom persönlich die Gedenkmesse für Pius XII. zu zelebrieren. In seiner Predigt rechtfertigte er das vermeintliche „Schweigen" des

Papstes: „Er handelte oft im Verborgenen und in der Stille, gerade weil er im Licht der konkreten Situationen jenes komplexen historischen Augenblicks spürte, das man nur auf diese Weise das Schlimmste verhindern und die größtmögliche Zahl von Juden retten konnte. Währenddessen setzen sich Hunderte Historiker und Journalisten in einem eigens gegründeten *Komitee Papst Pius XII.* (comitatopapapacelli@gmail.com) für die Rehabilitation „eines der größten Päpste der Geschichte" ein. Es ist nur noch eine Frage der Zeit, bis eine weitere *Schwarze Legende* vor der historischen Wahrheit kapitulieren muß.

Denn Pius XII. war keineswegs, wie Cornwell behauptet, „der Papst, der geschwiegen hat" und noch viel weniger *Hitlers Papst.* Er war der Papst, der Hitler trotzte. Ein Licht, das nicht verlosch, als eine niedagewesene Finsternis über Europa aufzog.

Düsseldorf, am Fest Mariae Himmelfahrt (15. August) 2008
Michael Hesemann

I. Gewitter am Horizont

Ein Gewitter aus Worten ging über München nieder.

Immer näher kam, was zunächst wie ein Donnergrollen klang, dann wie das Schreien und Toben eines Wahnsinnigen. Verwundert blickte der hochgewachsene Nuntius, dessen Limousine durch die abendliche Stadt fuhr, auf die fahnengeschmückte Versammlung, aus deren Mitte der Lärm zu dringen schien. „Das ist er, der Hitler, Exzellenz", klärte ihn bald sein bayerischer Fahrer auf. Angewidert registrierte der hagere Vatikandiplomat das dämonische Getöse, dann versenkte er seine großen, braunen, von runden Brillengläsern umgebenen Augen wieder hinter das Brevier.

Vielleicht blieb es bei dieser einen, flüchtigen Begegnung mit dem Bösen. Möglich aber ist auch, daß den Römer bald die Neugierde trieb, das Verlangen, dem Leibhaftigen ins Angesicht zu schauen. Konstantin Prinz von Bayern jedenfalls, einer der besten Kenner dieser Zeit, behauptet, Münchener Polizeiakten zitierend: „Mitglieder der NSDAP sagen übereinstimmend aus, daß Nuntius Pacelli zwei- bis dreimal Versammlungen der NSDAP beigewohnt habe, um einen persönlichen Eindruck über die Partei des Herrn Hitler zu gewinnen. Aktenmäßig kann die Teilnahme an einer Versammlung der NSDAP im Jahr 1922 festgestellt werden."

Sicher ist: so nah waren sie sich nie wieder wie in diesen Tagen in München, als der Aufstieg Adolf Hitlers argwöhnisch beobachtet wurde von einem Mann, der ahnte, wie das alles einmal enden würde: Dem päpstlichen Gesandten (Nuntius) Eugenio Pacelli, dem späteren Papst Pius XII.

Pacelli hatte zu diesem Zeitpunkt, anders als Hitler, bereits bewiesen, was er konnte. Er genoß das Vertrauen des Papstes, er war für die schwierige Mission, die ihn in Bayern erwartete, sorgfältig ausgewählt und vorbereitet worden.

Der Dienst für den Heiligen Stuhl lag ihm gewissermaßen im Blut. Seit drei Generationen gehörten die Pacellis, seine Familie, zum sogenannten *schwarzen Adel,* den italienischen Familien also, die traditionell im Dienst der Kirche stehen. Sein Großvater, Marcantonio Pacelli (1804–1890), stammte noch aus dem 1000-Seelen-Städtchen Onano in der Nähe von Viterbo. Das Örtchen an der Grenze zwischen Latium und der Toskana wird gern übersehen, doch zu Unrecht. Seine Ursprünge reichen zurück in die etruskische Zeit. Hier lieferten sich erst die Guelfen und Ghibellinen, dann die großen Adelsfamilien der Monaldeschi, Sforza und Farnese erbitterte Konflikte. Das mächtige Schloß der Herzöge von Onano, heute zum Rathaus umfunktioniert, überragt das Städtchen. Ein Flügel gehörte im 19. Jahrhundert der Familie Pacelli, die ihren Namen vom italienischen Wort für *Frieden, Pace,* ableitet und deshalb im Wappen die Friedenstaube führt. Schon bei der Taufe zeigte sich, daß Marcantonio für Höheres ausersehen war. Sein Vorname, nach dem Rächer Cäsars, Mark Anton, war traditionell eigentlich dem römischen Hochadel vorbehalten. Schon bald sollte er die in ihn gesetzten Erwartungen rechtfertigen. 1819 holte ihn sein Onkels mütterlicherseits, der spätere Kardinals Caterini, nach Rom, wo er begann, Kirchenrecht zu studieren. 1824 absolvierte er mit Auszeichnung seine Promotion, zehn Jahre später war er Rechtsanwalt der *Sacra Rota,* des päpstlichen Gerichtshofes. Während die *Rota* heute fast nur noch für Scheidungsfragen zuständig ist, war sie damals der oberste Gerichtshof für den Kirchenstaat, der im Norden an das Veneto und im Süden an die Campania grenzte und damit fast ganz Mittelitalien umfaßte. Doch die Zeichen der Zeit standen auf Sturm.

1846 bestieg der Grafensohn Giovanni Maria Mastai Ferretti den Stuhl Petri und nannte sich fortan Pius IX. Sein Pontifikat fiel in die Zeit der italienischen Unabhängigkeitsbewegung, der er zuerst offen, später aber zunehmend kritischer gegenüberstand. Als in der damals österreichischen Lombardei die Revolution ausbrach, erklärte er seine Neutralität, um sich nicht gegen eine katholische Nation stellen zu müssen. Bei den italienischen Nationalrevolutionären galt er fortan als „Verräter". In Rom kam es zum Aufstand, der Papst mußte als einfacher Priester verkleidet fliehen. Sein Ziel war Gaeta an der Grenze zum Königreich Neapel. Zu seinem kleinen Gefolge gehörte der Rechtsanwalt der Sacra Rota, Marcantonio Pacelli. König Ferdinand von Neapel nahm die Flüchtlinge mit offenen Armen auf. In Rom aber wurde der *Quirinalspalast,* der Sommersitz des Papstes, geplündert und die Republik ausgerufen.

Pius IX. war fortan ein tief enttäuschter, mißtrauischer Mann. Die republikanische Bewegung, so glaubte er, hatte ihm ihr wahres, antichristliches Gesicht gezeigt. Er nahm die Hilfe Frankreichs an, das die auf dem Wiener Kongreß festgelegte Ordnung wiederherstellen wollte. Als nach monatelangen Kämpfen die Truppen des Nationalistenführers Giuseppe Garibaldi besiegt waren, stellte das Heer Louis Napoléons (Napoleons III.) die päpstliche Herrschaft in Rom wieder her. Der Großteil des Kirchenstaates, die Romagna, die Marken und Umbrien, mußte dagegen aufgegeben werden. Doch Pius IX. konnte in die Ewige Stadt zurückkehren – und schlug jetzt einen konservativen, antiliberalen Kurs ein.

Eine entscheidende Rolle sollte dabei Marcantonio Pacelli spielen. Vom Papst für seine Treue mit dem Titel eines Markgrafen von Aquapendente und Sant Angelo in Vado geehrt, gehörte er einer Zehnerkommission an, die mit der Strafverfolgung der Rebellen beauftragt war. Dabei bescheinigten selbst seine Gegner Pacelli ein überaus korrektes Vorgehen, frei von jeder Rachsucht. Schließlich wurde er 1852 auf Vorschlag von Kardinal Antonelli zum Stellvertreter des päpstlichen Innenministers ernannt.

In den spannungsreichen Jahren, die folgten, hatte Pacelli selbst eine Idee, wie man der republikanischen Propaganda entgegentreten könnte. So gründete er im Juli 1860 eine Zeitung, die er *Freund der Wahrheit* nannte. Ein paar Wochen später überzeugte ihn der Marchese Augusto Baviera, ein Bekannter des Papstes, das Blatt in *L'Osservatore Romano* (Römischer Beobachter) umzubenennen. Die erste Ausgabe, die am 1. Juli 1861 erschien, erhielt den von Pacelli ausgesuchten Untertitel *politisch-moralische Zeitung*, der bald durch das noch heute gebräuchliche *Unicuique suum – non praevalebunt* (Jedem das Seine – Sie werden sie nicht überwältigen – siehe Mt 16,18) ersetzt wurde. So sollte der Großvater Pius' XII. als der Gründer der Vatikanzeitung in die Geschichte eingehen, die als offizielles Organ der römischen Kurie heute in zehn Sprachen erscheint.

Im selben Jahr, 1861, ließ sich Vittorio Emanuele II. zum König von Italien ausrufen. Sein Ministerpräsident, Graf Cavour, forderte den Papst auf, den neuen Staat anzuerkennen und auf Rom zu verzichten; im Gegenzug sicherte er ihm die Anerkennung seiner Souveränität und zahlreiche Privilegien zu. Pius IX. lehnte ab. Er konnte, er wollte sich nicht von einer Macht abhängig machen, die sich ihm gegenüber so feindselig verhalten hatte. Als 1870 der Deutsch-Französische Krieg ausbrach, als Frankreich gezwungen war, seine Truppen aus Italien abzuziehen, fielen die Piemontesen über Rom her und eroberten nach kurzer Beschießung die Ewige Stadt. Der Protest des Papstes blieb ungehört, die Exkommunikation aller, die an der Eroberung beteiligt waren, wurde ignoriert. Im Juni 1871 wurde Rom zur neuen Hauptstadt des Königreiches Italien erklärt, der Papstpalast auf dem *Quirinal* war jetzt königliche Residenz. Damit endete ein elfhundertjähriges Kapitel der Kirchengeschichte, die Zeit der *Papstkönige,* der irdischen Macht der Nachfolger Petri. Pius IX. zog sich in die von mächtigen Mauern umgebene Residenz neben dem Petersdom zurück und bezeichnete sich fortan als „Gefangener des Vatikans". Er weigerte sich, Entschädigungen der italienischen Regierung anzunehmen; die Liebesgaben der Gläubigen genügten ihm.

So beschloß er, aus der Not eine Tugend zu machen. Hatten die Kirche und das Papsttum durch den Säkularisierungsprozeß nicht nur in Italien, sondern in ganz Europa ihre weltlichen Güter verloren, galt es jetzt, ihre geistliche Macht zu konsolidieren, sie innerlich zu festigen.

Zuerst stellte er sie unter den Schutz Mariens. Noch von Gaeta aus hatte er 1849 in einem Rundschreiben den Bischöfen der Weltkirche die Verkündigung eines neuen Mariendogmas vorgeschlagen – es stieß auf die begeisterte Zustimmung einer großen Mehrheit. So wurde am 8. Dezember 1854 der Lehrsatz von der Unbefleckten Empfängnis Mariens im Beisein von 200 Bischöfen feierlich verkündet: Die Gottesmutter war von jedem Makel der Erbsünde unversehrt von ihrer Mutter empfangen und geboren worden. Als Maria 1858 im französischen Lourdes dem Landmädchen Bernadette Soubirous erschien und, nach ihrem Namen gefragt, antwortete: „Ich bin die Unbefleckte Empfängnis" wurde dies allgemein als „himmlische Bestätigung" des neuen Dogmas gewertet.

1864 veröffentlichte Pius IX. das vielleicht umstrittenste Dokument seines Pontifikats, den *Syllabus der Irrtümer,* eine Auflistung von Ansichten und Positionen, die seiner Ansicht nach im Widerspruch zur kirchlichen Lehre standen. Sein Ziel war eine innere Abgrenzung von jedem politischen Totalitarismus und geistigen Nihilismus, von Kommunismus und Nationalismus, was ihn im 20. Jahrhundert um so aktueller erscheinen ließe.

Im selben Jahr plante Pius IX. die Einberufung eines Konzils, das den Weg der Weltkirche in das bevorstehende 20. Jahrhundert bestimmen sollte, doch zugleich zur größten Zerreißprobe der Kirche im 19. Jahrhundert wurde. Sein wichtigstes und umstrittenstes Ergebnis war die Definition der päpstlichen Unfehlbarkeit – in den seltenen Fällen, in denen ein Papst *ex cathedra* spricht und eine Entscheidung in einer Glaubensfrage trifft, sollte diese unumstößlich sein.

Das Konzil endete im Chaos, als plötzlich der Krieg zwischen Deutschland und Frankreich ausbrach, weshalb viele Bischöfe fluchtartig abreisten. Als die französischen Schutztruppen aus Rom abgezogen wurden, besetzten die italienischen Nationalisten die Stadt. Mit dem völligen Verlust weltlicher Macht begann eine neue Ära des Papsttums.

Marcantonio Pacelli hatte offenbar auch bei seinen Gegnern einen so ausgezeichneten Ruf, daß er 1870 eingeladen wurde, in den Staatsrat der neuen italienischen Monarchie einzutreten. Er lehnte dankend ab und diente lieber weiterhin „seinem" Papst im Exil hinter den Mauern des Vatikans.

Zu diesem Zeitpunkt war er Vater von zehn Kindern. Der zweite seiner sieben Söhne, Filippo, war 1837 geboren worden, als Rom von einer Choleraepidemie heimgesucht wurde. Diese frühe Begegnung mit dem Tod prägte seine spätere Frömmigkeit. Als junger Mann verteilte er voller Eifer Broschüren mit den *Ewigen Leitsätzen* des hl. Alfons von Liguori, deren Kernstück die Auseinandersetzung mit dem Tod bildet. Auf seine Anregung geht auch die alljährliche Bußprozession auf die Friedhöfe Roms zurück, an der er sich zeitlebens beteiligte.

Wie sein Vater, so studierte auch Filippo Pacelli Kirchenrecht und wurde Rechtsanwalt an der *Sacra Rota,* stieg 1896 bis zum Konsistorialadvokaten auf und war zeitweise ihr Dekan. 1903 ernannte ihn Pius X. zum weltlichen Rechtsberater der Kardinalskongregation für die Peterskirche, drei Jahre später berief er ihn in die Kommission zur Kodifizierung des Kirchenrechts. Zudem war er als Stadtverordneter in der katholischen Partei *Unione Romana* aktiv, die als „politische Garde des Vatikans" galt. Fotos zeigen ihn als ordengeschmückten Gentleman mit imposantem Oberlippenbart. 1871, im Alter von 34 Jahren, hatte er eine junge römische Adlige, Virginia Graziosi, damals 27, geheiratet, eine fast madonnenhaft schöne Frau von sanftem Wesen und mit großen, warmen, hingabevollen Augen. Auch sie stammte aus einer streng gläubigen Familie. Von ihren zwölf Geschwistern wurden zwei Brüder Priester, während zwei ihrer Schwestern ins Kloster gingen.

Die junge Familie lebte bescheiden. Während Juristen im Staatsdienst damals wie heute gut verdienten, bezahlte der Vatikan seine Mitarbeiter eher mäßig, woran sich noch immer nichts geändert hat. So teilte sich das junge Paar mit Vater Marcantonio eine Mietwohnung im dritten Stock des historischen *Palazzo Pediconi* in der *via degli Orsini 34* (damals: *via di Monte Giordano)* im Stadtviertel *Ponte.* Dort kam als drittes von vier Kindern (neben Giuseppina, geb. 1872, Francesco, geb. 1874, und Elisabetta, geb. 1880) am 2. März 1876 Eugenio Pacelli zur Welt. Sein Weg war quasi vorgezeichnet. *Ponte* ist der westlichste Teil des *Centro storico,* der römischen Altstadt. Hier macht der Tiber einen Bogen, auf der anderen Seite liegt der Vatikan. Quer durch den pittoresken Stadtteil verläuft die *via dei Coronari,* der alte Pilgerweg zum Petersdom, heute bekannt für seine Antiquitätengeschäfte. Sie endet an der Engelsbrücke, der vielleicht schönsten Brücke der Welt, die einst Kaiser Hadrian errichtete und Bernini mit zehn prachtvollen Engeln im Barockstil ausschmückte, die in ihren Händen die Leidenswerkzeuge Christi halten. Auf der anderen Seite des Tibers erhebt sich die Engelsburg, die traditionelle Zufluchtstätte der Päpste, überragt von einer Statue des Erzengels Michael, der einst, so will es die Legende, Rom vor der Pest schützte. Bis ins frühe 20. Jahrhundert war dies der einzige Weg zum Vatikan. In zwei Minuten war man vom *Palazzo* der Pacellis auf der Engelsbrücke, in zehn Minuten auf dem Petersplatz. Es ist, als hätten die Kuppel des Michelangelo und die Statue des Erzengels über die Kindheit des kleinen Eugenio gewacht und ihm für sein Leben die Richtung gewiesen.

II. Prägende Jahre

Am Morgen des 4. März 1876, eines Samstags, der für römische Verhältnisse geradezu bitterkalt war, verließ eine kleine Prozession den *Palazzo Pediconi.* Allen voran schritt der stolze Vater, Filippo Pacelli, der päpstliche Advokat. Zur Feier des Tages hatte er seinen besten, schwarzen Gehrock angezogen, seinen Zylinder aufgesetzt, seine Orden angelegt, den weißen, steifen Vatermörderkragen noch enger gezogen. Er versuchte, seine Nervosität souverän zu überspielen, doch verräterisch oft griff er nach den Enden seines mächtigen Schnurbartes, um sie gebieterisch nach oben zu drehen. Es folgte die Amme mit dem Neugeborenen, eine robuste, fleischige Römerin von praller Gutherzigkeit. Inmitten ihrer Masse schien der Kleine fast zu verschwinden. Dabei trug er das kostbarste Taufgewand seiner Familie aus weißer Spitze, mit Goldborten verziert, und darüber ein weites Mäntelchen.

Hinter ihm trippelten die beiden Geschwister, der kleine Francesco an der Hand seiner fast vierjährigen Schwester, und dann die Verwandtschaft, angeführt von Großvater Marcantonio, einer ehrfurchtgebietenden Erscheinung, auf dem Kopf einen Zylinderhut, in der Hand seinen Gehstock mit dem schweren Knauf, die Brust mit päpstlichen Orden geschmückt. Die kleine Prozession war auch eine Demonstration. Man war zwar nicht reich, aber vornehm und kirchentreu, und daran sollten die liberalen Nachbarn erinnert werden. Ihr Ziel war die kleine Barockkirche *SS. Celso e Giuliano* an der *via di Banco S. Spirito,* nur wenige Meter vor der Engelsbrücke, einst erbaut von Papst Clemens XII. Hier sollte der Neugeborene von seinem Onkel, dem Priester Don Giuseppe Pacelli, auf den Namen Eugenio Maria Giuseppe Giovanni getauft werden. Taufpaten waren Filippo Graziosi, ein Bruder seiner Mutter, und seine Tante Teresa Pacelli. Nur seine Mutter war noch zu schwach, um der Taufe beizuwohnen. Der Arzt der Familie hatte ihr dringend geraten, sich zu schonen. So zeigte sie sich nur kurz an einem der Fenster ihrer Wohnung, ihr Gesicht auffallend blaß, eingerahmt von dunklen Locken und den Rüschen ihrer hochgeschlossenen Bluse. Als sie ihm zulächelte, lüftete Don Filippo respektvoll seinen Hut. Erst nach der Taufe ließ sie es sich nicht nehmen, ihre Gäste persönlich zu begrüßen und mit Likör und hausgemachtem Gebäck bewirten zu lassen. Der Täufling, im Steckkissen, wurde umhergereicht.

Als 1880 auch noch Eugenios Schwesterchen Elisabetta geboren wurde, war den Pacellis ihre Wohnung endgültig zu klein geworden. So zogen sie um, nur eine Straße weiter, in die *via della Vetrina* 19, nahe der deutschen Nationalkirche *S. Maria dell'Anima* und des *Anima*-Kollegs. Dort stehen in einer säulengesäumten Nische die Worte des Propheten Jesaja: *Erit opus iustitiae pax* ... – „Das Werk der Gerechtigkeit wird der Friede sein" (Jes 32,17). Sie müssen Eugenio so sehr beeindruckt haben, daß er sie, als er schließlich Papst wurde, zu seinem Wahlspruch machte.

Das Haus, in dem sich die neue Wohnung befand, war allerdings sehr viel weniger mondän als der *Palazzo Pediconi*. Ein enges Treppenhaus führte hinauf in den dritten Stock, in dem die Pacellis wohnten. Noch als Papst erinnerte sich Eugenio, wie sein Großvater sie emporschritt, um seine Enkelkinder zu besuchen und ihnen Süßigkeiten mitzubringen: bedächtig Stufe für Stufe nehmend, doch trotz seines Alters in kerzengerader Haltung. Man war nicht reich, das Haus hatte keine Zentralheizung und im Winter mußten sich Eltern und Kinder an einem kleinen Ofen erwärmen. Doch man besaß antike Möbel und wertvolle Kunstwerke, Silberbesteck und teures Porzellan, vor allem aber eine gut sortierte Bibliothek. Die Pacellis hatten ein eigenes „Spielzimmer" für die Kinder eingerichtet, die sie nicht auf die Straße schicken wollten, konnten sich ein Dienstmädchen leisten, besuchten regelmäßig die Oper, und wenn das Wetter schön war, mietete Vater Filippo eine Kutsche, um mit seiner Familie aufs Land zu fahren. Die heißen Sommer schließlich verbrachten sie am Meer oder auf einem Landgut der Familie in Onano.

Eine Familienidylle freilich, die nicht darüber hinwegtäuschen darf, daß man in bewegten Zeiten lebte. Als Pius IX. im Februar 1878 verstarb, wurde er von den Gläubigen in aller Welt wie ein Heiliger verehrt und von den Republikanern erbittert gehaßt. Hatte er auch den Vatikan seit der Machtergreifung der *Königlichen* nicht mehr verlassen, wollte er doch, quasi als posthumer Ausgleich, am anderen Ende der Stadt beerdigt werden, in der uralten Basilika *S. Lorenzo fuori le Mura*, einer der fünf römischen Papstkirchen. Gerade als der feierliche Leichenzug die Engelsbrücke überquerte, nicht weit vom Haus der Pacellis, griff der antiklerikale Mob an. Hätte nicht die päpstliche Garde Widerstand geleistet, um ein Haar wäre der Leichnam des Papstes vom Pöbel in den Tiber geworfen worden.

Doch auch unter seinem Nachfolger, Leo XIII., blieben die Fronten verhärtet. Nichts ließen die Väter der jungen Republik unversucht, um den Papst zu provozieren und zu demonstrieren, daß sie die neuen Herren in Rom waren. Auf dem Kapitolshügel, direkt neben der altehrwürdigen Kirche *S. Maria in Aracoeli,* entstand ein bombastisches Monument für König Vittorio Emanuele II., der *Altar des Vaterlandes,* den die Römer zunächst spöttisch als *Hochzeitstorte,* dann als *Schreibmaschine* bezeichneten. Eine gigantische Reiterstatue Garibaldis wurde auf den *Gianicolo*-Hügel gesetzt, der im Süden den Vatikan überragt. Auf dem *Campo di Fiori,* dem Blumenmarkt, errichteten Republikaner und Freimaurer ein Bronzestandbild des Ketzers Giordano Bruno, eines barokken Magiers und Scharlatans, der an dieser Stelle einst eher unverdient auf dem Scheiterhaufen der Inquisition endete. Mit der pathetischen Widmung „Für Bruno: Das Jahrhundert, das seine zukunftsweisenden Ideen als richtig erkannte, errichtete ihm hier dieses Standbild“ sollte er zum Märtyrer der Aufklärung und Kronzeugen wider die vermeintliche Rückständigkeit des Papsttums erhoben werden.

Wenn Eugenio Pacelli in diesen Jahren etwas von seiner Familie lernte, dann war es, dem Zeitgeist zu trotzen. Ihr war die Treue zum Stellvertreter Christi wichtiger als die Verlockungen und Versuchungen der „neuen Zeit“, die das alte, träge, zeitlose Rom in Windeseile in eine pulsierende, moderne Metropole verwandelte. Seine Eltern lebten bescheiden, um auch die Armen in der Nachbarschaft unterstützen zu können, eine Aufgabe, der sich Mutter Pacelli mit großer Hingabe widmete. Hilfsbereitschaft, Nächstenliebe, Ehre und Würde, vor allem aber ihr tiefer Glaube waren auch die Werte, die sie ihren Kindern vermittelten.

Mit vier Jahren kam Eugenio in den Kindergarten, ein Jahr später in die Grundschule der *Schwestern von der Göttlichen Vorsehung* in der heutigen *via Zanardelli.* Hier unterrichtete Pater Giuseppe Lais von den Oratorianern des hl. Filippo Neri, des Schutzheiligen Roms, der unweit der Wohnung der Pacellis in der *Chiesa Nova* begraben liegt. Wie vor ihm sein Bruder Francesco, so lernte auch Eugenio bei den Patres Lesen, Schreiben und Französisch. Die Abschlußklasse absolvierte er am *Istituto Marchi,* einer kleinen katholischen Grundschule, deren Lehrkörper eigentlich nur aus Prof. Giuseppe Marchi, seiner Frau, seinem Bruder, einem Geistlichen und einem einzigen außerfamiliären Lehrer bestand. Das „Schulgebäude“ waren zwei kleinen Zimmer, die durch ein übergroßes Katheder beherrscht wurden, während an der Wand ein schlichtes Madonnenbild hing. Hier lehrte der gestrenge Prof. Giuseppe Marchi, dessen mächtiger Bart ihn als Mischung von Moses und Garibaldi erscheinen ließ, und regte die Phantasie der Pius-Biographen an. Denn weil einer von ihnen, der blumenreich-pathetische Italiener Nazareno Padellaro, das Bild vom Moses gleich weiterspann und das markante Lehrerpult mit dem Berg Sinai verglich, „den er täglich bestieg, um zwar nicht gegen hartherzige Juden, sondern gegen hartköpfige Knaben zu wettern“, wurde aus dem Grundschullehrer bei anderen ein fanatischer Antisemit, der natürlich seine Schüler zu Judenhassern erzog. Mit einer Fußnote auf Padellaro (und, wohlbemerkt, keine andere Quelle) verweisend, dichtete sich John Cornwell zusammen: „Dieses Institut war den Vorlieben seines Gründers und Direktors, Signor Giuseppe Marchi, ausgesetzt, der die Gewohnheit hatte, von der Höhe seines Lehrerpultes herab über die ‚Hartherzigkeit der Juden‘ Vorträge zu halten.“ Zumindest behauptete der Brite nicht auch noch, daß das Hobby des posthum von Metaphern verfolgten Lehrers das Bergsteigen war. Leider übernahm auch Hanspeter Oschwald in seiner 2008 erschienenen Pius-Biographie Cornwells Unsinn und behauptet: „Mit regelmäßigen Ausfällen gegen die Hartherzigkeit der Juden hämmert er den kleinen Grundschülern Antijudaismus ein. Die Eindrücke blieben Pacelli ein Leben lang haften.“ Wir können froh sein, daß er in Wirklichkeit von ihnen gänzlich verschont blieb.

Ein ganz anderer Eindruck blieb tatsächlich haften, nämlich der, mit welcher Zärtlichkeit und Hingabe der sonst so strenge Lehrer im Marienmonat Mai das Madonnenbild mit Blumen und Kerzen schmückte. Auch Eugenios Familie pflegte die Verehrung der Gottesmutter, deren Bild über dem Bett hing, in dem er geboren wurde. Allabendlich vor dem Essen wurde der Rosenkranz gebetet. Immer wieder zog es Eugenio nach der Schule in die Kapelle der *Madonna della Strada* in der Jesuitenkirche *Il Gesu* im Zentrum Roms, wo er die Zwiesprache mit der Gottesmutter suchte. Schon mit fünf hatte er, wie es damals üblich war, das Sakrament der Firmung empfangen und seine erste Beichte abgelegt, um bald darauf zusammen mit seinem Bruder der kirchlichen Jugendgruppe ihres Lehrers, des Oratorianerpaters Lais, beizutreten und als Ministrant in der *Chiesa Nova* zu dienen. Damals war es üblich, Jungen einen Spielzeugaltar zu schenken, um ihnen spielerisch die Option des Priesterberufs nahezulegen, und auch die Pacellisöhne hatten einen solchen. An ihm spielten sie nach, was sie als Ministranten erleben durften. Erst mit zehn – auch das entsprach damaligen Gepflogenheiten – empfing Eugenio die Erstkommunion.

Leicht gelangweilt: Eugenio mit sechs Jahren.

Einmal hörte der Junge, wie seine Familie von einem Onkel erzählte, der als Missionar nach Brasilien gegangen war und sich sorgte, er könne dort als Märtyrer sterben. „Was ist ein Märtyrer?", fragte der stets wißbegierige Eugenio. Sein Vater beschrieb ihm das Schicksal der Glaubenszeugen am Beispiel des hl. Petrus, der in Rom, kopfüber an ein Kreuz geschlagen, das Martyrium erlitt. „Ich will auch einmal ein Märtyrer sein", erklärte der Fünfjährige feierlich seiner Familie, „aber ohne die Nägel."

Er war ein ungewöhnliches Kind. Ein Foto, aufgenommen, als er sechs Jahre alt war, zeigt ihn geradezu apathisch. Ihn hatte die damals langwierige Prozedur, in der er keinen Sinn erkennen konnte, einfach nur gelangweilt. Tatsächlich war er aufgeweckt und neugierig, er lernte schnell und las Unmengen von Büchern. Fast jeden Tag stand er schon um vier Uhr auf, um vor der Schule noch zu lesen, und abends setzte er seine Lektüre fort. Es gab noch kein elektrisches Licht, auch keine Gasbeleuchtung; man benutzte Petroleumlampen. Weil er sich sorgte, sein Sohn könne sich die Augen verderben, konstruierte Vater Pacelli eine Lampe, die etwas heller leuchtete. Um Mitternacht kam er in das Zimmer seines Sohnes, um sie auszulöschen. Doch kaum hatte er das Zimmer verlassen, steckte Eugenio sie mit versteckten Streichhölzern wieder an und las weiter. Eigentlich sah er nur in zwei Dingen einen Sinn: im Studium und im Gebet. Daß andere Spaß an einer lockeren

Unterhaltung oder dem süßen Nichtstun hatten, war ihm zeitlebens unbegreiflich. Selbst seinen Schwestern war der altkluge und frühreife Junge deshalb manchmal „viel zu anstrengend".

Im Herbst 1885 verließ Eugenio Pacelli das klerikale Biotop, in dem er seine unbekümmerte Jugend verbrachte. Er sollte sich im „Feindesland" bewähren. Sein Vater hatte entschieden, daß es der kirchlichen Lehranstalten genug war und ihn kurzerhand – wie ein Jahr zuvor seinen Bruder – auf das renommierteste staatliche Gymnasium der Stadt geschickt, das *Ginnasio-Liceo Ennio Quirino Visconti,* das Räumlichkeiten im ehemaligen *Collegio Romano* der Jesuiten bezogen hatte. Es unterstand direkt dem König und hatte den Ruf, daß an ihm die besten Lehrer Italiens unterrichteten. Für einen Angehörigen des *schwarzen Adels* war das staatliche Gymnasium, in dem ein antiklerikaler, aufklärerischer Geist herrschte, eine Charakterprüfung ersten Ranges. Eben deshalb hatte Filippo Pacelli diese Schule für seine Söhne ausgesucht. Außerdem wollte er sie an der klassisch humanistischen Bildung teilhaben lassen, für die das Visconti-Gymnasium damals berühmt war.

Eugenio absolvierte die Bewährungsprobe mit Bravour. Wurde er anfangs noch von seinen Klassenkameraden als *Schwarzer* verspöttelt, verschaffte er sich bald durch Souveränität und Können Respekt. Neun Jahre später bestand er die Reifeprüfung mit der Bestnote.

Einmal, so erinnerte sich seine ältere Schwester Giuseppina, erhielten die Schüler die Aufgabe, „über einen der großen Baumeister der Geschichte" zu schreiben. Eugenio wählte den Kirchenvater Augustinus als Thema. Als er am nächsten Tag, vom Lehrer aufgefordert, seine Hausaufgabe vorlas, wurde er von seinen Mitschülern ausgelacht. Einen Kirchenheiligen als „Baumeister der Geschichte" zu charakterisieren erschien ihnen als absurde Frömmelei. Doch unbeirrt von ihrem Spott verteidigte Eugenio seine These, was seinen Lehrer, Prof. Hildebrando Della Giovanna, sehr beeindruckte. „Ihr versteht gar nichts!", schalt er seine Schüler, die plötzlich ganz still wurden. Della Giovanna wurde von diesem Tag an zu Eugenios Lieblingslehrer.

Leider ist uns dieser Aufsatz nicht erhalten geblieben. Doch immerhin gelang es der Germanistin und Romanistin Ilse-Lore Konopatzki von der Universität Essen, im Besitz der Familie Pacelli einige Aufsatzhefte sicherzustellen, die zumindest einen Einblick in seine

Zeit auf dem Gymnasium geben. Fast trotzig hatte der Schüler auf die erste Seite seines Aufsatzhefte die Buchstaben „A.M.D.G." geschrieben, *Ad maiorem Dei gloriam* – „Zur größeren Ehre Gottes", den Wahlspruch des hl. Ignatius von Loyola, dem Begründer des Jesuitenordens. Dazu passen seine Worte, niedergeschrieben in der vierten Gymnasialklasse:

> „Wir dürfen das, was wir im Herzen fühlen, auf keinen Fall verbergen, denn das widerspricht der Tugend; vielmehr müssen wir es aufrichtig kundtun. Wer sich so zeigt, wie er ist, wer freimütig seine Gefühle offenbart, hat eine große Seele und einen mannhaften Mut; wer dagegen, entweder aus Furcht, bestraft zu werden, oder um das Wohlwollen anderer zu gewinnen, seine Gemütsart verbirgt, wer seine Ansichten mit einem heuchlerischen Schleier verhüllt, ah! Laßt es mich sagen: der ist ein Feigling."

An diese Maxime sollte sich Eugenio Pacelli ein Leben lang halten.

Als ein weiteres, sehr persönliches Zeugnis erwies sich seine Hausarbeit *Il mio ritratto,* „Mein Portrait", die er in der 4. Klasse abliefern sollte. Es war eine ziemlich uneitle, realistische Selbsteinschätzung die – für das Alter eher ungewöhnlich – von hintergründigem Humor und Selbstironie zeugte. Das gefiel einigen Pius XII.-Biographen so wenig, daß sie lieber eine *apokryphe* (sprich: gefälschte) Version zitieren, in der sich Eugenio seiner schönen Hände rühmt und ganz selbstverliebt feststellt: „Ich gefalle mir, und ich gefalle auch den anderen". Doch hier der Originaltext, wie ihn Prof. Konopatzki publizierte:

> „Ich bin dreizehn Jahre alt, und für dieses Alter bin ich, wie man wohl sieht, weder übermäßig groß noch übermäßig klein. Meine Gestalt ist schlank, meine Hautfarbe braun, mein Gesicht etwas blaß; meine Haare sind kastanienfarbig und fein, meine Augen schwarz, meine Nase ist ziemlich adlerhaft gebogen. Von meiner Brust will ich nicht weiter sprechen, die, um die Wahrheit zu sagen, nicht sehr breit ist. Schließlich habe ich ein Paar ziemlich dürre und lange Beine und zwei Füße von nicht geringen Ausmaßen. Aus all diesem ist leicht zu begreifen, das ich körperlich ein durchschnittlicher junger Mann bin."

Aber die Durchschnittlichkeit war nur eine Äußerlichkeit:

> „In bezug auf meine Neigungen kann ich sagen, daß ich manchmal ein bißchen von den ehrwürdigen Musen inspiriert werde; ferner fühle ich in mir einen starken Hang zu den Klassikern, und besonders das Studium der lateinischen Sprache ist mir höchstes Vergnügen. Da ich die Musik sehr innig liebe, macht es mir Freude, in den Mußestunden und besonders während der Ferienzeit irgendein Musikinstrument zu spielen. Mein Charakter ist ziemlich ungeduldig und heftig ..."

„Der beste Freund ist ein gutes Buch", verriet er in einem anderen Aufsatz, gipfelnd in dem Stoßseufzer: „Ah! Wieviel besser verbringt man die Zeit mit einer ethisch wertvollen Lektüre als mit gewissen Freunden, die, statt den Gemütern der Kameraden die Liebe zur Tugend einzugeben, ihre Unschuld verderben!"

So eigenbrötlerisch und verschroben das nach heutigen Maßstäben auch klingen mag, Eugenios Schulkameraden versicherten späteren Biographen glaubwürdig, daß er keineswegs als *Streber* gesehen wurde, zumal er nie einen überhöhten Ehrgeiz an den Tag legte. Man bewunderte seinen schnellen, lebhaften Verstand und sein exzellentes Gedächtnis und schätzte seine zurückhaltende Art und seine Hilfsbereitschaft. Wodurch er sich ebenfalls Respekt verschaffte, war seine Sportlichkeit. Eugenio ruderte mit Ausdauer, schwamm weite Strecken und galt als ausgezeichneter Reiter.

Sein bester Freund war ausgerechnet der (nach ihm) zweitbeste Schüler der Klasse, Giulio Mantovani. Die Begabungen der beiden Schüler lagen auf unterschiedlichem Gebiet, und so konnten sie sich austauschen und viel voneinander lernen. Was die beiden Jungen aber noch mehr verband, war ihr katholischer Glaube. Giulio stammte aus einer verarmten bürgerlichen Familie und lebte in einem päpstlichen Internat. Er war bescheiden und gebildet, Eugenios Schwestern liebten seinen Humor und seine verrückten Einfälle. Doch obwohl die Schüler stundenlang über Geschichte, Philosophie und Musik diskutieren konnten, hat der junge Pacelli ihm nie sein Innerstes offenbart. So hatte Mantovani nicht die geringste Ahnung davon, daß sein Schulfreund mit dem Gedanken spielte, Priester zu werden. Er selbst studierte Jura, wurde Anwalt und heiratete später. Noch als Eugenio längst Papst war, traf man sich regelmäßig.

Ein weiterer seiner Schulfreunde war Guido Mendes, Sohn einer prominenten jüdischen Ärztefamilie, den er immer wieder zu sich nach Hause einlud. Eugenio wiederum war im Hause Mendes ein gern gesehener Gast, der auch an der abendlichen *Schabat*-Feier teilnehmen durfte. Wenn Mitglieder der jüdischen Gemeinde zu Besuch kamen, führte er mit ihnen ausgiebige Gespräche. Immer wieder borgte er sich Werke über das Judentum aus der Bibliothek der Mendes, darunter die *Apologetica* und *Dogmatica* des berühmten italienischen Rabbis Elijah ben Hamozeg. Er zeigte großen Respekt, ja Bewunderung für die jüdische Kultur und Religion und sprach davon, er wolle eines Tages Hebräisch lernen, um die jüdischen Schriften im Original lesen zu können. Auch diese Freundschaft – die natürlich gar nicht in das Zerrbild von Pius XII. als Antisemiten paßt und daher von gewissen Biographen verschwiegen wird – hielt ein Leben lang. Als 1938 die antisemitischen Rassengesetze in Italien verabschiedet wurden, half der damalige Kardinalstaatssekretär Pacelli seinem Schulfreund, über die Schweiz nach Palästina auszuwandern. Auch nach dem Krieg kam es zu mehreren Treffen. Mendes war mittlerweile in Israel ein prominenter Lungenspezialist geworden, und Pius XII. diskutierte mit ihm über die Zukunft Jerusalems. Erst mit Johannes Paul II. hat es wieder einen Papst gegeben, der schon als Jugendlicher so enge persönliche Freundschaften zu Angehörigen des jüdischen Glaubens pflegte.

Gab es ein Mädchen in seiner Jugend? Verwandte aus Onano erinnern sich an eine Jugendliebe des Dreizehnjährigen während der Sommerferien. An sie mag er gedacht haben, als er im selben Sommer das Gedicht *An ein junges Mädchen* schrieb, das freilich mit dem Aufruf endet, sein Leben Gott zu weihen. Die junge Liebe hatte nicht die Kraft, ihn von seinem Entschluß abzubringen, es ebenso zu halten.

Doch schon ein Jahr später, im Sommer 1890, durchlitt Eugenio eine seelische Krise. Er war so schnell gewachsen, daß seine Gesundheit angegriffen war, die Ärzte ihm sogar rieten, ein Jahr mit der Schule auszusetzen. Eine schwere Depression war die Folge, begleitet von Glaubenszweifeln. Auch aus dieser Zeit ist uns ein bewegendes literarisches Selbstzeugnis erhalten. Pacelli meinte sich selbst, als er schrieb:

„Dieser Mensch hat die Hölle im Gemüt; und während er vorher nur Freude kannte, ist nun der Schmerz seine Weide geworden, der Schmerz seine Ruhe, der Schmerz selbst seine Hoffnung. Mit traurigem Auge sieht er nun denjenigen zu, die, in den Kirchen kniend, zu Gott ihr andächtiges Gebet erheben, er sieht ihnen zu, und die süße Erinnerung vergangener Zeiten, die vielleicht nie wiederkehren werden, bietet sich seinem Geiste dar, als er, glaubend, mit der glücklichen Schar jener Gläubigen vereint war, als Gott sein Herz mit unaussprechlicher Freude erfüllte ... und er weint!

Der Unglückliche! Wo wird er Trost finden? (...) Wird er zum Gebet zurückkehren, zu jenem einzigen Trost der Sterblichen? Weh! Denn während er versucht, seinen Geist zum Herrn zu erheben, überfällt ihn der Zweifel mit um so heftigerer Gewalt: ‚Wenn Gott gar nicht existiert!' Aber das ist zuviel, das ist der Gipfel des Schmerzes: der Unglückliche hält es nicht mehr aus, sein Atem wird mühsam, die Stimme erwürgt sich ihm in der Kehle, er jagt die Hände durchs Haar, schließt die Augen (...) Mein Gott, erleuchte ihn!"

Als Pacelli am 17. August 1891 diese Zeilen schrieb, war die tiefe Glaubenskrise offenbar überwunden. Auch die Aufnahmeprüfung für die gymnasiale Oberstufe im *Liceo* bestand er mit Leichtigkeit. Er wußte jetzt, daß es weitergeht. Und er hatte wieder unbeirrbar sein Ziel vor Augen.

Kaum war im Mai 1894 die Reifeprüfung mit der Bestnote *ad honorem* absolviert, hatte er zudem bei einem Wettbewerb für neuere Geschichte die Goldmedaille gewonnen, fand er wieder in die Arme der Kirche. Nach einem längeren Urlaub auf dem Landgut der Pacellis in Onano zog er sich zum Fest *Mariae Himmelfahrt* für zehn Tage in das Kloster *Sant' Agnese fuori le Mura* zurück, um Exerzitien zu halten und Klarheit über seine Berufung zu erlangen. Danach stand sein Entschluß unumkehrbar fest: Er würde Priester werden. Seine Familie zeigte sich nicht sonderlich überrascht. „In unseren Augen war er bereits als Priester zur Welt gekommen", erklärte seine jüngere Schwester Elisabetta.

III. Der Überflieger

Die römische Lateranbasilika gilt als *Mutter aller Kirchen.* Sie ist die eigentliche „Hauskirche des Papstes“, seit Kaiser Konstantin der Große sie im Jahre 313, gleich nach der Eroberung Roms im Zeichen des Kreuzes, errichten ließ und an Papst Miltiades übergab. Jedes Jahr wurden hier am Ostersamstag die Absolventen der großen römischen Seminare in einer feierlichen Zeremonie zu Priestern geweiht. Drei bis vier Stunden lang dauerte der Festgottesdienst, den der Vikar des Papstes für die Stadt Rom zelebrierte; ein heiliges Schauspiel, das allen Beteiligten ein Leben lang in Erinnerung blieb.

Doch als am Karsamstag, dem 1. April 1899, die Absolventen der altehrwürdigen römischen Priesterseminare in die Schar der Geweihten aufgenommen wurden, fehlte einer von ihnen: Eugenio Pacelli. Er empfing seine Priesterweihe einen Tag später, am Ostersonntag, in einem eher privaten, wenngleich ungemein exklusiveren Rahmen. Geweiht wurde er von einem langjährigen Freund seiner Familie, Erzbischof Francesco di Paola Cassetta (1841–1919), päpstlicher Vizevikar von Rom, Patriarch von Antiochia und späterer Kardinal, in der Privatkapelle seines *Palazzo* auf dem Esquilin. Zu den wenigen geladenen Gästen gehörte auch Kardinal Vincenzo Vannutelli (1836–1930), Titularerzbischof von Sardes (ein Titel, den Pacelli später von ihm erben sollte), der damals als *papabile,* als möglicher nächster Papst, galt. Einen Tag später, am Ostermontag, feierte Eugenio seine Primiz (Erstmesse) in der *Cappella Borghese* der päpstlichen Basilika *S. Maria Maggiore* vor dem berühmtesten und meistverehrten Marienbild der Ewigen Stadt, der Ikone *Salus Populi Romani* (Heil des Römischen Volkes), der Legende nach ein Werk des Evangelisten Lukas. Auf seinen Primizbildchen – Gebetszettelchen, die als Andenken an die erste heilige Messe eines Priesters verteilt wurden – rief er die „erhabene Mutter des Herrn“ um Beistand an. Er sollte der Madonna ein Leben lang verbunden bleiben.

Erst seine zweite heilige Messe zelebrierte er in einem vertrauteren Rahmen: In der *Chiesa Nova* unweit seines Geburtshauses, der Kirche des hl. Filippo Neri, in der er als Junge ministrierte. Der Oratorianerpater Lais, der hier lebte, sein einstiger Grundschullehrer und Jugendseelsorger, war längst zu seinem spirituellen Vater und persönlichen Freund geworden. Da der Pater auch ein bedeutender Astronom war, begleitete ihn der stets wissbegierige Eugenio sogar, als er im Sommer 1896 an einem Fachkongreß in Paris teilnahm. Für den damals 20jährigen war es die erste Auslandsreise.

Doch weder Pacellis spezielle Begabungen noch die guten Kontakte seiner Familie zur kirchlichen Hierarchie waren der Grund für seine ungewöhnliche Priesterweihe, sondern seine schwache Gesundheit. Fast hätte er die harte, entbehrungsreiche Zeit im Seminar nicht durchgestanden. Doch am Ende war sein Wille stärker als sein schwächelnder Körper.

Im Herbst 1894, als seine Berufung für ihn feststand, hatte Eugenio sich auf dem altehrwürdigen Priesterseminar *Capranica* beworben, das noch heute in einem rostroten Renaissancepalazzo unweit des Pantheons residiert. Das 1457 gegründete Seminar verfügte und verfügt noch heute über einen exzellenten Ruf als Kaderschmiede der katholischen Kirche. Nur zwei Jahrzehnte zuvor hatte hier der junge Graf Giacomo della Chiesa die Schulbank gedrückt, der zu diesem Zeitpunkt im vatikanischen Staatssekretariat diente; er sollte 1914 als Papst Benedikt XV. den Thron Petri besteigen. Bevor er, wie es damals üblich war, seinen Sohn hier einschreiben konnte, hatte Vater Filippo Pacelli ein Empfehlungsschreiben des Gemeindepfarrers Piero Monti besorgt und dem Kardinalvikar von Rom vorgelegt. Darin wurde Eugenio bescheinigt, daß er „von frommen und hochachtbaren Eltern geboren, in jeder Weise aufs beste erzogen wurde und in seiner Frömmigkeit und im religiösen Leben stets ein leuchtendes Beispiel war." Natürlich wurde er sofort aufgenommen.

Doch nicht die Frömmigkeit machte ihm zu schaffen, sondern seine labile Gesundheit. Sie war den Belastungen durch das strenge Seminar, das Priester zu einem Leben in Gebet und Askese fern allem Weltlichen erziehen wollte, einfach nicht gewachsen. Die Schlafsäle waren nicht geheizt. Jeden Morgen um 5.30 Uhr (im Sommer sogar schon um 5 Uhr) wurden die Seminaristen geweckt. Es folgten die Frühmesse, das Morgenlob, der Engel des Herrn und der Rosenkranz, bevor, in absoluter Stille, ein karges Frühstück eingenommen wurde.

Zeitgleich hatte sich Pacelli auf der Jesuitenuniversität *Gregoriana*, einer weiteren Kaderschmiede der Kirche, eingeschrieben, um Philosophie, Theologie Griechisch, Rhetorik und – eine lebenslange Leidenschaft – christliche Archäologie zu studieren. Schon im zweiten Semester brillierte er so sehr, daß er als Teilnehmer an einem in Latein geführten philosophischen Disput ausgewählt wurde. Sein Opponent war dabei ausgerechnet der junge deutsche Seminarist Carl Sonnenschein aus Düsseldorf, der später zu einem der ersten katholischen Sozialpolitiker, zum engagierten Studentenseelsorger und Vater der katholischen Volksbildung wurde. Drei Jahrzehnte später sollten sich beide in Berlin wiedertreffen.

Als das zweite Semester zu Ende war, hatte Pacelli bereits in mehreren Fächern Auszeichnungen erhalten. Er war der Primus seines Jahrganges. Und dabei ging es ihm entsetzlich schlecht.

Die strenge Disziplin, der Streß, nie alleine zu sein, vor allem aber das ungewohnte, fette Essen im *Capranica* hatten ihm zugesetzt. Er war nur noch Haut und Knochen, wog 52 Kilogramm bei 1,82 Metern Größe. Ständig litt er an Magenkrämpfen. Daran änderte auch nichts, daß ihm seine Familie jeden Sonntag gewohnte Hausmannskost mitbrachte. Er wirkte ständig angespannt, es fehlte ihm an Ausgleich, an Bewegung, an Ruhe und Abgeschiedenheit. Auf ärztlichen Rat verließ er das Seminar und zog sich für ein paar Wochen auf das Landgut seiner Familie in Onano zurück.

Für jeden anderen Seminaristen hätte sich der Traum vom Priestertum damit zerschlagen. Auch ein Versuch, dem Jesuitenorden beizutreten, scheiterte an seiner schwachen Gesundheit. Doch Pacelli hielt an seiner Berufung fest; nichts, auch nicht sein sensibler Körper, konnte ihn daran hindern. Seinem Vater gelang es, für ihn eine Ausnahmegenehmigung zu erwirken. Als er die Nachricht aus Rom erhielt, hatte Eugenio es so eilig, zum Bahnhof zu kommen, daß er dem Kutschpferd seiner Verwandten einen ganzen Eimer voll Wein zu trinken gab, damit es schneller lief. Er verließ das *Collegium Capranica* und zog wieder bei seinen Eltern ein. Als Externer besuchte er fortan das *Päpstliche Athenäum Sant' Apollinare.* Daneben setzte er sein Studium an der *Gregoriana* fort und hörte zudem Vorlesungen über griechische, lateinische und italienische Literatur sowie Alte Geschichte an der staatlichen Universität *Sapienza.*

Vielleicht fand seine private Priesterweihe wirklich aus Rücksicht auf seine schwache Gesundheit statt, die ihm stundenlanges Nüchternsein nicht erlaubte, vielleicht wollte man ihm auch die Begegnung mit den Absolventen seines Jahrgang aus dem *Capranica* ersparen. Seinem guten Ruf jedenfalls hat die gesundheitliche Schwäche nicht geschadet. So durfte er auch als junger Priester weiterhin bei seinen Eltern wohnen, während er sich in den nächsten Jahren speziell dem Studium des Kirchenrechts widmete. Das war, damals wie heute, die beste Voraussetzung für eine Karriere an der römischen Kurie. Daß er es sich in dieser Zeit nicht leichtmachte, ist bezeugt. Keine Nacht schlief er mehr als vier Stunden. Noch vor der ersten Vorlesung zelebrierte er die Frühmesse in der *Chiesa Nuova;* nachmittags saß er oft stundenlang im Beichtstuhl. Zudem predigte und unterrichtete er am *Cenacolo,* einem Lehrschwesterninstitut, das besonders von den Töchtern des römischen Adels besucht wurde, dann in der *via de' Lucchesi,* wo sich Ordensschwestern den jungen Arbeiterinnen widmeten und schließlich im Kloster der *Assunzione* hinter der *Villa Borghese,* wo er mit französischen Nonnen in ihrer Muttersprache theologische Fragen erörterte. Trotz dieser Mehrfachbelastung promovierte er im Juli 1902 *summa cum laude* zum Doktor der beiden Rechte (Weltliches Recht und Kirchenrecht). Das Thema seiner Dissertation sollte sein Leben bestimmen – es ging um das Verhältnis zwischen Kirche und Staat. Das *Appolinare* bot ihm gleich einen Lehrstuhl an und Pacelli akzeptierte – zumindest vorübergehend.

Denn längst hatte sich ihm eine ganz anderer Weg geöffnet. An einem dunklen Januarabend des Jahres 1901, er musizierte gerade mit seiner jüngeren Schwester, klopfte es an der Tür der elterlichen Wohnung. Der späte Besucher, den das Dienstmädchen hereinließ, war kein geringerer als Erzbischof Pietro Gasparri, der gerade von Papst Leo XIII. zum *Kurialsekretär für Außerordentliche Kirchliche Angelegenheiten,* sprich: zum neuen Außenminister des Papstes ernannt worden war. Seine *Kongregation* (was einem Ministerium entspricht) war direkt dem Staatssekretariat untergeordnet. Eugenio reagierte mehr als überrascht und ein wenig verlegen auf den hohen Besuch, der so völlig unerwartet in seine familiäre Idylle hineingeplatzt war. Doch Gasparri, damals 48 Jahre alt, nahm es mit Humor. Der kleine, kugelrunde Monsignore kam vom Land und stand mit beiden Beinen im Leben. Er war ein Mann der Tat, keiner, der gerne abwartete: „Den Stier bei den Hörnern packen" lautete seine rustikale Devise. Jetzt suchte er nach einem fähigen Mitarbeiter, und jeder, den er fragte, hatte ihm von Pacelli erzählt: Professoren an der *Gregoriana* ebenso wie sein stolzer Onkel Ernesto Pacelli, Finanzberater des Papstes und Mitbegründer des *Banco di Roma*. „Pacelli, man hört nur Gutes von Ihnen", brachte er sein Anliegen kurz und prägnant vor. „Könnten Sie sich vorstellen, in den Diplomatischen Dienst der Kirche einzutreten?" Eugenio mußte schlucken. Dieser Gasparri, der gerade in seinem Wohnzimmer stand, war in den letzten Jahren sein großes Idol gewesen. Immerhin war er als exzellenter Kirchenjurist bekannt; 18 Jahre lang hatte er am *Institute Catholique* in Paris gelehrt, und Pacelli kannte jede seiner Arbeiten. Er zögerte. Hatte er nicht gerade Freude an der Seelsorge und eine gutdotierte Professur gefunden? „Dienst in der Kirche ist immer und überall Seelsorge", hielt ihm Gasparri entgegen, „die Kongregation für Außerordentliche Angelegenheiten hat nicht bloß die Aufgabe, das äußere Bestehen der Kirche diplomatisch zu verteidigen, sondern auch die Pflicht, allen Völkern immer wieder das Vorbild des gottgewollten Rechtes vor Augen zu stellen." Dem konnte Eugenio nicht widersprechen. Am 2. Februar 1901 begann er seine Tätigkeit in den engen und dunklen Räumen des vatikanischen Staatssekretariates, zunächst als *Apprendista* (Auszubildender), dann, seit dem 1. Oktober 1903, als *Minutante* (Sachbearbeiter).

Am 20. Juli 1903, als eine Hitzeglocke über der Ewigen Stadt lag, starb der Papst. Am 4. August wurde nach einem viertägigen Konklave Giuseppe Melchiorre Sarto, Patriarch von Venedig, zu seinem Nachfolger gewählt. Er nannte sich Pius X. und erwies sich als Mann von bodenständiger Frömmigkeit, als „Papst der Kleinen, der Armen und der Pfarrer" (so der französische Schriftsteller Jacques Maritain). Der Sohn eines Briefträgers und einer Näherin aus Riese bei Treviso in Norditalien hatte seine Karriere als Landpfarrer begonnen. Jetzt stellte er sein Pontifikat unter das Motto „Alles in Christus erneuern". Er rief dazu auf, das Studium des Katechismus zum festen Bestandteil des katholischen Gemeindelebens zu machen und setzte das Alter für die Erstkommunion von zehn auf sieben Jahre zurück. Alle Gläubigen lud er zum regelmäßigen Kommunionempfang ein, der bis dahin eher unüblich war. Pacelli war so begeistert von der Initiative des neuen Papstes, daß er in seiner Freizeit Erwachsenen und Kindern Katechismusunterricht erteilte.

Doch auch die Kirche wollte Pius X. neu organisieren. Wie schon Leo XIII. so verzichtete auch er ausdrücklich auf alle weltliche Macht. Er verstand sich als „Vater aller Gläubigen“, der sein Amt unabhängig von allen Staaten und den Interessen einzelner Völker auszuüben hatte. Sein wichtigstes Ziel aber war die Kodifizierung des Kirchenrechts, das die Weltkirche zu einer globalen juristischen Körperschaft mit eigenen Gesetzen werden ließ. Vergleichbares hatte es zuletzt 1314 gegeben, als Papst Clemens V. (1305–14) die *Clementinen* erließ. Seitdem waren unzählige päpstliche Dekrete, Erlasse und Gerichtsentscheide hinzugekommen, die nie zu einem einheitlichen Gesetzeswerk zusammengefaßt worden waren. So berief Pius X. 1904 eine sechzehnköpfige Kardinalskommission, die, beraten von namhaften Kirchenrechtlern aus aller Welt, das neue kirchliche Gesetzbuch, den *Codex Iuris Canonici* (CIC), zu erstellen hatte. Zu ihrem Sekretär (sprich: Koordinator) wurde Erzbischof Gasparri ernannt. Der wiederum betraute „eine seiner tüchtigsten Kräfte im Staatssekretariat“, den Mann, zu dem er „ein besonderes Vertrauen“ hatte, mit der wichtigen „Kleinarbeit“: Eugenio Pacelli. Dreizehn Jahre lang – bis zur Promulgation des CIC im Jahre 1917 – sollte ihn diese wichtige Aufgabe beschäftigen.

Zwischenzeitlich aber erforderte eine neue Krise den Einsatz des vatikanischen „Außenministeriums“. Ausgerechnet am Karfreitag des Jahres 1904 ließ der französische Ministerpräsident Émile Combes, ein ehemaliger Seminarist und erklärter Kirchengegner, aus allen Schulen und Gerichten des Landes die Kruzifixe entfernen. Am 30. Juli brach er nach einem Streit über eine Bischofsernennung alle diplomatischen Beziehungen zum Heiligen Stuhl ab, im September schloß er alle katholischen Schulen Frankreichs. Ein Jahr später kündigte er das Konkordat, das 1801 mit Kaiser Napoleon Bonaparte geschlossen worden war. Auf einen Schlag verlor die katholische Kirche in Frankreich ihren gesamten Immobilienbesitz, den sie nach der Französischen Revolution noch sichern konnte. Pius X. beauftragte Gasparri, sich des „französischen Problems“ anzunehmen. Der zog sich für fünf Tage zusammen mit seinem „besten Mann“, Pacelli, und einem Koffer voll von Dokumenten in sein Heimatdorf zurück, dann konnte er einen ausführlichen Bericht, das *Weißbuch*, vorlegen. Das wurde zur Grundlage für die päpstlichen

Enzykliken *Vehementer nos* (11.2.1906) und *Gravissimo officii munere* (10.8.1906), in denen sich der Papst gegen die von Frankreich beschlossene Trennung von Staat und Kirche aussprach. Es sei der Staat, der das Konkordat einseitig gebrochen, die Kirche gewaltsam beraubt und die Gläubigen in ihrer Religionsausübung behindert habe. Einen Kompromiß lehnte er ab – es sei „besser, frei und arm zu sein, als reich und versklavt". Das höchste Gut der Kirche habe Vorrang vor ihren Gütern: „Dem Haß werden wir die Liebe, dem Irrtum die Wahrheit, den Beleidigungen und Schmähungen die Vergebung entgegenstellen, und Gott bitten, daß die Feinde der Religion aufhören mögen, diese zu verfolgen." Der Appell des Papstes zeigte Wirkung. Mit Gesetz vom 2. Januar 1907 erhielten Priester und Orden ihre Kirchen und Klöster zurück, mit der juristischen Einschränkung, sie seien „Besitzer ohne Rechtstitel".

Noch im selben Jahr wurde Gasparri, in erster Linie wegen seiner Verdienste am CIC, in den Kardinalsrang erhoben. Eugenio Pacelli, der zwischenzeitlich zu Gasparris persönlichem Sekretär aufgestiegen war, ernannte der Papst im März 1911 zum Unterstaatssekretär des „Außenamtes", also der Kongregation für Außerordentliche kirchliche Angelegenheiten.

Zu seinem großen Bedauern hatte Pacelli bald keine Zeit mehr für die seelsorgerische Tätigkeit, die ihm so viel Freude bereitet hatte. Als seine Großfamilie 1908 in die *via Boezio 19* im eleganten Stadtteil *Prati* auf der linken Tiberseite umzog, richtete er sich eine Privatkapelle ein und erhielt die Genehmigung, dort täglich die heilige Messe zu zelebrieren. Dabei ministrierte ihm meist sein Neffe Giulio, der noch Jahre später davon schwärmte, mit welch verklärtem Gesicht sein Onkel die Wandlung vollzog. Für seine Morgenmesse nahm er sich eine Stunde Zeit. So viele Aufgaben und Pflichten er auch hatte, er blieb immer in erster Linie Priester. Zum Mittagessen kam er nach Hause, wobei er „wie ein Spatz" gegessen, sich aber rührend um seine Nichten und Neffen gekümmert haben soll. Danach machte er täglich einen einstündigen Verdauungsspaziergang, eine Angewohnheit, zu der ihm die Ärzte geraten hatten und die er sein Leben lang beibehielt. Neben seiner Arbeit im Staatssekretariat lehrte er noch an der Päpstlichen Akademie für künftige Diplomaten der Kirche. Abends brachte er sich Berge von

Akten und Büchern mit, um den nächsten Tag vorzubereiten. Erst gegen zwei Uhr früh ging er schlafen, um sechs Uhr morgens klingelte schon wieder der Wecker.

Doch seine Arbeitswut zahlte sich aus, und schon bald konnte er auf seinem Konto wichtige diplomatische Erfolge verbuchen. 1910, als in England der neue König George V. gekrönt werden sollte, erreichte er, daß bei seiner Vereidigung zum ersten Mal seit 1607 auf den traditionellen antikatholischen Eid verzichtet wurde. Als Teil der vatikanischen Delegation reiste Pacelli zu den Krönungsfeiern nach London, ein Erlebnis, von dem er sein Leben lang schwärmte. Um perfekt vorbereitet zu sein, hatte er sich eigens Visitenkarten in der Diplomatensprache Französisch drucken lassen.

Im Rahmen seiner Arbeiten am neuen Kirchenrechtskodex galt ein Hauptaugenmerk Pacellis dem Verhältnis zwischen der Kirche und den Staaten, das es juristisch zu regeln galt. Der neue Papst hatte am 9. November 1903 gefordert, „mit den Herrschern der Staaten und den Lenkern der Republiken Beziehungen aufzunehmen, denn bei einem Fehlen solcher Beziehungen würde der Papst nicht in der Lage sein, den Katholiken allerorten Sicherheit und Freiheit zu garantieren". Sein Ziel war eine starke, unabhängige Kirche, die nicht von einem Regime instrumentalisiert werden konnte, sondern nur dem Heiligen Stuhl gegenüber verpflichtet war. Staatsverträge, sogenannte Konkordate, sollten Rechtssicherheit schaffen. Das ideale Konkordat, so Pacelli, garantiert die Bekenntnisfreiheit und regelt den rechtlichen Status des Klerus, sichert den kirchlichen Besitz und die Rolle der kirchlichen Orden, erlaubt konfessionelle Schulen und die Ausbildung von Geistlichen und bestätigt das Privileg des Papstes, Bischöfe zu ernennen und abzuberufen.

Dann, 1913, trat ausgerechnet das Königreich Serbien an den Vatikan heran und schlug den Abschluß eines Konkordats vor. Das Ersuchen war politisch heikel, denn noch verstand sich Österreich-Ungarn als alleinige Schutzmacht der katholischen Minderheit auf dem Balkan. Ihre Bischöfe und Priester stammten aus Österreich, in ihren Kirchen wurde für den Kaiser und seine Familie gebetet. Allerdings hatten sich die politischen Realitäten drastisch verändert, seit Serbien im 1. Balkankrieg gegen die Türkei Mazedonien und den Norden Albaniens erobert hatte. Die Zahl der Katholiken im Königreich war dadurch von rund 7000 auf über 40000 angestiegen. Zudem war eine direkte Vereinbarung mit Rom für Serbien ein Schritt zu mehr Autonomie und weg von der Vormundschaft Österreichs.

Pacelli wußte, wie heikel der Fall war. Einerseits mußte er auf die Befindlichkeiten in Wien Rücksicht nehmen, andererseits war das Konkordat auch eine Chance, die Rechte der katholischen Minderheit in dem orthodoxen Königreich zu sichern. Serbien war bereit, den Katholiken im Lande volle Religions- und Kultusfreiheit zu garantieren, Gehälter an die Bischöfe und den Klerus zu zahlen und die Ausbildung der Geistlichen zu ermöglichen. War bis dahin ein Konfessionswechsel verboten, wurde jetzt die Konversion zur Katholischen Kirche ausdrücklich erlaubt. Zudem bot sich eine Chance, die seit fast tausend Jahren bestehende Kluft zwischen dem Katholizismus und der Orthodoxie zu überbrücken. Pacelli konnte sie nicht ungenutzt lassen. Eine Ablehnung des Angebotes hätte nur völlig unnötig die Situation der Katholiken erschwert.

Kardinalstaatssekretär Merry del Val, dem er das serbische Gesuch vorlegte, stimmte ihm zu. Man konnte nicht die serbischen Katholiken im Stich lassen, nur um ein veraltetes Privileg Österreichs zu retten. Dabei machte auch er sich keine Illusionen darüber, daß hinter dem Vorstoß außenpolitische Absichten standen. „Doch gerade wenn wir sagen, daß wir den Serben nicht vertrauen können, haben wir um so mehr Grund, sie durch ein Konkordat festzunageln", beendete er die Beratung. So wurde das 22 Artikel umfassende Konkordat am 24. Juni im Vatikan feierlich unterzeichnet.

Einige sozialistische Blätter in Österreich sprachen von einer „Niederlage" und einem „schrecklichen Schlag gegen unser Ansehen". Doch ihnen wurde umgehend von der österreichischen Regierung widersprochen, die erklärte, sie habe die Verhandlungen „mit Wohlwollen" verfolgt. Das Konkordat sei „eine einzigartige Gelegenheit, die Angelegenheiten der Katholiken in Serbien angemessen zu ordnen."

Trotzdem kam es vier Tage später zur Katastrophe, als der österreichische Thronfolger Erzherzog Franz Ferdinand und seine Gattin von einem bosnisch-serbischen Fanatiker in Sarajevo niedergeschossen wurden. Doch nur John Cornwell hat die Dreistigkeit, Eugenio Pacelli der Mitschuld an der „Urkatastrophe des 20. Jahrhunderts" zu bezichtigen. „Das Konkordat trug gleichwohl zu den Spannungen bei, welche die österreichische Regierung veranlaßten, das Spiel zu überreizen", behauptet der britische Journalist in seiner Pius-Biographie, so als sei das Attentat nur ein Vorwand oder das von Serbien gewünschte Konkordat sein Anlaß gewesen. Daß es bereits 1908 nach der Annexion Bosniens beinahe zum Krieg zwischen Serbien und Österreich-Ungarn gekommen war, daß seitdem der Balkan ein Pulverfaß war, scheint Cornwell zu übersehen. Das Konkordat hätte allenfalls dazu beigetragen, die Lage zu entspannen und Konflikte zu lösen, wenn denn mehr Zeit geblieben wäre. Keine einzige der umfangreichen Studien über die Ursachen des Ersten Weltkriegs, die in den letzten Jahrzehnten von namhaften Historikern publiziert wurden, sah auch nur irgendeine Verbindung zwischen dem Kriegsausbruch und dem Konkordat mit Serbien.

Es folgten erst Drohungen, dann Ultimaten. Wien verlangte von Serbien nicht nur die Bekämpfung aller gegen Österreich agierenden Organisationen, sondern wollte gleich selbst die Ermittlungen leiten. Serbien sah dies als Eingriff in seine Souveränität. Wien brach alle diplomatischen Beziehungen ab und erklärte Belgrad am 28. Juli den Krieg. Sofort ordnete Rußland, der Verbündete Serbiens, die Generalmobilmachung an. Daraufhin erklärte Deutschland, Österreichs Bündnispartner, den Russen am 1. August den Krieg.

Papst Pius X. ahnte, was auf Europa zukommen würde, und verfiel in eine tiefe Depression. „Ich will für die Soldaten auf den Schlachtfeldern sterben", erklärte er seinen engsten Mitarbeitern. Als sie ihn am 20. August 1914, im Angesicht des Todes, noch einmal um seinen Segen für die Welt baten, meinte er nur: „Ich segne den Frieden und nicht den Krieg" – und schloß für immer die Augen.

Nur zwei Wochen später, am 3. September 1914, wählten die Kardinäle im zehnten Wahlgang den kleinen, dynamischen Grafensohn Giacomo della Chiesa aus Genua zum neuen Papst. Er nannte sich Benedikt XV. und seine erste Amtshandlung war, angesichts des Krieges auf eine prunkvolle Krönungsfeier zu verzichten. Stattdessen erhielt er die Tiara in der Sixtinischen Kapelle, von wo aus er gleich das Wort an die Welt richtete. In seiner Botschaft *Ubi primum* beschwor er die kriegführenden Mächte, das Blutvergießen zu beenden, und forderte die Priester auf, nie in der Sprache des Hasses und der Verachtung, sondern des Friedens und der christlichen Liebe zu predigen.

Die deutsche Armee hatte zwischenzeitlich die Neutralität Belgiens verletzt, war in Frankreich eingefallen und bis an die Marne vorgedrungen. Das wiederum hatte England zum Kriegseintritt veranlaßt. In Ostpreußen waren die Russen mit 200000 Soldaten eingefallen. Generaloberst von Hindenburg nahm sie, obwohl zahlenmäßig weit unterlegen, bei Tannenberg in die Zange und schlug sie vernichtend. Doch der Krieg nahm eine entscheidende Wende, als die Franzosen zur Gegenoffensive bliesen und den deutschen Vormarsch stoppten. Aus dem Bewegungskrieg wurde ein Stellungskrieg – ein erbittertes, gnadenloses Dahinschlachten in den Schützengräben, das noch vier Jahre andauern sollte.

Der neue Papst ließ nichts unversucht, Europa die Sinnlosigkeit dieses Gemetzels vor Augen zu halten. Auch in seiner Antrittsenzyklika *Ad beatissimi Apostolorum Principis* vom November 1914 rief er zum Frieden in der Welt auf und forderte die Beendigung des Krieges, des Hasses und der Menschenverachtung. Er verurteilte den nationalistischen Egoismus, Rassenhaß, Klassenkampf und die Entchristlichung der Gesellschaft – vergebens. In einem geheimen Konsistorium legte er zusammen mit den Kardinälen die Richtlinien für sein weiteres Vorgehen fest: absolute Unparteilichkeit sowie jedweder Versuch, die Kriegsfolgen zu lindern, den Kriegsopfern beizustehen und mit allen Mitteln auf eine baldige Beendigung der Kriegshandlungen hinzuarbeiten. Seine Neutralität ging so weit, daß die Kriegsteilnehmer ihn für einen Fürsprecher der jeweiligen Gegenseite hielten. Als er im Januar 1915 gegen den deutschen Einmarsch in das neutrale Belgien protestierte, verhöhnte ihn die deutsche Presse als „Papst der Franzosen“.

So blieben seine Appelle unerhört. Selbst sein Versuch, über Weihnachten eine Waffenruhe zu vereinbaren, scheiterte. Als er im Februar 1915 die Welt zu einem Gebetstag für den Frieden aufrief, konnte er nur noch zu Gott flehen: „Wende ab diese schreckliche Geißel! Erbarme Dich …“ Erneut zeigte sich die Ohnmacht des Papsttums. Die Stimme Petri wurde vom Getöse der Waffen übertönt, die Liebe unterlag dem Haß, die Vernunft dem Wahnsinn.

Schon in den ersten Wochen seines Pontifikats besetzte Benedikt XV. die wichtigsten Posten in der römischen Kurie neu. Sein langjähriger Freund Pietro Gasparri wurde sein neuer Kardinalstaatssekretär, Eugenio Pacelli war jetzt Sekretär des Außenamtes, sprich: päpstlicher Außenminister.

Als solchem fiel ihm die Aufgabe zu, das päpstliche Hilfswerk für die Kriegsgefangenen auf allen Seiten aufzubauen. Das freilich war eine Arbeit ganz nach Pacellis Geschmack, und er zeigte, daß er auch über ein ausgezeichnetes Organisationstalent verfügte. So entstand ein internationales Netzwerk der Nächstenliebe. In jeder Diözese, in der es Kriegsgefangenenlager gab, wurden Priester mit entsprechenden Sprachkenntnissen eingesetzt, um Kontakte zwischen den Gefangenen und ihren Familien herzustellen, die oft über ihr Schicksal im Ungewissen waren, und einen Briefverkehr zu ermöglichen. Auch Nachrichten über Vermißte und Tote wurden gesammelt und weitergeleitet – bis Kriegsende in über 170 000 Fällen. In Zusammenarbeit mit dem Internationalen Roten Kreuz und der Schweizer Regierung handelte Pacelli den Austausch von verwundeten Kriegsgefangenen aus. Über 65 000 Männer durften so noch vor Kriegsende in ihre Heimat zurückkehren. Schließlich stellte der Heilige Stuhl beträchtliche Geldmittel zur Verfügung, um Medikamente und Nahrungsmittel zu kaufen, die von Priestern in den Gefangenenlagern verteilt wurden. Um diese gewaltige Aufgabe zu bewältigen, gönnte sich Pacelli während der ganzen Zeit nicht einen einzigen freien Tag.

Im Auftrag des Papstes reiste er nach Wien, um Kaiser Franz Josef ein Angebot zu unterbreiten, das Italien aus dem Krieg herausgehalten hätte. Doch weil die Italiener auch Gebietsabtretungen verlangten, stieß er bei den Österreichern auf taube Ohren. Erst als ein Jahr später, nach dem Tod Franz Josefs, mit Karl I. ein neuer Kaiser die Regierungsgeschäfte übernahm, bestand wieder Hoffnung. Auch der tiefgläubige Habsburger wollte einen schnellen Frieden und unterstützte die Initiative des Papstes. Nur am Widerstand des deutschen Verbündeten, speziell der Generäle Hindenburg und Ludendorff, die nur einen Siegfrieden akzeptieren wollten, scheiterten die Friedenspläne, und die „entsetzliche Schlächterei" (Benedikt XV.) dauerte noch weitere zwei Jahre an.

Immerhin wußte der Papst jetzt, wo er anzusetzen hatte. Immer deutlicher spürte er, daß Deutschland den Schlüssel für die Zukunft Europas in den Händen hielt. Für die Kirche aber war das vom protestantischen Preußen dominierte Reich traditionell ein schwieriges Pflaster. Noch immer waren die Folgen des *Kulturkampfes* spürbar, den einst Bismarck gegen die katholische Kirche geführt hatte.

Auslöser war das 1. Vatikanische Konzil gewesen. Das neue Dogma von der päpstlichen Unfehlbarkeit bei *ex cathedra*-Verkündigungen war bei deutschen Theologen auf heftigen Widerspruch gestoßen. Eine Protestbewegung entstand, aus der die *altkatholische Kirche* hervorging. Der deutsche Reichskanzler Otto von Bismarck, dem immer die Romtreue der Katholiken und ihr politischer Einfluß ein Dorn im Auge waren, sah darin eine Chance. Aus der Bewegung der *Altkatholiken* sollte eine deutsche Nationalkirche entstehen, die nicht mehr dem Papst, sondern nur noch dem Kaiser verpflichtet war. Die römisch-katholische Kirche dagegen sollte durch eine Reihe von Gesetzen mundtot gemacht werden.

Als Rom protestierte, wurden kurzerhand die diplomatischen Beziehungen zum Heiligen Stuhl abgebrochen. Der Kirchenartikel in der Preußischen Verfassung, der kirchliche Selbstbestimmung und konfessionelle Gleichberechtigung garantierte, wurde ersatzlos gestrichen.

Dann folgten die Schikanen. Die katholischen Vereine und die Kirchenpresse wurden scharf überwacht. Priester und sogar Bischöfe wurden schon bei Bagatellen angeklagt, zu Geld- oder Haftstrafen verurteilt oder Zwangsvollstreckungen unterzogen. Hausdurchsuchungen waren an der Tagesordnung. 1878 waren nur noch drei der zwölf Bischöfe Preußens im Amt, ein Viertel aller Pfarrstellen blieb unbesetzt.

Doch Bismarcks Rechnung ging nicht auf. Die Katholiken solidarisierten sich mit ihrem Klerus und strömten in die katholischen Vereine. Die katholische *Zentrumspartei,* von Bismarck verachtet, wurde bei den Reichstagswahlen zur zweitstärksten Fraktion. Der eiserne Kanzler hatte sich „am Weihwasser die Finger verbrannt“, wie es bald im Volksmund hieß. Er brauchte jetzt das *Zentrum,* um seine Schutzzollpolitik durchzubekommen und seinen neuen „Lieblingsfeind“ zu bekämpfen, die Sozialdemokratie.

Also wurde kräftig zurückgerudert. Bis 1883 nahmen drei *Milderungsgesetze* einen Großteil der staatlichen Gängelungsinstrumente zurück, zudem wurden 280 ausgewiesene Geistliche begnadigt. Die beiden Friedensgesetze von 1886 und 1887 beendeten den Kulturkampf gänzlich. Glücklich konnte der Papst erklären, daß der Friedenszustand zwischen dem deutschen Staat und der Kirche wieder hergestellt sei.

Trotzdem bestanden auch drei Jahrzehnte später noch immer keine diplomatischen Beziehungen zum Heiligen Stuhl. Die einzige Nuntiatur auf deutschem Boden befand sich in München; ein Relikt aus der Zeit, als Bayern noch ein unabhängiges Königreich war. Nur einem Mann wie Pacelli traute Benedikt XV. zu, sich in der „Höhle des Löwen" zu bewähren und eine Vertretung des Papstes in Berlin einzurichten. Immerhin galt sein „Außenminister" als einer der „fähigsten Köpfe der päpstlichen Diplomatie". Er war sprachbegabt, verfügte über eine solide juristische Ausbildung und kannte die Interessen des Heiligen Stuhls wie kein Zweiter. Als schließlich Anfang 1917 der CIC fertiggestellt war, hatte auch Gasparri keinen Vorwand mehr, dem Wunsch des Papstes zu widersprechen. „Man hat mir meinen rechten Arm abgeschnitten" soll er bei Pacellis Abreise ausgerufen haben.

Zuvor aber kam es noch zu einer Begegnung, die zukunftsweisend war. Nahum Sokolow, ein Führungsmitglied des *Zionistischen Weltkongresses,* war nach Rom gekommen, um für den Plan eines Judenstaates in Palästina zu werben. Daß Benedikt XV. ein Jahr zuvor den Antisemitismus heftig verurteilt hatte, erschien ihm als günstiges Vorzeichen. Kardinalstaatssekretär Gasparri verwies ihn an Pacelli, der Sokolow freundlich empfing und sich die Zeit nahm, ihm geduldig zuzuhören. Später rühmte Sokolow in seinem Bericht an das Exekutivkomitee der Zionisten die Herzlichkeit, die ihm der Monsignore entgegenbrachte. Und er gestand ein, von Pacelli völlig überrascht worden zu sein. Ob er denn nicht sein Anliegen dem Papst vortragen wolle, fragte ihn der Monsignore freundlich. Sokolow hätte sich nie träumen lassen, daß dies für einen Juden möglich war. Doch dann, am 6. Mai, wurde er für eine Dreiviertelstunde – länger als manches Staatsoberhaupt – von Benedikt XV. empfangen.

„Ich neige nicht zu Leichtgläubigkeit oder Übertreibung", versicherte der Zionist später in seinem Bericht an das Exekutivkomitee,

„trotzdem kann ich nicht umhin, zu erklären, daß dies ein ungewöhnliches Maß von Freundschaft offenbarte: einem Juden und Vertreter des Zionismus mit solcher Promptheit eine Privataudienz zu gewähren, die so lange dauerte und mit solcher Herzlichkeit und allen Versicherungen der Sympathie, sowohl für die Juden im allgemeinen und für den Zionismus im besonderen, geführt wurde, das beweist zumindest, daß wir von Seiten des Vatikans keine unüberwindlichen Hindernisse zu erwarten haben."

Er wäre nie auf die Idee gekommen, dem so unerwartet freundlichen, hilfsbereiten und ihm offenbar wohlgesonnenen Pacelli antisemitische Neigungen zu unterstellen.

In völlig ungezwungener Weise ließ sich der Papst das zionistische Programm erläutern, um Sokolow dann zu bescheinigen, daß es „von der Vorsehung bestimmt" und „in Übereinstimmung mit dem göttlichen Willen" sei. Auch was die christlichen Heiligtümer in Palästina betraf, hatte der Papst keine Bedenken: „Ich hege keinen Zweifel, daß eine befriedigende Vereinbarung erreicht wird." Während Sokolow am Ziel seiner Wünsche angekommen war, verabschiedete ihn Benedikt XV., indem er mehrfach, wie zur Bekräftigung, wiederholte: „Ja, ich glaube, daß wir gute Nachbarn sein werden."

Natürlich wird auch diese Episode von John Cornwell, Daniel Jonah Goldhagen und anderen verschwiegen, die in völliger Umkehrung der Wahrheit Pius XII. des Antisemitismus bezichtigen. Tatsächlich legte er aber an diesem 6. Mai 1917 die Weichen zur Gründung des Staates Israel. Erst als die Bewegung politisch nach links driftete und aus Palästina Beschwerden über jüdische Siedler zu ihm drangen, distanzierte sich Benedikt XV. 1921 vom Zionismus; aber da war Pacelli längst auf einem anderen Posten.

Nur eine Woche nach der Begegnung mit dem Zionisten war Eugenio Pacellis große Stunde gekommen. Am 13. Mai 1917 weihte ihn Papst Benedikt XV. in der Sixtinischen Kapelle zum Erzbischof von Sardes. Sardes, eine antike Stadt in der heutigen Westtürkei, ist eine von über 2000 Diözesen, die beim Ansturm der Muslime zerstört wurden. Ein solcher „Exil-Titel" soll seinem Träger die Bischofswürde verleihen, ohne ihn an die Pflichten einer aktiven Diözese zu binden und ist bei ranghohen Kurienbediensteten, Nuntien und Weihbischöfen die Regel.

Zum Abschluß der feierlichen Zeremonie überreichte der Papst dem neuen Erzbischof ein prachtvolles Brustkreuz mit einem Marienbild, das von Brillanten und Rubinen umgeben war. Seine Mutter, die mit Tränen in den Augen dem Ereignis beiwohnte, schenkte ihm einen kostbaren Bischofsring, der aus ihrem liebsten Schmuck gearbeitet war. Es muß ihr schwer gefallen sein, von ihrem Lieblingssohn Abschied zu nehmen, nachdem sie nur wenige Monate zuvor ihren Mann verloren hatte. Doch sie nahm es gefaßt: „Niemand soll sagen können, daß ich mich dem Willen Gottes widersetze". Zu den illustren Gästen der Bischofsweihe gehörten neben ausländischen Diplomaten und Mitgliedern des römischen Adels natürlich Kardinal Gasparri, aber auch ein persönlicher Freund Eugenio Pacellis: Der vatikanische Bibliothekar und Diplomat Achille Ratti, der zwei Jahre später Nuntius in Polen, vier Jahre später Kardinal und nach einem weiteren Jahr der neue Papst Pius XI. werden sollte.

Exakt zur selben Stunde, als Pacelli aus den Händen des Papstes seine Mitra und den Bischofsstab entgegennahm, öffnete sich der Himmel. In Fatima, einem kleinen Bergdorf im Norden Portugals, erschien die Gottesmutter drei Hirtenkindern und kündigte ihr fünfmaliges Erscheinen an. Zwei Monate später, am 13. Juli, offenbarte sie den Kindern die Zukunft Europas. Der Krieg würde bald zu Ende gehen, doch wenn die Menschheit nicht aufhöre, Gott weiter zu beleidigen, würde ein neuer, noch schlimmerer Krieg beginnen und Hungersnöte wie Verfolgungen der Kirche und des Papstes mit sich bringen. Dann würde Rußland „seine Irrtümer" in der Welt verbreiten und ganze Nationen vernichten. Erst wenn der Papst ihr Rußland weihe, würde sich das Land bekehren und der Welt eine Zeit des Friedens geschenkt werden. Weitere zwei Monate später, bei der letzten Erscheinung am 13. Oktober, waren über 70000 Menschen nach Fatima geströmt, obwohl es heftig regnete. Doch dann wurden sie Zeugen eines unglaublichen Schauspiels. Die Sonne brach durch die Wolken hervor und schien sich, heftig rotierend, der Erde zu nähern. Waren die Menschen bislang vom Regen durchnässt, wurde ihre Kleidung augenblicklich getrocknet. Der „Tanz der Sonne", das „Sonnenwunder von Fatima" beeindruckte selbst die Vertreter skeptischer und antiklerikaler Zeitungen, die eigentlich in das Bergdorf gekommen waren, um ihren Spott über die „naiven Gläubigen“ auszugießen. Nur dreizehn Jahre später wurden die Marienerscheinungen von Fatima offiziell kirchlich anerkannt. Für Pius XII., den großen Marienverehrer, galten sie später als Botschaft des Himmels für sein Pontifikat. Als ihn einmal fromme Pilger aus Fatima mit dem Ruf: „Es lebe der Papst von Fatima!“ begrüßten, erwiderte er stolz: „Das bin ich!“.

IV. Die Friedensmission

Der Mann, der Benedikt XV. über das seltsame Verhalten seines frisch ernannten Bischofs berichtete, hatte einen hochroten Kopf.

Es war Baron Carlo Monti, Vertreter Italiens beim Heiligen Stuhl. Er habe nicht weniger als vier Ministerien der italienischen Regierung einschalten müssen, um den extravaganten Wünschen des neuen Nuntius für seine Übersiedelung nach München gerecht zu werden. Der hatte nicht nur um ein eigenes Abteil für die Zugfahrt gebeten, sondern zusätzlich um einen versiegelten Waggon, um 60 Kisten Lebensmittel zu transportieren, die er brauche, damit sein empfindlicher Magen nicht unter den Verhältnissen in Deutschland leide. Für die Ausfuhr einer so großen Menge von unter das Embargo fallenden Eßwaren aus Italien mußte das Außenministerium eigens eine Sondergenehmigung erteilen. Ganze 8000 Lire hätte das gekostet, eine Rechnung, die bitte der Heilige Stuhl zu begleichen habe.

Der Papst schmunzelte leise, als er Montis Bericht hörte. Wenn er nach München ginge, erwiderte er, würde er es vorziehen, wie jedermann in Bayern zu leben. „Hier ist ein einfacher Priester, der ohne Pomp und Ansprüche lebt", hielt der Baron abends in seinem Tagebuch fest, um zu resümieren: „Auch wenn der Papst viel auf ihn (Pacelli) hält, teilt er bestimmt nicht unbedingt seine Methoden und vor allem nicht seinen Stil."

Doch Benedikt XV. kannte die Wahrheit. Natürlich hatte der sonst so bescheidene Pacelli weder einen plötzlichen Höhenflug erlitten noch einen Anfall von Freßsucht; er aß nach wie vor „wie ein Vöglein", wie seine Cousine einmal schrieb. Er war weder der gekkenhafte Prälat, als den ihn John Cornwell karikierte, noch das verwöhnte Muttersöhnchen, das fürchtete, in Bayern keine Spaghetti mehr zu bekommen. Tatsächlich, so wissen Historiker längst, waren die Lebensmittel gar nicht für ihn bestimmt, sondern für die Nuntiatur in Wien, die sie an die notleidende Bevölkerung Österreichs verteilen sollte. Es handelte sich nur um ein Tarnmanöver, damit die Hilfsgüter ungehindert Italien passieren konnten, das im Krieg mit Österreich war. Schon deshalb mußte Benedikt XV. die Beschwerde des Italieners unwidersprochen lassen, nicht vorausahnend, daß einmal Cornwell auch diese Episode nach Herzenslust ausschlachten würde, um Pacelli in ein schlechtes Licht zu rücken.

Viel besser wußte ihn der bayerische Gesandte beim Heiligen Stuhl einzuschätzen, Otto von Ritter zu Groenesteyn, der ihn seit acht Jahren kannte. Pacelli sei „ein offener und gerader Charakter, ein Ehrenmann durch und durch, ein frommer Priester, der volles Vertrauen verdient und der keine Winkelzüge liebt, ... dabei bescheiden. Seine Umgangsformen sind tadellos, wenn auch etwas monastisch (mönchisch) angehaucht", schrieb dieser an den bayerischen Ministerpräsidenten Georg Graf von Hertling, als er von Pacellis Berufung nach München erfuhr.

In den frühen Morgenstunden des 20. Mai 1917 verließ der frischgeweihte Erzbischof Rom. Am Abend des selben Tages traf er sich in Lugano/Schweiz mit exilierten Diplomaten, dann besuchte er das Kloster Maria Einsiedeln, um vor dem berühmten Gnadenbild die Gottesmutter um Beistand für seine Mission anzurufen. Am 25. Mai schließlich traf er in München ein und bezog zusammen mit seinem Assistenten Monsignore Schioppa die Nuntiatur in der Brienner Straße, einen klassizistischen Prachtbau. Vier Tage später wurde er beim bayerischen König Ludwig III. (1845–1921) vorstellig und überreichte ihm das päpstliche Beglaubigungsschreiben. Der greise König mit dem ehrfurchtgebietenden weißen Bart bereitete ihm einen ehrenvollen Empfang und hörte geduldig zu, als der Gesandte des Papstes in noch ziemlich gebrochenem Deutsch seine Friedensbotschaft vortrug. Zum Glück war ihm zuvor der Text in gedruckter Form vorgelegt worden:

> „Die Notwendigkeit, die menschliche Gesellschaft auf der sicheren Grundlage der christlichen Weisheit wieder aufzubauen, und die Tatsache, daß ein gerechter und dauerhafter Friede nur auf der Grundfeste des öffentlichen christlichen Rechts bestehen kann, ist kaum jemals so klar zutage getreten wie in dieser sorgenschweren Stunde. Die Mission, an diesem Friedenswerk mitzuwirken, ist meinen schwachen Kräften zu einem Zeitpunkt anvertraut worden, der in der Geschichte vielleicht nicht seinesgleichen hat",

definierte der neue Nuntius seine Aufgabe. So holprig sie auch vorgetragen wurde, seine Botschaft kam an. „Der Papst hat uns nicht bloß einen Nuntius gesandt – dieser Pacelli ist mehr wert als eine Armee!", stellte Graf Hertling beeindruckt fest.

Vier Wochen später, am 25. Juni 1917, saß Erzbischof Pacelli im Zug nach Berlin, offiziell zu einem „privaten Besuch" in der Hauptstadt, tatsächlich aber, um ranghohe Regierungsmitglieder zu treffen. Der Zentrumsabgeordnete Mathias Erzberger, ein gläubiger Katholik, der bereit war, sich im Reichstag für einen Verständigungsfrieden einzusetzen, holte ihn vom Anhalter Bahnhof ab. Zwei Wochen zuvor hatte der Vatikan offiziell die deutsche Regierung gebeten, ihre Vorschläge und Bedingungen für eine Friedensverhandlung mitzuteilen; die Anfrage blieb unbeantwortet. Jetzt wurde der Nuntius von Reichskanzler Theobald von Bethmann-Hollweg empfangen, der ihm zumindest Hoffnung machte. Auch Deutschland wünsche „ein Ende dieses schrecklichen Krieges, den es nicht provoziert habe", erklärte der Kanzler. Doch er befürchte, daß die Bereitschaft zu Verhandlungen von den Kriegsgegnern als „Zeichen der Schwäche" mißverstanden würde, obwohl doch feststünde, „daß die Mittelmächte militärisch nicht zu besiegen" seien. Prinzipiell aber sei das Reich bereit, abzurüsten, wenn die anderen das auch täten, Belgien seine Souveränität zurückzugeben, wenn es nicht unter englischen oder französischen Einfluß geriete und die Grenzstreitigkeiten in Elsaß-Lothringen und Südtirol einem internationalen Schiedsgericht vorzulegen. Pacelli ahnte nicht, daß keines dieser Zugeständnisse mit der Obersten Heeresleitung abgestimmt war. Der Reichskanzler, der vier Wochen später zum Rücktritt gezwungen wurde, hatte den Nuntius nicht den Standpunkt Deutschlands, sondern nur seine persönliche Meinung dargelegt.

Doch dadurch erschien das Ziel eines Friedens für einen Augenblick zum Greifen nahe. Voll Zuversicht bestieg Pacelli am Abend des 28. Juni einen „prächtigen Sonderwagen der Reichsbahn", der ihn nach Bad Kreuznach bei Bingen bringen sollte, wo Wilhelm II. im Kurhaus sein Hauptquartier eingerichtet hatte. Nach einem ehrenvollen Empfang wurde er ins Arbeitszimmer des Kaisers geleitet, dem er eine handschriftliche Botschaft des Papstes übergab. In französischer Sprache – sein Deutsch ließ nach wie vor zu wünschen übrig – erwähnte er die „tiefe Besorgnis“ des Heiligen Vaters „über die lange Dauer des Krieges“ und die fortlaufende Zerstörung eines Kontinentes, die einem „Selbstmord der europäischen Zivilisation“ gleichkomme. Benedikt XV. zweifle nicht daran, daß der deutsche Kaiser ihm bei der Bemühung helfen wolle, den Krieg baldmöglichst zu beenden. So hege er die leise Hoffnung, Deutschland könne um des Friedens willen bereit sein, auf einige der besetzten Gebiete zu verzichten.

Wilhelm II., der bislang respektvoll und aufmerksam zugehört hatte, richtete sich auf. Aus seinen Augen blitzte Angriffslust. Es folgte ein Redeschwall, begleitet von einer Mimik und Gestik, die der Nuntius später in seinem Bericht an Kardinalstaatssekretär Gasparri als „abgehoben und nicht ganz normal“ bezeichnete. Deutschland, so der Kaiser, habe diesen Krieg nicht gewollt, er sei ihm aufgezwungen worden. Es gelte einzig und allein, sich „gegen die destruktiven Ziele Englands zu verteidigen, dessen Kriegsmacht zerschlagen werden mußte“. Als wolle er einen unsichtbaren Gegner treffen, schleuderte Wilhelm seine Faust in die Luft. Deutschland sei es doch gewesen, das im letzten Dezember einen Friedensschluß anbot, das habe der Papst wohl vergessen!

Höflich erwiderte Pacelli, daraufhin habe der amerikanische Präsident Woodrow Wilson die kriegführenden Mächte aufgefordert, ihre Kriegsziele bekannt zu geben. Während die *Entente* präzise darauf geantwortet habe, habe sich Deutschland damit begnügt, ein Treffen in einer neutralen Zone vorzuschlagen. Der Papst aber hoffe, daß sich Deutschland entschließen könne, auf die besetzten Gebiete zu verzichten und, zuallererst, Belgien wiederherzustellen.

Der Nuntius bemerkte, wie der Kaiser ausholte, um durch eine möglichst blumige Rede eine Antwort zu umgehen. Der Haß sei es doch, der die Herzen vergifte. Auf den Haß müsse man den Balsam des Gebetes gießen. Daher solle der Papst seine Geistlichen auffordern, den Haß aus den Gemütern zu verbannen, der das größte Hindernis für den Frieden sei.

Als er glaubte, Pacelli schon ganz auf seiner Seite zu haben, wechselte der Kaiser vom Pathos in eine ironischere Tonart. Italien und Österreich seien doch katholische Nationen. Warum es dem Papst nicht gelinge, zumindest diese beiden Staaten an einen Verhandlungstisch zu bekommen? Er wußte sehr wohl, daß die „Römische Frage" noch immer ungeklärt und die italienische Regierung gänzlich antiklerikal eingestellt war. Ein Vorschlag, der vom Heiligen Stuhl kam, würde in diesem Klima automatisch zurückgewiesen und hätte nur als Vorwand gedient, wieder einmal den Pöbel gegen den Papst aufzuhetzen, warf Pacellis Assistent, Monsignore Schioppa, jetzt ein. Noch gab es keinen Vatikanstaat, keine Autonomie.

Pacelli erkannte, daß alles nur Ausflüchte waren. Der Kaiser war nicht bereit, einen ersten Schritt zum Frieden zu unternehmen. Er glaubte noch immer an den Sieg. Noch am selben Tag reiste der Nuntius nach München ab, um einen Tag später Kaiser Karl I. von Österreich zu treffen und dessen Kriegsziele auszuloten.

Der Kaiser aber glaubte, ihn um den Finger gewickelt zu haben. Als er fünf Jahre später im holländischen Exil in Doorn seine Memoiren niederschrieb, erinnerte er sich ganz genau an den Erzbischof, dem er attestierte: „Pacelli ist eine vornehme, sympathische und äußerst intelligente Persönlichkeit, von tadellosen Manieren, kurzum ein idealer katholischer Kirchenfürst." Er habe die deutsche Sprache gut genug beherrscht, um „deutscher Konservation gut folgen zu können", aber sie nicht „geläufig gesprochen", obwohl er sich „zuweilen einzelner deutscher Ausdrücke" bediente. Der Nuntius, so glaubte Wilhelm, sei von ihm fasziniert gewesen und habe ihm begeistert zugestimmt. Der Bericht Pacellis an Gasparri zeigt, daß der eitle Kaiser auch hier einer Selbsttäuschung zum Opfer gefallen war. So war der Vatikan gezwungen, die kaiserlichen Selbstgefälligkeiten im *Osservatore Romano* vom 19. Oktober 1922 offiziell zu dementieren.

Einen letzten Vorstoß versuchte der Papst, als die Ostfront der *Entente* zusammenbrach. Im August 1917 übersandte er den Staatsoberhäuptern der kriegsführenden Mächte seinen Friedensplan, der ungewöhnlich konkret war. Die Kriegshandlungen sollten eingestellt werden, an die Stelle der Waffen das Recht, an Stelle der Armeen ein internationales Schiedsgericht treten. Alle Staaten sollten gleichzeitig nach zu vereinbarenden Regeln abrüsten. Anstelle eines Ersatzes für die Kriegskosten und -schäden müsse ein wechselseitiger Verzicht auf die besetzten Länder vereinbart werden. Um Hindernisse auf den Verkehrswegen zu beseitigen, sah der Plan vor, die Meere zukünftig als gemeinsamen Besitz aller Staaten und Völker zu behandeln.

Die Initiative des Papstes war buchstäblich die letzte Chance für Europa. Hätten die Staaten seine Vorschläge angenommen, wäre Deutschland der demütigende Versailler Vertrag und Rußland die blutige Revolution erspart geblieben. Es hätte keinen Nationalsozialismus und keinen Sowjetkommunismus, keinen Hitler und keinen Stalin gegeben. Der Zweite Weltkrieg wäre dadurch ebenso verhindert worden wie der Holocaust. Mit seinem vernünftigen und gerechten Plan hätte Benedikt XV. weit über hundert Millionen Menschen das Leben gerettet und den Nationen unglaubliches Leid erspart – wenn die Regierenden bloß auf ihn gehört hätten. Doch stattdessen reagierten sie, wie der Berliner Historiker Michael Feldkamp schreibt, „mit Mißtrauen, Ablehnung, Verärgerung und Empörung".

Schon am 24. Juli war Pacelli erneut nach Berlin gereist, um die Reaktion der Reichsregierung auf die päpstlichen Vorschläge zu sondieren. Großbritannien hatte signalisiert, daß eine Verständigung möglich wäre, würde das Reich als Zeichen seines guten Willens die Souveränität Belgiens wieder herstellen. Doch der neue Reichskanzler Georg Michaelis weigerte sich, in Sachen Belgien Zugeständnisse zu machen. Das besetzte Land sei ein „Faustpfand", das man nicht einfach durch eine Erklärung preisgeben könne. Als Pacelli daraufhin erwiderte, daß damit die Friedensverhandlungen zu einem Mißerfolg verurteilt seien, stieß er auf taube Ohren. Die offizielle Antwort des Reichskanzlers auf den Vorstoß des Papstes, datiert auf den 24. September 1917, war so schwammig und vage, daß sie im päpstlichen Staatssekretariat als Absage betrachtet werden mußte: In Sachen Belgien, so hieß es, müsse man erst „Klarheit gewinnen", um „in nicht allzu ferner Zeit … nähere Informationen geben zu können". Offenbar glaubte man in Berlin noch immer an einen Sieg und mißtraute Benedikt XV. Der preußische Protestantismus reanimierte den „antirömischen Effekt": im Jubiläumsjahr der Reformation wollte man keinen „Papstfrieden". General Ludendorff warf dem Pontifex sogar öffentlich vor, die Interessen der *Entente* zu vertreten und nannte ihn verächtlich wieder einmal den „französischen Papst".

Bei den *Entente*mächten sah es nicht viel besser aus. Großbritannien verlangte neben der Wiederherstellung Belgiens auch Wiedergutmachungszahlungen von Deutschland. Frankreich befürchtete, die Friedensnote des Papstes könne nur den weltweiten Pazifismus begünstigen. Amerika, das gerade erst in den Krieg eingetreten war, erklärte die Abschaffung der europäischen Monarchien zum Kriegsziel, womit sich jede Verhandlung mit den gekrönten Häuptern erübrigte. Rußland schwieg in Erwartung einer gemeinsamen Antwort der *Entente*. Italien verwehrte sich automatisch gegen jede Einmischung des Heiligen Stuhls. Am Ende war nur Österreich bereit, auf die Vorschläge einzugehen und sich an den Verhandlungstisch zu setzen, wo es jetzt ziemlich einsam war.

Der päpstliche Vorstoß war gescheitert, der Krieg wurde „bis zum bitteren Ende" weitergeführt, wie Kardinalstaatssekretär Gasparri resigniert konstatierte. Pacelli hatte Tränen in den Augen, als er dem Zentrumsabgeordneten Matthias Erzberger offenbarte: „Alles ist verloren – auch Ihr armes Vaterland!" Der hoffnungsvolle junge Erzbischof, der als „Geheimwaffe des Papstes" in die „Höhle des Löwen" geschickt worden war, mußte seine erste persönliche Niederlage einstecken. Trotzdem dachte der Papst nicht daran, ihn jetzt abzuberufen; zu wichtig war die Rolle Deutschlands, so oder so, für die Zukunft Europas. Zudem gab es noch einiges zu tun, hatte Berlin noch immer keine eigene Nuntiatur, wäre ein Konkordat mit dem Deutschen Reich wünschenswert.

Als alle Hoffnungen auf einen schnellen Frieden zerplatzt waren, galt es, die Not der Kriegsopfer zu lindern. Die Münchener Nuntiatur wurde zum neuen Dreh- und Angelpunkt des päpstlichen Gefangenenhilfswerkes, das Pacelli vor seiner Abberufung vom Außenamt des Staatssekretariat aus betrieben hatte. Er richtete eine Dienststelle ein, um Nachrichten an und von Kriegsgefangenen, Zivilinternierten und Flüchtlingen zu vermitteln und Hilfsgüter zu verteilen. Benedikt XV. schickte ganze Eisenbahnwaggons voller Lebensmittel und Kleidungsstücke, die Italien passieren durften, weil sie doch auch für italienische Kriegsgefangene gedacht waren. Selbst im Berliner Kriegsministerium war man so beeindruckt, daß man zwei Offiziere abkommandierte, um Pacelli zu unterstützen. Doch der Nuntius beließ es nicht bei der Büroarbeit, er wollte selber vor Ort helfen. So besuchte er die Gefangenenlager von Halle, Celle, Ellwangen, Lechfeld, Ingolstadt, Minden, München, Puchheim, Regensburg und Hamburg, in denen überwiegend Italiener und Franzosen, aber auch

Russen und Engländer interniert waren. Mit warmen Worten in ihrer Muttersprache versuchte er, die Verzweifelten und Heimwehkranken aufzumuntern, ihnen im Namen des Papstes Mut zuzusprechen und Hoffnung zu machen. Dann segnete er sie und überreichte jedem einzelnen ein Paket mit dem Wappen des Papstes, das 200 Gramm Schokolade, ein Paket Kekse, sechs Päckchen amerikanische Zigaretten, 125 Gramm Seife, eine Dose Kakao, 100 Gramm Tee und 200 Gramm Zucker enthielt, was damals einem kleinen Schatz gleichkam. Außerdem lieferte ein Lastwagen der Nuntiatur neue Gefangenenuniformen. Schließlich schritt Erzbischof Pacelli die Reihen der verfrorenen, zerlumpten Gestalten ab, sprach mit einigen der Männer, inspizierte ihre Baracken und die Küche. Bevor er wieder seinen Wagen bestieg, besuchte der Nuntius noch den Friedhof des jeweiligen Lagers, um über den Gräbern der Verstorbenen ein Gebet zu sprechen. Ein französischer Offizier, überzeugter Sozialist und Kirchenfeind, notierte in seinem Brief an einen katholischen Kameraden beeindruckt über Pacelli: „Das ist nicht nur ein großer Mann, das ist, glaube ich, was ihr einen Heiligen nennt. Ich persönlich würde sagen: ein Mann voll menschlichen Empfindens, ein ungemein kluger, feiner, gütiger Mann, vor dem sich Sozialisten meines Schlages tief verneigen können und sollen." Er berührte und gewann die Herzen so vieler, die gerade die finstersten Tage ihres Lebens durchlitten, indem er ihnen zeigte, daß sie nicht vergessen waren.

Aber auch sonst half er, wo er nur konnte, gleich, welcher Konfession oder Religion die Bittsteller waren. Selbst mitten in den Verhandlungen um den päpstlichen Friedensplan nahm er sich für sie Zeit. Das galt auch und ganz besonders für die Juden. Am 4. September 1917 suchte ihn der Münchener Rabbiner Prof. Dr. Werner auf. Er hatte ein ganz besonders diffiziles Anliegen. Am 1. Oktober begann das jüdische Laubhüttenfest. Dazu benötigten die Juden Palmzweige, die normalerweise aus Italien geliefert wurden. Doch jetzt hatte die italienische Regierung den Transport an der Schweizer Grenze gestoppt. Könnte nicht der Papst zu ihren Gunsten intervenieren?

Pacelli wußte, daß Dr. Werners Wunsch unerfüllbar war, ließen sich doch die italienischen Behörden reichlich wenig vom Papst sagen. Doch er brachte es nicht über das Herz, dem Rabbi eine Absage zu erteilen. Er wollte vorher zumindest alles Menschenmögliche versucht haben. So schrieb er an Kardinalstaatssekretär Gasparri und erläuterte seine Beweggründe: „Ich hatte den Eindruck, dieser Bitte nachzugeben, würde bedeuten, den Juden besondere Hilfe zu leisten, und dies nicht auf dem Feld praktischer, rein bürgerlicher und natürlicher Rechte, wie sie allen Menschen zukommen, sondern sie in positiver und direkter Weise bei der Ausübung ihrer Religion zu unterstützen.“ Trotzdem mußte auch Gasparri kapitulieren; Pacelli solle bitte so taktvoll wie möglich dem Rabbiner erklären, daß der Heilige Stuhl keine diplomatischen Beziehungen zur italienischen Regierung unterhält. Am Ende sah auch Rabbi Werner ein, daß es keine Möglichkeit gab, die italienischen Beamten umzustimmen und dankte Pacelli „warmherzig für alles“, was er „in seinem Interesse unternommen habe“, wie der Nuntius in seinem Bericht festhielt.

So rührend seine Bemühungen waren, so unverständlich ist, daß gerade diese Episode von Cornwell so dargestellt wird, als habe sich der spätere Papst „geweigert, deutschen Juden zu helfen“. Das lege, so der Autor, „die Annahme nahe, daß er nicht gerade Sympathie für die jüdische Religion empfand“. Aber gerade das war nicht der Fall. Statt sich zu weigern, den Juden zu helfen, hat er nichts unversucht gelassen, das Unmögliche doch noch möglich zu machen, wenn auch leider ohne Erfolg.

Ein weiterer Jude, der Pacelli um Hilfe bat, war der Dirigent Bruno Walter, der gerade von der Münchener Staatsoper engagiert worden war. Walter war ein Protegé von Gustav Mahler, dessen Musik Pacelli besonders liebte. Wie Mahler sollte auch Walter später zum Katholizismus konvertieren, woran Pacelli wohl nicht ganz unschuldig war.

In seiner Autobiographie *Thema und Variationen* erzählt Walter, wie ihm der Nuntius half, einen seiner Freunde aus dem Gefängnis zu befreien. Der jüdische Musiker Ossip Gabrilowitsch war zu Unrecht der Spionage verdächtigt und verhaftet worden. Walter: „Wir begaben uns zum Nuntius Pacelli, von dessen edler Persönlichkeit ich ebensoviel gehört hatte wie von seiner Musikliebe. Der Nuntius hörte uns mit Teilnahme an, versprach uns seine Hilfe, und am nächsten Tag war Ossip frei. Ihm wurde gestattet, im Hotel *Vier Jahreszeiten* Wohnung zu nehmen, wo er Frau und Kind wiederfand.“ Mit Pacellis Hilfe konnte er mit seiner Familie in die Schweiz auswandern, später ging er nach Amerika. Dort gehörte Gabrilowitsch zu den Mitbegründern des berühmten *Detroit Symphony Orchestra.* Natürlich suchen wir seinen Namen vergebens in den meisten Pius-Biographien.

Ein anderes Mal konnte Pacelli helfen, als die jüdische Gemeinde der Schweiz den Papst bat, sich für die Erhaltung der heiligen Stätten und den Schutz der jüdischen Bevölkerung in Jerusalem zu verwenden. Der Kardinalstaatssekretär gab den Fall an Pacelli weiter, bei dem er wußte, daß er sich dort in guten Händen befand.

Die Sorge der Juden war mehr als berechtigt. Die Türkei war ein Verbündeter der Mittelmächte, die Briten hatten den arabischen Aufstand angezettelt, um sie zu einem Zweifrontenkrieg zu zwingen. Die Juden standen bei den Türken in Verdacht, mit den Engländern zu kollaborieren. Nach dem Völkermord der Türken an den Armeniern, die sie für Verbündete der Russen hielten, der Vertreibung der Juden aus Tel Aviv im Frühjahr 1917 und der absichtlichen Verwüstung von Dörfern, Gärten und Feldern in Palästina war das Schlimmste zu befürchten. Der türkische Oberbefehlshaber Cemal Pascha jedenfalls plante, die zionistischen Siedler zu verjagen, ihre Häuser zu zerstören und ihre Felder zu verbrennen. In Jaffa hatte er bereits über 8000 Juden aus ihren Häusern gejagt, die daraufhin von den Türken geplündert wurden. Zwei Juden, die sich den Plünderern widersetzten, wurden als Warnung für die anderen vor den Toren der Vorstadt aufgehängt. Dutzende wurden tot am Strand gefunden. Im März meldete *Reuters* auch aus Jerusalem die „massenhafte Vertreibung von Juden", denen „das Schicksal der Armenier" drohe.

So trug Pacelli am 16. November 1917 sein Anliegen zunächst dem bayerischen Außenminister vor, den er dringend bat, sich für eine Intervention der kaiserlichen Behörden einzusetzen. Nur Deutschland als ihr stärkster Verbündeter war in der Lage, die Türken von einem Massaker abzuhalten. Tatsächlich wurde das Berliner Auswärtige Amt aktiv. Elf Tage später lag aus Istanbul die Versicherung vor, daß „die Heilige Stadt verschont" bliebe und die Juden „keinerlei Ausnahmemaßregeln zu befürchten" hätten. Nuntius Pacelli hatte dazu beigetragen, „die Jerusalemer Judenheit wie die heiligen Stätten vor dem fast gewissen Untergang zu bewahren", wie der jüdische Diplomat und Historiker Pinchas Lapide resümierte. Doch auch davon ist bei Cornwell & Co. nichts zu lesen.

V. Revolution

Zwischendurch mußte sich der Nuntius auch um seinen eigenen Haushalt kümmern. Das angestammte Hauspersonal der Nuntiatur beschwerte sich ständig über die „Überlastung“, die das Hilfswerk ihres neuen Chefs mit sich brachte. Schließlich empfahl der neue Münchener Erzbischof Michael von Faulhaber Pacelli, sie allesamt mit einer guten Abfindung zu entlassen und neue Mitarbeiter einzustellen. Bis geeignetes Personal gefunden wäre, würde er ihm drei junge Nonnen, *Lehrschwestern vom Heiligen Kreuz,* als Haushälterinnen besorgen. Die Oberin des Ordens, der sein Mutterkloster in Menzingen hat, erhielt den Auftrag, drei tatkräftige Schwestern auszuwählen. Niemand ahnte damals, daß eine davon, Pascalina Lehnert, den künftigen Papst fortan auf seinem ganzen Lebensweg begleiten sollte.

Ende März 1918, als Pacelli gerade zum Osterfest in Rom weilte, trafen die drei weißgekleideten Schwestern in der Münchener Nuntiatur ein. Sofort begannen sie, das große alte Haus auf Vordermann zu bringen. Die 24jährige Pascalina, die zuvor als energische Handarbeitslehrerin aufgefallen war, offenbarte gleich ihr Organisationstalent und Einfühlungsvermögen. Auch wies sie die Schwester Köchin an, sich italienische Rezepte zu besorgen, schließlich seien der Herr Nuntius, sein Assistent und sein Sekretär allesamt Italiener. „Grüß Gott, liebe Schwestern!“, begrüßte sie der Nuntius auf Deutsch, als er acht Tage später aus Rom zurück war und über das frisch geputzte Haus staunte. Die vier Worte reichten, um sie vollends für sich zu gewinnen. „Was soll ich über diese erste Begegnung sagen?“, schrieb Schwester Pascalina ein halbes Jahrhundert später in ihren Erinnerungen *Ich durfte ihm dienen:* „Es war so, daß man unwillkürlich einen Augenblick stockte, bevor man die schmale Hand zum Ringkuß ergriff. Und es war selbstverständlich, daß man vor einer solchen Persönlichkeit kniete. Nicht deswegen, weil Eugenio Pacelli etwa autoritär gewesen wäre – nichts ist unsinniger als diese Behauptung –, sondern weil er einfach Ehrfurcht einflößte. Niemals war man einer so hoheitsvollen Güte begegnet.“

Auch Pascalina lernte jetzt die beiden Seiten des Eugenio Pacelli kennen: Den hingabevollen Priester und den bis zur Penibilität gewissenhaften Arbeiter. Schon bei seiner ersten Messe, die er in seiner einfachen Hauskapelle in der Nuntiatur zelebrierte, staunte sie über seine „hoheitsvollen und doch bescheidenen“ Gesten, war „ergriffen und beglückt“ und „wußte, es könne gar keine andere Wahrheit geben“. Als Erzbischof Faulhaber ihr einmal erklärte, er habe bei Pacelli „der ergreifendsten Messe meines Lebens beigewohnt. So kann nur ein Heiliger zelebrieren“, stimmte sie ihm von ganzen Herzen zu.

Der „andere Pacelli“ arbeitete präzise wie ein Uhrwerk. Er war „exakt in allem und überall“ – pünktlich bei der heiligen Messe, pünktlich bei der Arbeit und zu den Audienzen, pünktlich bei Tisch, pünktlich zum Spaziergang: „Zeitvergeudung und Nichtstun waren ihm in der Seele zuwider“. Bald bewunderte sie „seinen eisernen Fleiß und sein ausgezeichnetes Gedächtnis“, seinen Arbeitseifer bis in die Nacht hinein. Aber auch Pacelli schätzte seine Haushälterin, die ihn ein bißchen an seine Mutter, ein bißchen an die Kinderfrau seiner Jugend erinnerte und ihm fortan bei den vielen praktischen Problemen des alltäglichen Lebens, von denen er so gar nichts verstand, beistehen sollte. Bald konnte und wollte er nicht mehr ohne sie auskommen. Mehrfach bat er ihre Generaloberin, sie für seine Dienste freizustellen, sie mit ihm zuerst nach Berlin, dann nach Rom gehen zu lassen, da sie für ihn längst unentbehrlich geworden war. Sie nahm ihm alles ab, was nicht unmittelbar zu seinen Aufgaben gehörte, war zusätzlich seine fromme Hausdame und „Chefsekretärin“. Später sollten böse Zungen sie als *Papessa* („Päpstin“) diffamieren, als heimliche Herrin im Vatikan. Doch das ist Unsinn – sie war Pacelli ihr Leben lang treu ergeben, sie verehrte ihn abgöttisch, aber sie regierte ihn nie.

Ein halbes Jahr später hingen dunkle Wolken über Deutschland. Im Juli 1918 gelang Franzosen und Amerikanern der Durchbruch an der Westfront. Weil es an Soldaten fehlte, blieb General Ludendorff nichts anderes übrig, als das Ende aller Angriffshandlungen zu befehlen; nun folgte der verzweifelte Versuch, Stellungen zu halten. Der 8. August wurde zum „schwarzen Tag“ des deutschen Heeres, das von den *Entente*truppen einfach überrannt wurde. Bei den Soldaten breiteten sich Kriegsmüdigkeit und Hoffnungslosigkeit aus; kaum einer glaubte mehr an den Sieg. Selbst der Kaiser begriff jetzt, daß seine Tage an der Macht gezählt waren. Um die Bedingung der Amerikaner zu erfüllen und den Weg für Friedensverhandlungen freizumachen, führte er im Reich offiziell die Demokratie ein. Am 4. Oktober 1918 leistete die Oberste Heeresleitung mit ihrem Bericht über die militärische Lage vor den Vorsitzenden der Reichstagsparteien den Offenbarungseid. Der militärische Zusammenbruch stand unmittelbar bevor, jeder weitere Tag kostete nur völlig unnötig Tausende Menschenleben. Als sie doch noch zu einem Kriegseinsatz auslaufen sollten, meuterten Anfang November die Matrosen der Hochseeflotte. Nur Tage später brach in mehreren deutschen Städten die Revolution aus. Soldaten und Arbeiter übernahmen die Macht, während die Könige von Bayern, Sachsen und Württemberg sowie sämtliche regierenden Herzöge ihren Thronen entsagten und flohen. Schließlich erklärte auch Kaiser Wilhelm II. seine Abdankung. Zwei Tage später, am 11. November 1918, unterzeichnete eine deutsche Delegation, angeführt von dem Zentrumsabgeordneten und Pacelli-Vertrauten Matthias Erzberger, in einem Eisenbahnwagen im Wald von Compiègne unter den Bedingungen der Kriegsgegner den Waffenstillstand.

In ganz Deutschland aber drohte die Revolution nach sowjetischem Vorbild. In München proklamierte der Sozialist Kurt Eisner den *Freien Volksstaat Bayern.* Der Münchener Arbeiter- und Soldatenrat wählte ihn zum ersten Ministerpräsidenten der neuen bayerischen Republik. Sein Regierungskabinett bestand aus Mitgliedern der SPD und der sozialistischen USPD. Eisner selbst kündigte einen strikt antiklerikalen Kurs an. Erzbischof Faulhaber riet Pacelli, vorerst Bayern zu verlassen und von der Schweiz aus die weitere Entwicklung abzuwarten. Als „Exil" empfahl er ihm ein Ordenshaus der Heiligkreuzschwestern in Rorschach am Bodensee. Seine Präsenz könnte als Anerkennung der bayerischen Räterepublik mißverstanden werden. Erst am 31. Januar 1919 kehrte Pacelli nach München zurück, um nicht in Rom den Eindruck zu erwecken, er würde sich vor seinen Pflichten drücken.

Dort aber war die politische Lage nach wie vor chaotisch. Nach der Ermordung Eisners durch den Rechtsextremisten Anton Graf von Arco auf Valley hatten sich die Kämpfe zwischen Demokraten und Sozialisten nur verschärft. Ein von der SPD dominierter Landtag mußte aus München fliehen, als zunächst intellektuelle Anarchisten des *Schwabinger Sowjets,* dann radikale Spartakisten unter Leitung der drei russischen Juden Max Levien, Eugen Leviné und Towia Axelrod die Macht übernahmen. Ihr Ziel war die Diktatur des Proletariats nach sowjetischem Vorbild. Es begann eine Terrorherrschaft. Um Druck auszuüben, nahmen die Spartakisten Geiseln aus den Kreisen potentieller Gegner und steckten sie ins Gefängnis Stadelheim. Sie schlossen Schulen, führten die Zensur ein und beschlagnahmten Wohnungen und Eigentum. Angehörigen bürgerlicher Familien wurden Lebensmittel verweigert. Nicht einmal die Exterritorialität ausländischer Botschaften und Konsulate wurde von den Revolutionären respektiert. Auch hier drang ihre „Rote Garde" ein und beschlagnahmte Lebensmittel, Möbel und Autos. Diplomaten, die sie daran zu hindern versuchten, wurden kurzerhand verhaftet. Doch diesmal hielt Pacelli die Stellung.

Dabei war es nur eine Frage der Zeit, bis auch die Nuntiatur überfallen würde. So entschied der Vertreter des Papstes, vorsorglich von Levien eine Sicherheitsgarantie zu verlangen. Um gar nicht erst den Eindruck zu erwecken, er würde den Revolutionsrat anerkennen, schickte er seinen Assistenten *(Uditore)* Monsignore Schioppa in die Residenz, in der die Kommunisten ihr Hauptquartier aufgeschlagen hatten. Was Schioppa ihm anschließend berichtete, leitete Pacelli an das Staatssekretariat weiter:

> „Der Anblick, der sich in der Residenz bot, war unbeschreiblich. Das Durcheinander völlig chaotisch, der Dreck ganz und gar ekelerregend; Soldaten und bewaffnete Arbeiter kamen und gingen; im Gebäude, einst die Residenz des Königs von Bayern, hallten Schreie wider, schändliche Worte, die reinste Hölle. Ein Heer von Beschäftigten rannte hin und her, erteilte Befehle, fuchtelte mit Schriftstücken, und in der Mitte all dessen war eine Schar junger Frauen von zweifelhafter Erscheinung, auch Juden, die in provokanter Pose und mit vielsagendem Lächeln in allen Büros herumlungerten. Die Chefin dieser Gruppe von Frauen war die Geliebte Leviens, eine junge Russin, Jüdin, geschieden, sie hatte die Leitung. Und ihr hatte die Nuntiatur Reverenz zu erweisen, um vorgelassen zu werden!
>
> Dieser Levien ist ein junger Mann, auch Russe und Jude, von

> etwa 30 oder 35 Jahren. Blaß, schmutzig, mit leerem Blick, rauher Stimme, vulgär: ein wirklich abstoßender Typ und doch von intelligenter und schlauer Physiognomie. Er ließ sich dazu herab, den Monsignore Uditore im Korridor zu empfangen, umgeben von seiner bewaffneten Eskorte, darunter ein bewaffneter Buckliger, sein treuer Leibwächter. Mit dem Hut auf dem Kopf und eine Zigarette rauchend, hörte er sich an, was Msgr. Schioppa zu sagen hatte, während er ständig unhöflicherweise beteuerte, er sei in Eile und habe Dringenderes zu tun."

Dieser Brief vom 18. April 1919 ist das *corpus delicti* für alle, die Eugenio Pacelli, den späteren Pius XII., des Antisemitismus bezichtigen. Für Cornwell etwa hinterläßt der Hinweis auf ihre jüdische Herkunft im Kontext dieser nicht gerade sympathischen Beschreibung der Revolutionäre „den starken Eindruck einer stereotypen rassistischen Verachtung". Daniel Jonah Goldhagen, der die ganze katholische Kirche zur Mitschuldigen am Holocaust erklärt, geht noch weiter. Der Bericht des Nuntius, so schreibt er, gleiche „einem Trommelfeuer von antisemitischen Stereotypen und Vorwürfen, ... in dem die dämonisierenden Ansichten über Juden mitschwingen, die damals in Deutschland, in ganz Europa und in der katholischen Kirche selbst gang und gäbe waren. ... Die Elemente von Pacellis antisemitischer Collage ähneln stark denen, die Julius Streicher der deutschen Öffentlichkeit bald in jeder Nummer seines berüchtigten NS-Wochenblattes *Der Stürmer* bieten sollte." Wer nach diesen Zeilen noch nicht versteht, weshalb Cornwell und Goldhagen von seriösen Historikern nicht ernst genommen werden, wird es spätestens dann, wenn er ihre „Übersetzung" des Berichtes mit der Unsrigen vergleicht.

Bei beiden, Cornwell wie Goldhagen, sind nämlich Dinge zu lesen, die man im italienischen Originaldokument vergebens sucht. Da wird aus einer *schiera di giovani donne* (Schar junger Frauen) plötzlich eine „Bande", aus einer *gruppo feminile* (Gruppe von Frauen) sogar „weiblicher Abschaum" und aus den *occhi scialbi* (wörtlich: „gelangweilte Augen", leerer Blick) „von Drogenmißbrauch gezeichnete Augen". Sogar aus dem einzigen Kompliment für Levien, *eppure con una fisionomia intelligente e furba* (und doch von intelligenter und schlauer Physiognomie) machen die beiden Falschmünzer „ein Gesicht, das gleichzeitig intelligent und verschlagen wirkt". Hat sich Goldhagen etwa nicht die Originalquelle besorgt, bevor er sich in seinen absurden *Stürmer*-Vergleich verrannte? Kam es ihm nicht einmal in den Sinn, daß die Antipathie eher etwas damit zu tun hatte, daß Levien das Oberhaupt einer kommunistischen Revoluzzerbande war, als mit seiner unbestreitbaren russisch-jüdischen Herkunft? So stellte auch die gewiß des Antisemitismus unverdächtige US-Zeitung *New York Review of Books* fest: „Die meisten Anführer der bayerischen Räterepublik waren tatsächlich (vom Glauben abgefallene) Juden, und konservative deutsche Juden fanden diese eher kindischen und trotzdem oft brutalen jungen Intellektuellen ähnlich abstoßend." Um so peinlicher wird die „Beweisführung", wenn man liest, daß die Beschreibung der Zustände im Hauptquartier der Spartakisten gar nicht von Pacelli selbst stammen konnte, der nie dort war, sondern eindeutig auf den dorthin entsandten Schioppa zurückgeht. Daß der Monsignore nicht einmal übertrieben hat, zeigt der Vergleich mit anderen, neutralen Schilderungen des Revolutionschefs. „Er schlurfte in einer verknitterten Uniform umher, war ein starker Trinker und vermietete angeblich seine Frau für Liebesdienste", beschrieb ihn etwa David Clay Large in seiner brillanten und gewiß des Antisemitismus unverdächtigen Zeitstudie *Hitlers München* (1998).

Der offenbar überarbeitete Levien verwies Monsignore Schioppa jedenfalls an einen *Genossen* Dietrich, der zuerst damit drohte, den Nuntius „ins Gefängnis zu werfen", solle dieser etwas gegen die Interessen der Räterepublik unternehmen. Schließlich aber sagte er doch zu, die Exterritorialität der Nuntiatur zu respektieren und war sogar bereit, dies schriftlich zu bestätigen. Pacelli kommentierte, daß dieses Dokument wahrscheinlich nicht das Papier wert sei, auf dem es geschrieben wurde – und sollte recht behalten.

Zehn Tage später standen dreizehn Männer der *Roten Garde* bei ihm vor der Tür und verlangten polternd Einlaß. Die Ordensschwestern, die zum Eingang eilten, weigerten sich zunächst, sie hereinzulassen, doch die Tür wurde einfach aufgedrückt. Der rote Pöbel war mit Gewehren, Pistolen und Handgranaten bewaffnet. Sein Anführer, ein Mann namens Seiler, verlangte schreiend die Herausgabe des Wagens, der sich im Besitz der Nuntiatur befand. Schwester Pascalina, die den Vorfall ausgiebig in ihrem Buch beschreibt, erwiderte, der

Herr Nuntius sei nicht zu Hause und die Sekretäre seien ebenfalls ausgegangen. Sie habe nicht das Recht, herauszugeben, was ihr nicht gehöre. Im übrigen habe sie auch gar keinen Schlüssel zur Garage. Auch als ein herbeigeeilter Diener der Nuntiatur sie ängstlich auf den Revolver in den Händen Seilers hinwies, blieb die resolute Nonne standhaft.

In diesem Augenblick kam Pacelli die Treppe herunter. Er litt unter einer Grippe mit hohem Fieber, hatte sich hingelegt und vom Schlafzimmer aus den Lärm gehört. Mit ruhiger Stimme erinnerte er die Eindringlinge an die Exterritorialität des Hauses, die ihm der Genosse Dietrich gerade schriftlich zugesichert hatte und forderte sie auf, bitte zu gehen. Da setzte ihm einer der Männer die Pistole auf die Brust, während Seiler seinen Männern befahl, die Handgranaten bereit zu halten: „Wir gehen nur mit dem Auto!" Zwischenzeitlich hatte sich Schwester Pascalina davongeschlichen und Dietrich angerufen. Doch statt einzugreifen brüllte der sie nur an: „Wenn das Auto nicht sofort herausgegeben wird, stelle ich die ganze Bande an die Wand!" Schnell kehrte sie zu Pacelli zurück, auf den noch immer die Waffe gerichtet war, und flüsterte ihm ins Ohr, was ihr gerade gesagt worden war. Dem Nuntius blieb nichts anderes übrig, als die Garage zu öffnen. In weiser Voraussicht hatte er zwei Tage vorher seinen Fahrer angewiesen, den Wagen fahruntüchtig zu machen. Als es den Männern nicht gelang, seinen Motor zum Laufen zu bringen, zogen sie unverrichteter Dinge wieder ab.

„In der Nuntiatur war es nun wieder friedlich", schrieb Pacelli in seinem Bericht, „aber nicht für lange".

Am nächsten Morgen um 9 Uhr früh stand die selbe Gruppe wieder vor der Tür. Jetzt aber präsentierte Seiler einen offiziellen Beschlagnahmungsbefehl, unterzeichnet von Rudolf Egelhofer, Oberkommandant der Roten Garde. Diesmal war Pacelli abwesend; sein Gesundheitszustand hatte sich in der letzten Nacht so verschlechtert, daß er frühmorgens in eine Klinik eingeliefert werden mußte. Auch der diensthabende Monsignore Schioppa konnte nicht verhindern, daß die Männer den Wagen mit Hilfe eines anderen Fahrzeugs abschleppen und in eine Werkstatt bringen ließen.

Erst nach längeren Verhandlungen mit dem revolutionären Vollzugsrat und einer direkten Intervention der italienischen Militärmission in Berlin – schließlich war Pacelli italienischer Staatsbürger – erreichte Schioppa, daß der Beschlagnahmungsbefehl zurückgenommen wurde. Laut fluchend mußten Seiler und seine Leute den Wagen zurückbringen, nicht ohne zu drohen, „die gesamte Bande in der Nuntiatur gehöre hinter Gitter". In diesem Moment kam Pacelli aus der Klinik zurück, in der es ihn nicht länger gehalten hatte. Mit ihm war der italienische Militärattache Oberst de Luca, den er gebeten hatte, ihn mit seinem Wagen abzuholen. Als die Männer den Nuntius sahen, forderten sie ihn auf, die Nuntiatur zu räumen und München zu verlassen. „Ich bleibe hier, und keine Macht der Welt wird mich von hier vertreiben", war seine Antwort. „Er trug den Sieg davon", schrieb Oberst de Luca später in seinen Bericht, „denn die Waffen wurden vor diesem unerschrockenen Mann gestreckt". Kleinlaut zogen sich die Spartakisten zurück. Wozu sie in der Lage waren, zeigte sich noch am selben Tag, als sie nachmittags zehn Geiseln erschossen, die sie in einer Schule festgehalten hatten. Unter den Opfern war Gustav Prinz von Thurn und Taxis, aber auch ein jüdischer Kunstmaler, der aus Protest ein Plakat der Spartakisten abgerissen hatte.

Der Geiselmord löste in ganz München Entsetzen aus. Selbst ihre letzten Sympathisanten distanzierten sich jetzt von den Spartakisten. Die Tage der bayerischen Räterepublik waren gezählt. Schon am nächsten Tag, dem 1. Mai 1919, erteilte Reichspräsident Friedrich Ebert den Befehl zum Sturm auf München. Gemeinsam zogen Reichswehr und paramilitärische Einheiten von Kriegsheimkehrern, sogenannte *Freikorps,* in der Landeshauptstadt ein. Letztere waren von deutschnationalen und völkischen Kräften aufgebaut, gesteuert und finanziert worden. Als Erkennungszeichen trugen sie das Hakenkreuzsymbol der völkischen *Thule-Gesellschaft* am Stahlhelm. Mit ihnen folgte auf den linken Terror der rechte. Selbst die Nuntiatur war von Reichswehrsoldaten beschossen worden, weil man glaubte, daß sich in ihr Scharfschützen versteckt hielten. Zwei Wochen dauerte es, bis sich unbescholtene Münchener wieder auf die Straße trauten.

Doch so schwer die Zeit der Räterepublik auch war, sie war für Pacelli weniger traumatisch als gewisse Biographen unterstellen. Tatsächlich hat er den Vorfall mit dem Auto „immer als Bagatelle aufgefaßt" (so der Historiker Michael Feldkamp). Schließlich hatte die Aktion keinerlei antireligiösen Hintergrund, wurden doch auch die Fahrzeuge anderer Botschaften beschlagnahmt. Viel negativer war da der Eindruck, den die einmarschierenden Freikorps auf ihn machten. Die nämlich fielen am 6. Mai über eine Gruppe der katholischen *St.-Josephs-Gesellschaft* her. Von Schüssen, Bajonettstichen und Fußtritten traktiert starben 21 der Jugendlichen, die fälschlicherweise für Spartakisten gehalten wurden. Erst jetzt entschied sich Pacelli, die Stadt zu verlassen. Bis zum 8. August verlegte er seine Residenz in das ihm mittlerweile vertraute Ordenshaus im schweizerischen Rorschach. Vorher aber half er eben jenen Spartakisten, die ihn nur Tage zuvor bedroht hatten, ihr Leben zu retten. General Epp, der Kommandant eines der Freikorps, erfuhr später, wer sie gedeckt hatte. Er erzählte den Fall General Ludendorff als ein Beispiel für echt christliches Verhalten. Der ehemalige Weltkriegskommandant, ebenso antiklerikal wie antisemitisch, hatte dafür kein Verständnis: „Das ist kein christliches Verhalten, das ist einfach eine Schweinerei", echauffierte er sich. Offenbar hatte er schon vergessen, daß er es nur dem Eingreifen des Papstes zu verdanken hatte, daß er nicht zusammen mit Hindenburg und dem Kaiser an ein französisches Kriegsgericht ausgeliefert worden war.

Trotzdem enthüllt der Vorfall viel über Pacellis Charakter. Er reagierte auf die Bedrohung mit dem Revolver nicht ängstlich, sondern geradezu trotzig. Pacelli war Jurist und wußte, daß Verträge und Vereinbarungen selbst dann nützlich sein können, wenn vom Partner keine Rechssicherheit zu erwarten ist. Denn der Vertragsbruch war ein in der Öffentlichkeit gut zu plazierendes Argument, das auch auf der gegnerischen Seite seine Wirkung haben kann. So berief er sich in dieser heiklen Lage nicht auf Gott, nicht auf Ethik und Moral, sondern auf die Exterritorialität der Nuntiatur und die schriftliche Zusicherung aus der roten Zentrale. Er war beides von ganzem Herzen, Priester und Jurist, Mystiker und Bürokrat. An diesem Tag aber war der Jurist in ihm stärker.

Wie wenig Pacelli fortan vom einem „Kommunismustrauma" befallen war, zeigen seine fortlaufenden Versuche, mit der Sowjetführung ins Gespräch zu kommen. Schon in den ersten Nachkriegsjahren hatte das päpstliche Hilfswerk sich an der Unterstützung der notleidenden Bevölkerung Rußlands beteiligt. Am 12. März 1922 unterzeichneten Vertreter der Sowjetunion und des Heiligen Stuhls ein Geheimabkommen, das den Weg zu diplomatischen Beziehungen ebnen sollte.

Pacellis Nuntiatur fungierte dabei als Anlaufstelle. Ab 1925 stand der Nuntius mit dem sowjetischen Botschafter in Verhandlung. Im September des Jahres traf sich Pacelli in Berlin mit dem sowjetischen Außenkommissar (sprich: Außenminister) Georgij Cicerin, ein weiteres Treffen folgte zwei Jahre später. Doch die Machtübernahme durch Joseph Stalin und die Verfolgung katholischer Priester in Rußland bereiteten dem anfänglichen Optimismus ein jähes Ende. Als die Sowjetunion nicht einmal bereit war, Minimalforderungen zu erfüllen, mußte der Nuntius kapitulieren. Er sah ein, daß ein Konkordat mit der Sowjetunion nicht zu realisieren war. Natürlich billigte er weder den Sowjetterror, noch konnte er je dem atheistischen Kommunismus etwas abgewinnen; doch er ließ nichts unversucht, um den bedrängten Katholiken in Rußland zu helfen.

In Deutschland dagegen, das allmählich die Nachkriegswehen zu überwinden schien, standen die Zeichen für Konkordate so günstig wie nie zuvor. Allmählich dämmerte es im Reich, daß es ein gewaltiger Fehler war, das Friedensangebot des Papstes von 1917 abzuschlagen. Noch in der verfassungsgebenden Weimarer Nationalversammlung entbrannte eine heftige Debatte, als der Zentrumsabgeordnete Matthias Erzberger die Oberste Heeresleitung für den Kriegsausgang verantwortlich machte. Er warf der damaligen deutschen Regierung vor, den Heiligen Stuhl ausgeschaltet und statt dessen einen spanischen Diplomaten mit der Kontaktaufnahme nach Großbritannien beauftragt zu haben. Durch dieses Taktieren hätte sie einen Verständigungsfrieden leichtfertig verspielt und die Tragödie, in die das deutsche Volk damals schlitterte, zu verantworten. Schließlich berief die Nationalversammlung einen Untersuchungsausschuß, der Erzbergers Vorwürfe prüfen sollte. Drei Jahre später räumte dieser öffentlich ein, die Reichsregierung habe 1917 „Fehler begangen“. Erzberger jedoch hatte seine Friedensliebe bereits mit dem Leben bezahlt. Am 26. August 1921 war er von zwei ehemaligen Marineoffizieren aus dem Umkreis der rechtsextremistischen *Thule-Gesellschaft* ermordet worden.

Auch nach dem Krieg hatte Papst Benedikt XV. Gerechtigkeit auch für die Besiegten gefordert. Er bemühte sich um eine Aussöhnung der Kriegsgegner, rief die Siegermächte auf, sich zu mäßigen. Trotzdem – oder gerade deshalb – verhinderten Frankreich und Italien jede Einflußnahme des Heiligen Stuhls auf den Versailler Vertrag, der dem

Deutschen Reich demütigende und ruinöse Friedensbedingungen aufzwang. Kardinalstaatssekretär Gasparri bezeichnete ihn als „ein rachsüchtiges Diktat", der Papst verurteilte ihn in seiner Enzyklika *Pacem Dei munus,* die im Mai 1920 veröffentlicht wurde.

Endlich sah man in Deutschland ein, daß Benedikt XV. es immer ehrlich gemeint hatte. Nie brauchte das Land Freunde und Verbündete mit moralischem Einfluß so dringend wie in diesen Tagen. So war es ausgerechnet der Sozialdemokrat Friedrich Ebert, der den Dialog eröffnete. Gleich nach seiner Wahl zum Reichspräsidenten im Februar 1919 schrieb er an den Papst und bot dem Heiligen Stuhl die Aufnahme diplomatischer Beziehungen an. Benedikt XV. antwortete handschriftlich, daß er diesen Schritt außerordentlich begrüßen würde. Die Garantie der Religionsfreiheit in der Weimarer Verfassung vom August 1919 schuf die notwendigen Grundlagen; zum ersten Mal seit einem halben Jahrhundert war die katholische Kirche nicht mehr in der Defensive, konnten sich Katholiken als gleichberechtigte Reichsbürger fühlen.

Kaum hatte die Nuntiatur ihre Tätigkeit wieder aufgenommen, reiste Ebert nach München, um sich mit Pacelli zu treffen. Er bat um moralische und politische Hilfe. Wäre die Kirche bereit, den Aufbau eines neuen, demokratischen Deutschlands zu unterstützen? Dem stand nichts im Wege, erwiderte der Nuntius. Schon einen Monat später gab der Auswärtige Ausschuß der Nationalversammlung bekannt, man würde einen Botschafter beim Heiligen Stuhl akkreditieren. Die Wahl fiel auf den früheren preußischen Gesandten Diego von Bergen. Damit stand auch der Errichtung einer Nuntiatur in Berlin nichts mehr im Wege. Am 30. Juni 1920 erhielt Eugenio Pacelli von Ebert seine Beglaubigung als *Apostolischer Nuntius in Deutschland.* Pacelli erwiderte, seine Mission seien der Wiederaufbau und der Frieden. „Mit Ihnen denke ich die vor uns liegende Aufgabe, das Verhältnis zwischen Kirche und Staat in Deutschland, zu regeln", versicherte ihm der Reichspräsident. Trotzdem dauerte es noch vier Jahre, bis der Erzbischof endgültig nach Berlin umzog.

Der Grund dafür war, daß er noch mitten in den Konkordatsverhandlungen mit Bayern steckte. Hier im Freistaat wollte er das Musterkonkordat für ganz Deutschland abschließen. Die föderalistische Struktur der Weimarer Republik machte es notwendig, die meisten

Detailfragen zunächst auf Länderebene zu regeln. Auch hier hatten die Gespräche unmittelbar nach seiner Rückkehr nach München begonnen, als Ministerpräsident Hoffmann sich formell auch für die dem Nuntius „durch die Bande der Räteregierung zugefügten Unbill" entschuldigte. Nachdem der Landtag der Aufnahme von Konkordatsverhandlungen zugestimmt und Pacelli seinen Entwurf mit den bayerischen Bischöfen abgestimmt hatte, wurde ein erster Entwurf im Februar 1920 an Hoffmann übersandt. Doch die Verhandlungen dauerten länger als geplant, wegen der politischen Wirren dieser Zeit. Es gab Putsche und Putschversuche, zeitweise wurde der Notstand über das Land verhängt, im Jahresturnus wechselten sich die Regierungen ab. So wurde das Bayerische Konkordat erst am 19. März 1924 unterzeichnet und zehn Monate später durch den Landtag bestätigt. Es umfaßte nur 16 knappe Artikel, die von solcher Klarheit und Einfachheit waren, daß sie seitdem in der vatikanischen Diplomatie als gerne kopiertes Meisterwerk gelten. Im August 1925 konnte Pacelli dann endlich nach Berlin umziehen, wo neue Aufgaben auf ihn warteten.

In der Zwischenzeit war viel geschehen. Im Februar 1920 telegraphierte ihm sein Bruder, daß seine Mutter im Sterben liegt. Obwohl er den nächsten Zug nach Rom nahm, war es Eugenio Pacelli nicht mehr vergönnt, sich von ihr zu verabschieden. Sein Zug hatte so große Verspätung, daß er erst eintraf, als der Trauerzug bereits auf dem Weg zum Friedhof war. Einen Monat lang blieb er in der Ewigen Stadt, um Persönliches zu erledigen.

Zwei Jahre später, an einem kalten Januartag, starb Papst Benedikt XV. an einer Lungenentzündung. Ein paar Tage zuvor, an einem eisigen Morgen, hatte er mit den Schwestern des Hospizes Santa Marta die Frühmesse feiern wollen. Er verkühlte sich, weil ein verschlafener Pförtner ihn zu lange in der Kälte hatte stehen lassen. „Gerne opfern Wir Unser Leben für den Frieden der Welt" waren seine letzten Worte. Obwohl die Welt ihn als Friedenspapst feiern müßte, wurde er fast vergessen, bis Papst Benedikt XVI. schon durch die Wahl seines Namens wieder an ihn erinnerte.

Beim Konklave fielen die ersten Stimmen gleich auf zwei frühere Staatssekretäre, Pietro Gasparri und Merry del Val, seinen Vorgänger. Als Gasparri seine Chancenlosigkeit erkannte, empfahl er den Kardinälen einen besseren Mann: Achille Ratti, den ehemaligen Vatikanbibliothekar und Nuntius in Warschau, der erst im Vorjahr Erzbischof von Mailand und Kardinal geworden war. Am vierten Tag des Konklaves, im 14. Wahlgang, erhielt dieser die notwendige Zweidrittelmehrheit der Stimmen. Er nannte sich Pius XI. Als er am 12. Februar 1922 gekrönt wurde, bestieg er als erster Papst seit 1870 wieder die Mittelloggia des Petersdomes, um der Stadt Rom und dem Erdkreis, *Urbi et orbi*, seinen Segen zu spenden. Das war ein Zeichen an die Welt, speziell aber an den Staat Italien, daß die Zeit der selbstgewählten Isolation ein Ende hatte. Sein Programm verkündete er in seiner Antrittsenzyklika *Pax Christi in regno Christi* („Der Frieden Christi in Christi Reich"): Er wollte eine friedliebende Gesellschaftsordnung auf der Grundlage des Glaubens schaffen. Gasparri wurde als Kardinalstaatssekretär bestätigt und auch für Pacelli war der neue Papst ein Glücksfall; er hatte schon in Rom zu seinen engsten persönlichen Freunden gezählt.

Doch 1922 war auch in anderer Hinsicht für Italien ein Schicksalsjahr. Nach einer erbitterten Auseinandersetzung mit der Linken, die das Land noch im Februar durch einen Generalstreik lahmlegten, ergriff im Herbst der Faschistenführer Benito Mussolini die Macht und präsentierte sich in seinem *Marsch auf Rom* mit 40000 seiner Anhänger als der neue Retter Italiens.

VI. Adolf Hitler

Es ist ein seltsamer historischer Zufall oder vielleicht auch ein Werk der Vorsehung, daß Eugenio Pacelli in München war, als der allmähliche Aufstieg Adolf Hitlers begann. So lernte er seinen späteren Widersacher schon früh kennen und richtig einzuschätzen. Dabei verlief die Vorgeschichte der Nazipartei ganz anders, als sie von Hitler in seinem Buch *Mein Kampf* oder von der nationalsozialistischen Propaganda geschildert wurde. Es war eben nicht so, daß Hitler, als Deutschland am Boden lag, „beschloß, Politiker zu werden" und fortan seine Getreuen um sich sammelte. Vielmehr war er von einer bereits bestehenden politischen Bewegung quasi von der Straße weg rekrutiert worden.

Schon in der Kaiserzeit hatte sich ein neuheidnischer *Germanenorden* gebildet, dessen erklärtes Ziel es war, die deutsche Kultur von allen „artfremden" jüdischen und christlichen Einflüssen zu reinigen. Aus ihm ging 1917 die in München beheimatete *Thule-Gesellschaft* des ehrgeizigen politischen Abenteurers und Hochstaplers Rudolf Glauer hervor, der sich „Baron von Sebottendorff" nannte. Schon ein Jahr nach ihrer Gründung gehörten dieser *völkischen Loge,* benannt nach der mythischen „Urheimat der Arier" im fernen Norden, über 1500 meist begüterte Mitglieder an. Standesgemäß traf man sich im Festsaal des noblen Münchener Hotels *Vier Jahreszeiten* und plante den „Kampf gegen Juda und Rom". Die Germanen, so lehrte die Loge, seien die „Herrenrasse der Menschheit", geschwächt nur durch das „schleichende Gift" des Christentums, injiziert durch den „Weltfeind", „den Juden". Das wirkte wie Balsam auf die Seele manches Deutschen, der sich durch die Niederlage im Weltkrieg und den Vertrag von Versailles gedemütigt fühlte, jetzt dringend einen Sündenbock brauchte und von einer Wiederauferstehung seiner am Boden liegenden Nation träumte. Nach der Machtergreifung der Sozialisten in München wurde die Loge zum Sammelbecken des rechten, deutschnationalen Widerstands. Mit dem Geld seiner Mitglieder kaufte Glauer Waffen, um im geeigneten Moment zuschlagen zu können und eine Zeitung, den *Münchener Beobachter,* der bald in *Völkischer Beobachter* umbenannt wurde, um seine antisemitische Ideologie unter das Volk zu bringen.

Der erste Versuch eines Putsches, die geplante Entführung Kurt Eisners, scheiterte. Doch auch der Eisnerattentäter, Graf Arco auf Valley, stammte aus dem Umfeld der *Thule-Gesellschaft.* Ihm war die Mitgliedschaft verweigert worden, weil seine Mutter Jüdin war, und mit der Tat wollte er sich die Aufnahme in die Loge verdienen. Als die Räterepublik ausgerufen wurde, war es schließlich Sebottendorff, der das *Freikorps Oberland* aufstellte und bewaffnete, das am 1. Mai 1919 am Einmarsch in die Landeshauptstadt beteiligt war.

Bereits im Januar 1919 hatte Glauer zwei Logenbrüder mit der Gründung einer politischen Partei beauftragt, die sich *Deutsche Arbeiterpartei* (DAP) nannte, um auch die Masse für sich zu gewinnen. Um volksnäher zu wirken, tagte die Partei nicht im feinen *Vier Jahreszeiten,* sondern in Münchener Wirtshäusern. Ihr Abzeichen war das Hakenkreuz, das Erkennungszeichen der *Thule-Gesellschaft,* ihr Gruß ein schnittiges „Sieg Heil!", abgeleitet vom Thulegruß „Heil und Sieg".

Adolf Hitler (1889–1945) war zu diesem Zeitpunkt eine gescheiterte Existenz. Der Sohn eines cholerischen österreichischen Zollbeamten und seiner viel jüngeren Nichte war in chaotischen Verhältnissen aufgewachsen, innerlich zerrissen zwischen dem Katholizismus seiner Mutter und dem Antiklerikalismus seines „freidenkenden" Vaters, eingeschüchtert durch die Gewalt des Haustyrannen, entwurzelt durch dessen ständige Umzüge. Auf der Schule ein Versager, flüchtete er sich in die pompöse Germanenromantik Richard Wagners und fühlte sich selbst bald zum Künstler berufen. Die *Akademie für Bildende Künste* in Wien lehnte ihn ab, weil er sich schwer tat, Menschen zu zeichnen. Die Werke, die er eingereicht hatte, zeigten stattdessen monströse, leere Gebäude. Die Prüfer empfahlen ihm, Architektur zu studieren, doch dafür fehlte ihm das Abitur.

So trieb sich der junge Hitler jahrelang in Wien herum, lebte von den Erträgen des Erbes seiner gerade verstorbenen Mutter und versuchte sich als Postkartenmaler. Er interessierte sich für die damals so populäre völkische Esoterik, für *Ariosophen* und *Neutempler,* verschlang ihre Publikationen und schimpfte auf die Jesuiten, trat aber noch nicht als Antisemit in Erscheinung. Dann ließ er sich, weiter auf der Suche nach seiner Selbstverwirklichung als Künstler, einen Teil seines Erbes auszahlen und ging nach München, das ihm „reiner“ und „deutscher“ erschien als das multikulturelle „Rassenbabel“ Wien. Als der 1. Weltkrieg ausbrach, geriet er in den Taumel der Begeisterung, erhoffte sich den „Beginn der Erlösung der deutschen Nation“ und meldete sich als Freiwilliger. Bei seinen Kameraden galt er als Eigenbrötler und Sonderling, der endlose Monologe über die Ursachen des Krieges und die taktischen Fehler der Weltkriegsgeneräle halten konnte, doch auch pflichtbewußt und tapfer war. Die letzten Kriegstage verbrachte er im Lazarett von Pasewalk, angeblich nach einem britischen Gasangriff erblindet. Tatsächlich diagnostizierten die Lazarettärzte eine hysterische Erblindung, ausgelöst durch ein Kriegstrauma und die Verzweiflung über die deutsche Niederlage. Nach ein paar Tagen konnte er wieder sehen und glaubte an ein Wunder.

Zurück in München war er einer von zigtausenden Kriegsheimkehrern, die verzweifelt nach Arbeit und einem neuen Lebensinhalt suchten. Er blieb Soldat im Rang eines Gefreiten und wurde von seinem Generalstab als Spitzel eingesetzt, um subversive Aktivitäten der Sozialisten zu melden. Sein diensthabender Offizier, Hauptmann Karl Mayr, schickte ihn zwecks politischer Schulung auf die Münchener Universität. Einer der Ausbilder wies Mayr darauf hin, daß sein Gefreiter über ein außergewöhnliches Redetalent verfügte. Als Mayr, selbst Mitglied der *Thule-Gesellschaft,* erfuhr, daß die DAP nach einem guten Werberedner suchte, schickte er ihn im September 1919 auf eine Versammlung der Partei. Da man ihn dort für geeignet hielt, setzte sich kein geringerer als General Ludendorff höchstpersönlich für seine Freistellung ein. Bis zum 31. März 1920 erhielt Hitler ein wöchentliches Salär von 20 Goldmark für die Parteiarbeit, das von der Reichswehr bezahlt wurde. Danach übernahm die Partei, die sich damals bereits *Nationalsozialistische Deutsche Arbeiterpartei* (NSDAP) nannte, die Zahlung regelmäßiger „Rednerhonorare“. Als ihn ein paar Monate später der Polizeiliche Nachrichtendienst vernahm, gab Hitler als Beruf „Kaufmann ... und berufsmäßiger Werberedner“ an. Erst allmählich wurde er von seinen Förderern zum Kopf und zur Symbolfigur der NSDAP aufgebaut. Er selbst hatte sich längst so restlos in seine Rolle hineingesteigert, daß er sich schließlich völlig mit seiner Botschaft identifizierte. Durch ihn erreichte die Partei die Massen, denen es nach den Erfahrungen mit der Räterepublik und ihren Protagonisten nicht schwerfiel, an eine „jüdisch-bolschewistische Weltverschwörung“ zu glauben, wie sie Hitler beschwor. „Traumatisierte Münchener sahen sich in ihrem Mißtrauen gegen *Ausländer* bestärkt und neigten mehr denn je dazu, die Schuld für erduldetes und noch zu erduldendes Leid irgendwelchen gerade greifbaren Sündenböcken anzulasten“, stellt der Historiker David Clay Large in *Hitlers München* treffend fest.

Während Pacelli im August 1921 das deutsche Volk zum inneren und äußeren Frieden aufrief („Wohl noch nie hatte die Welt den Frieden nötiger als heute. Wohl noch nie sehnte sie sich so innig nach dem sozialen Frieden“), rüstete Hitler zum Kampf. Nur wenige Kilometer von der Nuntiatur entfernt, im Festsaal des Münchener Hofbräuhauses (gab es einen würdigeren Rahmen?), verkündete er am 24. Februar 1920 vor einem Publikum von über 2000 Personen sein 25 Punkte umfassendes Parteiprogramm. Es forderte die Aufhebung der Friedensverträge, neue Kolonien, eine Zensur der Presse, Abschaffung des römischen Rechts, die „Schaffung einer starken Zentralgewalt“, den Ausschluß der Juden aus der „Volksgemeinschaft“ und den „rücksichtslosen Kampf“ gegen „Volksverbrecher“.

Je schwerer Deutschland unter den durch den Versailler Vertrag auferlegten Lasten litt, je mehr im Volk die Wut auf die Urheber des Waffenstillstandes wuchs und je wilder die Inflation galoppierte, um so größeren Zulauf fand der braune Rattenfänger. Die Menschen fürchteten sich vor einem Aufstand, einem Bürgerkrieg oder einer Machtergreifung der Kommunisten und fühlten sich bei den Rechten, die Ruhe, Ordnung und eine gloriose Zukunft versprachen, beschützt. Unterstützt durch reiche Gönner, gesteuert von seinen Hintermännern aus den Reihen der *Thule-Gesellschaft* und den Deutschnationalen um General Ludendorff, wurde aus dem einstigen Bierkelleragitator eine lokale Größe, der ungekrönte „König von München“. Längst sprach er im *Zirkus Krone* vor 6000 Zuschauern, wohin er in einem auffälligen, offenen, roten Mercedes kutschiert wurde. Er verfügte über eine eigene Privatarmee, die SA oder Schutzabteilung, die aus ehemaligen Freikorpsleuten bestand, und deren Kommandant Ernst Röhm Nachfolger von Hitlers ehemaligem Vorgesetzten Hauptmann Karl Mayr war. Ihm gesellte sich bald das Kampfflieger-Ass Hermann Göring hinzu, während Alfred Rosenberg, Rudolf Hess und Hans Frank, alle drei Mitglieder der *Thule-Gesellschaft,* noch früher der Partei beigetreten waren.

Bei seinen öffentlichen Reden gab sich Hitler, ausgestattet mit Reitpeitsche, hohen Stiefeln und Trenchcoat, stets ein martialisches Erscheinungsbild. Begleitet wurde sein Auftreten von den immer gleichen Ritualen: Musikkapellen spielten aufrüttelnde Klänge, wie in einem römischen Triumphzug trugen SA-Männer Fahnen und Standarten mit der Aufschrift „Deutschland erwache" herein, skandierten das *Sieg Heil!* und hoben den rechten Arm zum „deutschen Gruß". Erst dann betrat der künftige *Führer* raschen Schrittes, mit starr erhobener Rechter, die schmalen, bleichen Gesichtszüge wie von einem besessenen Ingrimm zusammengeballt, die Bühne, um Worte des Hasses und des pseudoreligiösen Pathos, fast wahllos aneinandergereiht, ins Volk zu brüllen. Bewußt bediente er sich bei der Verkündigung seiner Heilsbotschaft einer geradezu biblischen Sprache: „Die Menschen sollen nicht schlafen, sondern sie sollen wissen, daß ein Gewitter aufzieht. Wir wollen vermeiden, daß auch unser Deutschland den Kreuzestod erleidet! Mögen wir inhuman sein! Aber wenn wir Deutschland retten, haben wir die größte Tat der Welt vollbracht. Das walte Gott! Amen!" Das Volk war von dieser Urgewalt begeistert und nicht wenige glaubten, einen Propheten, ja einen deutschen Messias vor sich zu haben.

Pacelli, der alles Laute, Protzige und Prahlerische haßte, verachtete diesen egomanischen Emporkömmling vom ersten Augenblick an, nicht nur wegen seines plumpen Mißbrauchs christlicher Begriffe, sondern vor allem wegen seines unverblümten Hasses auf „Juden und Jesuiten".

Im Jahr nach Mussolinis *Marsch auf Rom* sah auch Hitler seine große Stunde gekommen. Das Jahr begann dramatisch. Als Deutschland mit den Kohlelieferungen, zu denen es nach dem Versailler Vertrag verpflichtet war, nicht nachkam, besetzte Frankreich kurzerhand mit 60000 Schwerbewaffneten das Ruhrgebiet. Die Deutschen reagierten mit passivem Widerstand gegen diese Verletzung des Völkerrechts, mit Boykotten und Streiks. Als der Papst das Vorgehen der Franzosen verurteilte und weniger schmerzhafte Maßnahmen in den besetzten Gebieten forderte, warf ihm Frankreich vor, deutschfreundlich zu sein. Auf dem Parteitag der NSDAP im Januar 1923 in München forderte Hitler, den Versailler Vertrag für ungültig zu erklären. Die Verantwortlichen für die deutsche Kapitulation bezeichnete er als „Novemberverbrecher", in deren Fußstapfen die Regierung der Weimarer Republik getreten sei. Gegen sie plante er einen Aufstand und warb um Verbündete. Während die deutsche Wirtschaft als Folge der Ruhrkrise im Sommer vor dem Kollaps stand und die Inflation ihren Höhepunkt erreichte, wuchs die Angst vor einem Bürgerkrieg. Das Reich stand vor der Zerreißprobe. In Bayern rief die Landesregierung den Notstand aus und erteilte dem monarchistischen Ex-Ministerpräsidenten Gustav von Kahr als *Generalstaatskommissar* diktatorische Vollmachten. Alle dort stationierten Reichswehrtruppen wurden auf das Land statt auf das Reich verpflichtet. Ihr Kommandant Otto von Lossow plante den Marsch nach Berlin und die Ausrufung einer nationalen Diktatur – aber ohne die Nazis. Als Hitler erfuhr, daß die Putschisten *in spe* am 8. November im *Bürgerbräukeller* eine Ver sammlung abhielten, beschloß er, mit Gewalt auf ihren Zug aufzuspringen. Mit 600 schwerbewaffneten SA-Männern stürmte er den Saal, feuerte einen Revolverschuß in die Luft und erklärte die nationale Revolution für ausgebrochen. Dann kommandierte er Kahr und Lossow mit vorgehaltener Waffe in einen Nebenraum und stellte sie vor die Wahl, sich entweder von ihm erschießen zu lassen oder mit ihm eine neue Regierung zu bilden. Doch erst als er General Ludendorff holen ließ, den ungekrönten König der Rechten, willigten sie notgedrungen ein.

Während Hitler, ergriffen von der Größe des Augenblicks und seiner selbst, den Weg in die Nacht antrat, bemühten sich die eben Erpreßten um größtmögliche Schadensbegrenzung. Mit einer öffentlichen Proklamation am nächsten Morgen, der durch eine alarmbereite Polizei Nachdruck verliehen wurde, war der Bierkellerputsch so schnell und überraschend gescheitert, wie er begonnen hatte.

In dem verzweifelten Versuch, die Situation doch noch zu ihren Gunsten zu wenden, organisierten Ludendorff und Hitler hektisch einen Demonstrationszug zur Innenstadt. Man war bereit, alles auf eine Karte zu setzen. Doch schon auf der Höhe der Feldherrnhalle trieb die Polizei die Demonstranten auseinander. Als einige von ihnen das Feuer eröffneten, schossen die Polizisten zurück und sechzehn NSDAP-Mitglieder verloren ihr Leben. In grandiosem Dünkel setzte General Ludendorff mit aufrechtem Gang, in frischgebügelter Uniform, die Pickelhaube fest um den Kopf geschnallt und bebend vor Zorn seinen Weg unbeirrt fort, bis er schließlich verhaftet wurde. Hitler dagegen hatte, in einem Anfall von Feigheit, das Weite gesucht. Im Landhaus von Freunden am Staffelsee leckte er sich zwei Tage lang seine Wunden, bis er sich endlich der Polizei stellte. Im nachfolgenden Prozeß wurde er schließlich zu fünf Jahren Festungshaft verurteilt – mit der Aussicht auf Umwandlung in eine Bewährungsstrafe nach Verbüßung von sechs Monaten. Das viel zu milde Urteil machte aus Hitler nur einen Märtyrer. Nach sechsmonatiger Klausur, in der er sein programmatisches Werk *Mein Kampf* diktierte, war er in ganz Deutschland bekannt. Sein Ringen um die Macht konnte weitergehen.

Noch in der Nacht des Putsches, um 3.50 Uhr früh, schickte Nuntius Pacelli einen verschlüsselten Rapport über die Vorfälle an Kardinal Gasparri in Rom, der sich als geradezu prophetisch erwies:

> „Nr. 443. In der vergangenen Nacht hat Hitler mit bewaffneten Banden die bayerische Regierung für gestürzt erklärt, den früheren Ministerpräsidenten und andere Minister verhaftet und eine neue nationale Regierung mit Ludendorff an der Spitze des Heeres ausgerufen. Wie mir berichtet wurde, hat Generalkommissar Kahr nur zum Schein anfänglich an der Bewegung teilgenommen, um Bewegungsfreiheit zu erhalten und so gegensätzliche Maßnahmen ergreifen zu können; es wird angenommen, daß die Situation in Kürze wiederhergestellt sein wird, jedoch wahrscheinlich nicht ohne Blutvergießen."

Fünf Tage später folgte ein ausführlicher Bericht auf dem Briefpapier der Nuntiatur. Er befindet sich noch immer im Geheimarchiv des Vatikans, in einer Kiste mit der Aufschrift *Baviera*, und müßte eigentlich jedem halbwegs recherchierenden Pius-Biographen zugänglich sein. Natürlich fehlt auch er in Cornwells 560-Seiten-Werk, und das wahrscheinlich nicht aus Platzmangel. Es ist ein sehr ernster Bericht und er ist entlarvend. Er zeigt, daß sich Pacelli bereits 1923 nicht die geringsten Illusionen über die Hitlerbewegung machte. Schon deshalb verdient er es, an dieser Stelle in vollem Umfang zitiert zu werden:

> **„Über den antikatholischen Charakter des Nazi-Aufruhrs in München.**
>
> München, 14. November 1923.
>
> Hochwürdige Eminenz,
> die Einzelheiten des nationalistischen Aufruhrs, der in den vergangenen Tagen München erschüttert hat (siehe Nachrichten 443, 444, 445), sind Eurer Eminenz mittlerweile aus der italienischen Presse bekannt; daher brauche ich sie in diesem respektvollen Bericht nicht zu wiederholen. Dennoch halte ich es für angebracht, Eurer Eminenz zu einem Punkt, den ich schon in der Nachricht Nr. 444 erwähnte, weitere Einzelheiten mitzuteilen, und zwar bezüglich der antikatholischen Demonstrationen, die mit dem Aufstand einhergegangen sind, die jedoch für diejenigen, die die Veröffentlichungen der Organe der Rechtsradikalen wie dem *Völkischen Beobachter* und dem *Heimatland* verfolgt haben, keineswegs überraschend kamen.
>
> Dieser Charakter hat sich besonders in den regelmäßigen Hetzereien gegen den katholischen Klerus gezeigt, mit welchen die Anhänger HITLERs und LUDENDORFFs, den Größen unter den Straßenrednern, die Bevölkerung aufwiegelten und so die Geistlichen Beleidigungen und Spott aussetzten.
>
> Das besondere Ziel ihrer Angriffe war der gelehrte und gewissenhafte Kardinalerzbischof, der in einer Predigt im Dom am 4. dieses Monats und in einem Brief an den Herrn Reichskanzler, der am 7. des Monats von der Agentur Wolff veröffentlicht wurde, die Verfolgungen der Juden angeprangert hatte. Hinzu kommt das unbegründete und absurde Gerücht, das wohl absichtlich in der Stadt verbreitete wurde, wonach Seine Eminenz es war, der Herrn von Kahr zu seinem Sinneswandel bewegte, nachdem dieser sich zunächst, um sich der Gewalt zu entziehen, im *Bürgerbräukeller* öffentlich hinter den von Hitler und Ludendorff angezettelten Staatsstreich gestellt hatte, sich dann aber dagegen aussprach. So geschah es, daß während der Tumulte am vergangenen Samstag Nachmittag

> eine große Gruppe von Demonstranten vor dem erzbischöflichen Palais aufmarschierte und schrie: *'Nieder mit dem Kardinal!'* Glücklicherweise war Seine Eminenz außerhalb Münchens, da er an diesem Tag eine neuen Kirche in Mühldorf weihte. Doch als er am Abend darauf mit seinem Automobil zurückkam, wurde ebenfalls eine feindselige Demonstration angezettelt. Diese antikatholischen Ressentiments äußerten sich auch in den stürmischen Studentenversammlungen, die vorgestern in der Universität stattgefunden haben, und auf denen sich fakultätsfremde (und sogar nicht-bayerische) obskure Elemente unter die Menge mischten und schließlich den Rektor zwangen, die Universität bis auf weiteres zu schließen. Auch im Athenaeum, das in letzter Zeit wiederholt Gegenstand der Studentenfürsorge des Heiligen Vaters war, hat man gegen den Papst, den hochwürdigen Erzbischof, die katholische Kirche, den Klerus, die Jesuiten, die 'weiße Internationale' und gegen Herrn von Kahr gehetzt, der, obgleich er Protestant ist, von einem der Redner als *Ehrenmitglied der Jesuiten* bezeichnet wurde." (Hervorhebungen im Original)

Tatsächlich sollte General Ludendorff, der mit Hitler auf der Anklagebank saß, fortan „den Juden und den Jesuiten" die Schuld für das Scheitern des Putsches geben. So waren es auch die nationalsozialistischen Kräfte, die so lange das Zustandekommen des Bayerischen Konkordats behinderten, wie Pacelli am 25. April 1924 nach Rom berichtete:

> „Das Bayerische Konkordat wurde am vergangenen 29. März feierlich unterzeichnet. Es bedarf nur noch der Bestätigung durch den Landtag, was sich – nach den Neuwahlen und angesichts des starken antikatholischen Windes, der aus Richtung der Nazi-Partei weht, mit heftigen Angriffen gegen den Heiligen Stuhl, gegen den Kardinalerzbischof etc. – noch als schwierig erweist. Die ganze Situation in Deutschland ist generell sehr schwierig und sehr beunruhigend in Anbetracht des Zuwachses, den die fanatisch antikatholische Nazipartei erlebt."

Auch einen Tag später klagte er über die „vulgäre und brutale Kampagne", die Hitler-Anhänger in der einschlägigen Presse gegen Katholiken und Juden führten. Am 1. Mai 1924, in seinem Bericht an den Kardinalstaatssekretär Gasparri über den Prozeß gegen General Ludendorff, bezeichnete er den Nazismus sogar als „wohl gefährlichste Häresie (Irrlehre) unserer Epoche" und ergänzte drei Tage später: „Der Nazismus stellt Staat und Rasse über alles: über echte Religion, über die Wahrheit und über die Gerechtigkeit". Ein vernichtenderes Urteil aus dem Munde eines Kirchenmannes konnte es nicht geben.

Tatsächlich wurde das Konkordat mit Bayern im Januar 1925 vom Landtag mit 72 zu 53 Stimmen angenommen. Die Gegenstimmen stammten aus den Reihen der Kommunisten, Sozialdemokraten – und Nationalsozialisten.

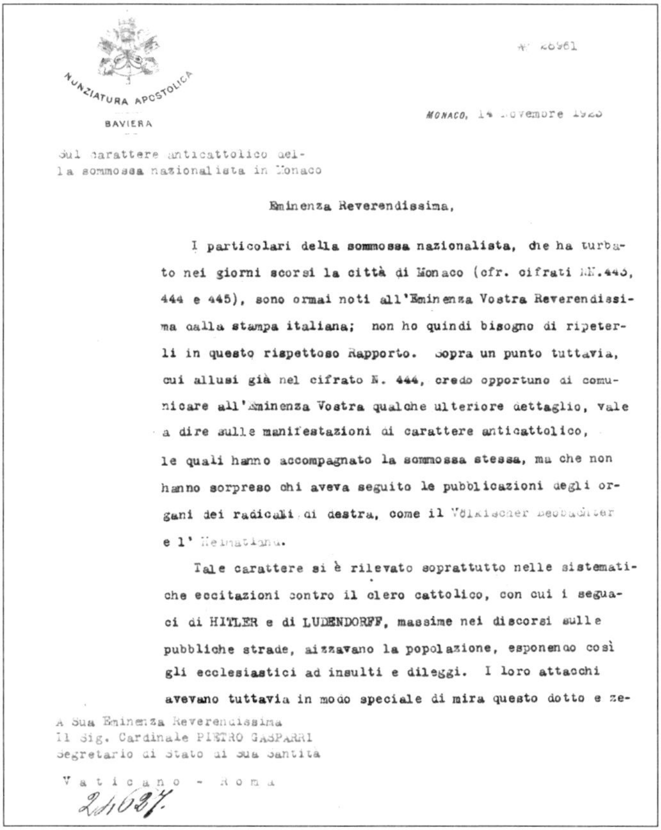

NUNZIATURA APOSTOLICA
BAVIERA

MONACO, 14 Novembre 1923

Sul carattere anticattolico della sommossa nazionalista in Monaco

Eminenza Reverendissima,

I particolari della sommossa nazionalista, che ha turbato nei giorni scorsi la città di Monaco (cfr. cifrati NN.443, 444 e 445), sono ormai noti all'Eminenza Vostra Reverendissima dalla stampa italiana; non ho quindi bisogno di ripeterli in questo rispettoso Rapporto. Sopra un punto tuttavia, cui allusi già nel cifrato N. 444, credo opportuno di comunicare all'Eminenza Vostra qualche ulteriore dettaglio, vale a dire sulle manifestazioni di carattere anticattolico, le quali hanno accompagnato la sommossa stessa, ma che non hanno sorpreso chi aveva seguito le pubblicazioni degli organi dei radicali di destra, come il Völkischer Beobachter e l'Heimatland.

Tale carattere si è rilevato soprattutto nelle sistematiche eccitazioni contro il clero cattolico, con cui i seguaci di HITLER e di LUDENDORFF, massime nei discorsi sulle pubbliche strade, aizzavano la popolazione, esponendo così gli ecclesiastici ad insulti e dileggi. I loro attacchi avevano tuttavia in modo speciale di mira questo dotto e ze-

A Sua Eminenza Reverendissima
Il Sig. Cardinale PIETRO GASPARRI
Segretario di Stato di Sua Santità
Vaticano - Roma

Pacellis Bericht über den „Antikatholischen Charakter des Nazi-Aufruhrs in München".

VII. Berlin

Man kann nicht sagen, daß Erzbischof Pacelli es sehr eilig damit hatte, nach Berlin umzuziehen. Zu wohl fühlte er sich im katholischen Bayern, zu ungewiß erschien ihm seine Wirkung auf das protestantische Preußen. In München hatte er sich eingelebt, aus der Nuntiatur eine Insel des Friedens gemacht, die von Politikern, Intellektuellen und Kirchenmännern gerne besucht wurde. Speziell Kardinal Faulhaber und Konrad Graf von Preysing, damals Dompfarrer der Münchener *Frauenkirche* und später Bischof von Berlin, waren regelmäßige, stets gern gesehene Gäste, mit denen sich Pacelli ausgiebig beriet. Deutsch sprach der Nuntius mittlerweile fließend, seit er regelmäßigen Unterricht erhielt, und im Bayerischen Außenministerium hieß es, er beherrsche die Sprache von allen Diplomaten am besten und klarsten. Seine Mitarbeiter überraschte er regelmäßig mit ein paar Brocken Bayerisch, das er irgendwo auf der Straße aufgeschnappt hatte. Sein warmer Humor machte ihn überall beliebt, sein Einsatz für die Armen wurde allgemein bewundert. So verzieh man ihm schnell seine Pedanterie, seinen Perfektionismus und seine Arbeitswut, denn die höchsten Ansprüche stellte er immer noch an sich selbst. Einige Pius-Biographen mögen ihn für moralinsauer und ungesellig halten, nur weil er gerne auch alleine war und gewiß nicht zu den Genießern gerechnet werden kann (das Mittagessen war für ihn eine lästige Notwendigkeit, der er möglichst wenig Zeit opferte), doch sein Umfeld schilderte ihn sehr viel sympathischer: „Seine immer gleichbleibende Heiterkeit machte seine ganze Umgebung froh", schrieb Schwester Pascalina in ihren Erinnerungen, „Er konnte herzlich mitlachen, wenn ein Streich gelungen war, und spornte auch zum Frohsinn an. Nie nahm er einen gutgemeinten Scherz übel."

So wurden aus Mitarbeitern Freunde und Begleiter auf dem künftigen Lebensweg. Schwester Pascalina, die er regelmäßig mit einem gespielt-erstaunten „Sie sind ja immer noch da?!" begrüßte, folgte ihm ebenso nach Berlin und später nach Rom wie der Zentrumspolitiker und Prälat Ludwig Kaas, den ihm die Deutsche Bischofskonferenz als Unterhändler in Konkordatsfragen geschickt hatte oder der Jesuitenpater Robert Leiber, der von seinem Orden als Unterstützung für

Pacelli während der Konkordatsverhandlungen freigestellt worden war. Nur der Pförtner der Nuntiatur, Bruder Andreas, ein gewissenhafter, urbayerischer Benediktiner aus dem Kloster Scheyern, blieb zurück, nicht ohne auf die ihm eigene Art zu erklären: „Exzellenz, zu de Preißn paß i schon gar net und oid bin i a. Do ist scho besser, i geh wieda in mei Klosta hoam … sie werns schon seng, Exzellenz, es geht scho one mi …" Fortan standen der Erzbischof und der Klosterbruder in regelmäßigem Briefkontakt.

„Bayern, seine ragenden Berge, seine Seen und Wälder sind mir eine zweite Heimat geworden", erklärte Pacelli auf seiner Abschiedsfeier am 14. Juli 1925 im Münchener Odeonsaal, zu der Ministerpräsident Dr. Held geladen hatte. Das war wörtlich gemeint. So heißt es in den Akten der Bayerischen Polizei, die der Pius-Biograph Konstantin Prinz von Bayern sichten konnte: „Während kürzerer und längerer Aufenthalte des Nuntius in Oberbayern wird immer wieder von den örtlichen Behörden die Frage seines polizeilichen Schutzes erörtert. Nuntius Pacelli lehnt Angebote dieser Art immer ab. Er fühle sich im deutschen Volk wohl und sicher – so erklärt er – und er freue sich immer, unerkannt auf dem Land, von Kindern mit ‚Grüß Gott, Herr Kaplan' begrüßt zu werden."

Ein Hinweis auf die karitative Tätigkeit des Nuntius hielt fest: „Über die päpstliche Hilfstätigkeit hinaus erbittet sich Pacelli die Namen von besonders Geschädigten des Krieges, denen er aus privater Tasche helfen will. Bei der kürzlich stattgefundenen Nikolausfeier für bedürftige Kinder in Schwabing konnte den Nuntius nur das Zureden des anwesenden Sicherheitsbeamten davon abhalten, die Rolle des Nikolaus selber zu übernehmen."

Am 18. August 1925 bestieg er den Zug in die Reichshauptstadt. Dort hatte Schwester Pascalina bereits ganze Arbeit geleistet. Im Auftrag des Nuntius, der sich um Dinge des alltäglichen Lebens wenig scherte, hatte sie bereits in der Rauchstraße 21 ein Haus für die Nuntiatur ausgesucht, angemietet und so vorbereitet, daß er, nachdem er in seiner Privatkapelle die erste heilige Messe gelesen hatte, sofort mit der Arbeit beginnen konnte. Es war ein repräsentatives Haus, von einem parkartigen Garten umgeben, doch gleichzeitig „schlicht und einfach, so wie der Nuntius es liebte" (so Schwester Pascalina). Tatsächlich hatte sie an alles gedacht, vor allem an seine kleinen Gewohnheiten. Stolz vermerkt sie in ihren Erinnerungen, daß es nicht nur ruhig und schön lag, sondern vor allem in der Nähe des Tiergartens, „der für den mittäglichen Spaziergang sich gut eignete". Nach einem ersten Rundgang galt seine ganze Anerkennung der fleißigen Nonne, die ihm für die nächsten vier Jahre ein gastliches Heim bereitet hatte.

Zum Jahrestag der Papstkrönung, dem 12. Februar, wurden alle Regierungsmitglieder und das gesamte diplomatische Korps in der Rauchstraße begrüßt. Mit jedem wechselte der hochgewachsene Nuntius ein verbindliches Wort: immer korrekt, geschliffen, pointiert. Lange sprach er mit Reichskanzler Wilhelm Marx. Das prächtige Tafelgeschirr, das bei der Bewirtung Verwendung fand, war ein Begrüßungsgeschenk des Reichspräsidenten Paul von Hindenburg. Es war mit weißen und gelben Tulpen geschmückt, in den Farben des Heiligen Stuhls. Der alte Weltkriegsgeneral vergaß nie, daß Pacelli im Namen des Papstes verhindert hatte, daß er in Frankreich vor ein Kriegsgericht gestellt wurde. Er sprach ein Leben lang davon, daß er in seiner Schuld stand. Später war der Reichspräsident auf Pacellis Empfängen ein ebenso regelmäßiger Gast wie sein Vorgänger Friedrich Ebert oder Außenminister Stresemann. Pacelli galt als der vollendete Gastgeber, geschätzt wegen seiner Klugheit, seinem Witz und seiner Schlagfertigkeit, aber auch seiner Fähigkeit, in neun Sprachen Konversation zu treiben. Nicht wenige, darunter der britische Botschafter Lord D'Abernon und die amerikanische Journalistin Dorothy Thompson, hielten ihn für „den bestinformierten Diplomaten in Berlin".

Als *Doyen* (Ranghöchster) des diplomatischen Korps nahm er natürlich an allen offiziellen Ereignissen in der Hauptstadt teil. Auf dem großen Empfang zum 80. Geburtstag von Hindenburg am 2. Oktober 1927 begegnete er der Gesellschaftsreporterin Bella Fromm, die später in ihr Tagebuch schrieb: „Wo seine hohe Gestalt in der Robe von scharlachrotem und purpurnen Damast sichtbar wird, zieht er sofort alle Augen auf sich. Sein Antlitz ist asketisch, die Gesichtszüge sind geschnitten wie bei einer alten Gemme, nur selten huscht der Schatten eines Lächelns darüber. Seine ruhige Ausgewogenheit entzückte mich. Er plauderte ein Weilchen mit mir, und ich war glücklich darüber. Ich küßte seinen Ring mit wirklichem Vergnügen." Natürlich wußte Pacelli, daß sie Jüdin war. Ein Foto, das den Nuntius in seinem weiten Mantel beim Verlassen der Hindenburgresidenz zeigt, wurde Titelmotiv von John Cornwells *Hitler's Pope.* Der Brite hatte die Ehrenwache, die den Stahlhelm der Reichswehr trug, für Nazis gehalten und das Foto in der Originalausgabe seines Buches auf 1939 datiert.

Auch seine alte Leidenschaft, das Reiten, entdeckte Pacelli in Berlin neu. Wann immer er es sich zeitlich erlauben konnte – was selten genug der Fall war – besuchte er neue Freunde auf ihrem Gut in Eberswalde, um mit ihnen auf dem Pferderücken die weiten Wälder zu durchstreifen. So vernarrt war er, daß ihm die Freunde ein elektrisches Pferd schenkten, das er allerdings keine zehnmal benutzte, weil er sich darauf albern vorkam.

Doch Pacelli beließ es nicht dabei, in den diplomatischen und politischen Kreisen der Reichshauptstadt zu verkehren. Er wollte als Seelsorger wirken, er interessierte sich für das kirchliche und soziale Leben in Deutschland. So gab es keinen Katholikentag in der Nachkriegszeit, auf dem er fehlte, und jedes Mal hielt er eine große, programmatische Rede, die von den Gläubigen bejubelt wurde – ob in Frankfurt (1921), München (1922), Hannover (1924), Stuttgart (1925), Breslau (1926), Dortmund (1927), Magdeburg (1928) oder Freiburg (1928). Immer war sein Thema der Frieden, appellierte er an die Menschen: „Ich bitte Sie: Gehen Sie nicht auseinander, ohne ein Wort des Friedens und der Liebe laut und machtvoll in die christliche Welt hinausgerufen zu haben. Schließen Sie ihre Beratungen nicht, ohne den festen Willen bekundet zu haben, auf dem Weg friedlicher Arbeit an dem Wiedererstehen Ihres Vaterlandes mitzuwirken". Andere Ereignisse führten ihn nach Hamburg, Paderborn, Mainz, Trier, Speyer, Fulda und Rottenburg. Doch immer galt, was der Arbeiter- und Studentenpriester Dr. Carl Sonnenschein, sein ehemaliger Kommilitone auf der *Gregoriana,* in wenige Worte faßte: „*Das* Ereignis war Pacellis Rede". Er war populärer als jeder deutsche Bischof, und allein in Dortmund wohnten über 80 000 Menschen seiner unter freiem Himmel zelebrierten Messe bei. Seine eindrucksvolle Erscheinung, seine klare Stimme und seine geradezu filigrane Wortwahl verfehlten ihre Wirkung nie. Dabei sprach er völlig frei und ohne jedes Manuskript; den Text seiner Rede hatte er meist in der Nacht zuvor auswendig gelernt.

„Wohl selten ist ein päpstlicher Nuntius einem Volk so nahegetreten wie Pacelli", resümierte sein Biograph Alphons M. Rathgeber. In Gelsenkirchen besuchte er ein Stahlwerk und eine Zeche. Weil er aber wissen wollte, wie und unter welchen Bedingungen die Kumpels arbeiten, zog er ihre Arbeitskleidung an und fuhr mit ihnen unter Tage. Er wollte Menschen aus dem Volk treffen, ihre Sorgen und Nöte kennenlernen und sie warnen vor den Rattenfängern von rechts und von links, die nach ihren Seelen griffen: „Viele Kräfte ringen heute um die Jugend. Viele Banner flattern vor ihren Augen und werben um Gefolgschaft. Viele falsche Propheten predigen ein neues Evangelium. In diesem Wirrwarr der Meinungen steht die Kirche Christi ... im Bewußtsein ihrer Mission, umkämpft, aber nie überwunden, geschmäht, aber nie widerlegt, gehemmt, aber nie entmutigt, und geht unbeirrt den Weg, den Gott ihr weist" erklärte der Nuntius am 12. Februar 1929. Jeder wußte, daß er von den Hakenkreuzbannern sprach und mit den „falschen Propheten" Hitler und seine Anhänger meinte.

„Von den 44 Reden, die Pacelli in den Jahren 1917 bis 1929 auf deutschem Boden hielt, können mindestens vierzig als Abwehr gegen den Nationalsozialismus gelten", stellte der italienische Papstbiograph Nazareno Padellaro fest:

> „Stets setzt er Hitlers Parolen in aller Deutlichkeit die apostolischen entgegen. Hitler sagt Germanentum, Pacelli sagt Menschentum; Hitler sagt Rassenhaß, Pacelli antwortet Bruderliebe; der ‚Führer' stachelt den Kampfgeist an, der Nuntius predigt den Frieden und immer wieder den Frieden. Bald merken die Nationalsozialisten bei den Worten Pacellis auf. Immer sicherer sitzen seine Angriffe, bis der entscheidende Schlag fällt ... ‚Schwer, unübersehbar groß sind die Aufgaben und Kämpfe der Kirche in unseren Tagen. Der Widerstreit zwischen Christus und Antichrist nimmt gigantische Formen an.' Das sind seine Worte am 30. August 1927. Allen war klar, wer mit dem Antichrist gemeint war, aber erst der Erzbischof von Sardes lehrte sie, diesen Namen auszusprechen."

Im September 1928 in Magdeburg griff er in bewußter Umwertung Worte wie *Führer* und *Weltanschauung* heraus, die bis dahin von Hitler und Goebbels gepachtet schienen: „Aber eines will (die Katholische

Aktion) erreichen und muß sie erreichen: dem katholischen Volke *Führer* zu geben, die überall da, wo Kultur, Wirtschaft und Politik das Gebiet des Religiösen und Sittlichen berühren, klar und sicher auf dem Boden der katholischen *Weltanschauung* stehen."

Und auch aus Rom bekamen die Nazis durch ihn Gegenwind.

> „Denn die katholische Kirche hat für das jüdische Volk, das die Verwahrer der göttlichen Verheißungen bis Jesus Christus gewesen ist, trotz der späteren Verblendung, ja gerade wegen dieser Verblendung, stets gebetet. In dieser Liebe hat der Apostolische Stuhl dieses Volk gegen ungerechte Verfolgung beschützt, und wie er allen Haß und alle Feindschaft unter den Völkern verwirft, so verurteilt er ganz besonders den Haß gegen das einst auserwählte Volk Gottes, nämlich jenen Haß, den man gewöhnlich Antisemitismus nennt",

heißt es einem amtlichen Dekret des *Heiligen Offiziums* – heute die *Kongregation für die Glaubenslehre* – vom 25. März 1928. Das war ein eindeutiges Signal in Richtung Deutschland, daß der Nationalsozialismus nicht mit dem katholischen Glauben vereinbar ist. Erzbischof Pacelli, so wies der Historiker Pater Robert Graham SJ nach, hatte nachdrücklich darauf bestanden, daß der Heilige Stuhl „mit einer klaren und eindeutigen Stellungnahme antisemitischer Bigotterie einen Riegel vorschiebt". Die französische *Nouvelle Revue Théologique* bezeichnete das Dekret dann auch als „eine der bis heute eindeutigsten Verurteilungen des Antisemitismus." Doch Cornwell erwähnt es in seiner Pius-Biographie mit keinem Wort, geschweige denn, daß er seinen Urheber nennt.

Ebenfalls verschweigt er, dass Pacelli zu diesem Zeitpunkt offen mit dem Zionismus sympathisierte. Im Dezember 1926 wurde in Berlin das „Deutsche Komitee Pro Palästina zur Förderung der jüdischen Palästina-Siedlung" gegründet. Gründungsmitglieder waren unter anderem Reichstagspräsident Paul Löbe, der Kölner Oberbürgermeister Konrad Adenauer, Albert Einstein und Thomas Mann. Im Vatikan dagegen stieß die betont sozialistische Einstellung mancher Zionisten auf teils heftige Kritik. Trotzdem ermutigte der Nuntius prominente Katholiken, der Initiative beizutreten und den Zionismus zu unterstützen. Selbst Pacellis engster Freund, der damalige Zentrums-Politiker

Prälat Dr. Ludwig Kaas, gehörte schließlich dem Präsidium des Komitees an.

Auch mit Nahum Sokolow, der mittlerweile zum Präsidenten aller Zionistenkongresse aufgestiegen war, traf er sich ein zweites Mal. Als der Zionistenführer 1926 Berlin besuchte, lag Pacelli gerade schwer krank im Hedwigskrankenhaus und war eigentlich für niemanden zu sprechen. Doch als Sokolow um einen Termin bat, ließ er ihn in die Klinik kommen. Der diensthabende Arzt erlaubte nur einen Besuch von fünf Minuten; doch der Nuntius ließ daraus anderthalb Stunden werden. Für jüdische Angelegenheiten hatte er immer ein offenes Ohr.

Im Frühjahr 1929 waren die Verhandlungen über das Konkordat mit Preußen endlich abgeschlossen. Schon im ersten Satz stellte es die „Freiheit des Bekenntnisses und der Ausübung der katholischen Religion" unter gesetzlichen Schutz. Paderborn und Breslau konnten zu Erzbistümern, Berlin erstmals zum Bistum erhoben werden. Bischöfe sollten vom Domkapitel vorgeschlagen, aber vom Heiligen Stuhl bestimmt werden. Nur in besonderen Fällen erhielt der Staat ein Vetorecht. Geistlichen wurde das Studium in Rom ermöglicht. Als Entschädigung für die bei der Säkularisation eingezogenen Kirchengüter bestimmte man eine staatliche Dotation. Nur in der Schulfrage mußte Pacelli deutliche Abstriche machen. Als am 13. August 1929 der preußische Landtag dem Vertragswerk zustimmte, war der jahrhundertelange Konflikt zwischen Staat und Kirche, der einst im preußischen Kulturkampf gipfelte, endlich beendet.

Während sich Pacelli danach vier Wochen lang im Ordenshaus von Rorschach erholte, erhielt er Post aus Rom. Der Papst brauchte ihn. Kardinalstaatssekretär Gasparri, jetzt 77 Jahre alt, habe aus Altersgründen seinen Rücktritt eingereicht, er solle sein Nachfolger werden. Beim nächsten Konsistorium würde ihm der Kardinalshut verliehen. Der Nuntius war bedrückt; er hätte viel lieber eine Diözese erhalten und sich der Seelsorge gewidmet.

Doch jetzt galt es, Abschied zu nehmen.

> „Meine deutsche Mission ist zu Ende. Eine größere, umfassendere am geistigen und übernatürlichen Brennpunkt der universalen Kirche hebt an. Ich kehre zurück, wovon ich ausgegangen bin. Zu dem Grab des Felsenmannes unter der Kuppel Michelangelos, zu dem

> lebendigen Petrus im Vatikan. Nahe bei Petrus zu sein heißt nahe bei Christus zu sein ... Sie denken in diesem Augenblick vielleicht mehr an den Purpur, der meine Schultern unverdient schmücken soll. Vor meinem geistigen Auge steht mahnend und weckend der Gedanke, daß der Kreuzesdruck sich nicht mindern, sondern mehren wird ...",

erklärte er auf dem Abschiedsempfang, den Präsident Hindenburg am 9. Dezember 1929 für ihn gab. Es sollten prophetische Worte sein.

Am nächsten Abend schon reiste Pacelli ab. Den ganzen Tag über hatte er noch mit der Pflichtbesessenheit eines preußischen Beamten gearbeitet. Er merkte kaum, daß das Haus langsam von Menschen umlagert wurde. Bei Anbruch der Dämmerung ertönte Blasmusik. Ein offener Regierungswagen fuhr vor, um den Nuntius abzuholen, als in den Reihen der Schaulustigen Fackeln verteilt wurden. Tausende von ihnen brannten und ein tosender Beifall erscholl, als Pacelli im langen Mantel in der Tür erschien. Der Abschied, den ihm die katholischen Vereine Berlins bereitet hatten, hätte nicht eindrucksvoller sein können. Ihre Mitglieder säumten die Straßen, die zum Bahnhof führten, und bildeten mit ihren Fackeln ein loderndes Spalier. Fahnen wurden geschwenkt, Kirchenlieder gesungen, eine vor dem Bahnhof wartende Blaskapelle spielte die päpstliche Hymne. Seit der Kaiserzeit hatte die Hauptstadt kein solches Schauspiel mehr erlebt.

Auch für Pacelli war es ein schwerer Abschied. Er liebte das Land und seine Menschen, deren Mentalität der seinen so ähnlich war. Noch 1945, nach all den Schrecken, die Deutschland zwischenzeitlich über die Welt gebracht hatte, erklärte Pius XII., jetzt im damals üblichen päpstlichen Plural: „Über zwölf Jahre, die besten Unseres Lebens, haben Wir inmitten des deutschen Volkes zugebracht. So hatten Wir die Möglichkeit, die großen Eigenschaften dieses Volkes kennenzulernen." Auf seinem weiteren Lebenweg wurden die Gefährten aus dieser Zeit zu seinen engsten Vertrauten: Pater Leiber, Prälat Kaas, Schwester Pascalina. „Der Papst lebt auf einer deutschen Insel", stellte ein italienischer Vatikankorrespondent fest. Kein Papst des 20. Jahrhunderts war so eng mit diesem Land und seinen Menschen verbunden.

Um so größer war seine Sorge, als er seinen Posten verließ. „Wie gut hatte er schon damals Hitler durchschaut und immer wieder auf die furchtbare Gefahr aufmerksam gemacht, die dem deutschen Volk drohte. Man wollte ihm nicht glauben", schrieb Schwester Pascalina in ihren Erinnerungen,

> „Ich fragte den Nuntius einmal, ob dieser Mann (Hitler) nicht doch auch sein Gutes haben könnte. Da schüttelte Exzellenz den Kopf und sagte: ‚Ich müßte mich sehr, sehr täuschen, wenn dies hier ein gutes Ende nehmen sollte. Dieser Mann ist völlig von sich besessen, alles, was nicht ihm dient, verwirft er, was er sagt und schreibt, trägt den Stempel seiner Selbstsucht. Dieser Mensch geht über Leichen und tritt nieder, was ihm im Weg ist – ich kann nur nicht begreifen, daß selbst so viele von den Besten in Deutschland dies nicht sehen oder wenigstens aus dem, was er schreibt und sagt, eine Lehre ziehen. – Wer von all diesen hat überhaupt das haarsträubende Buch *Mein Kampf* gelesen?'"

1929 wurde zum Schicksalsjahr für die braune Bewegung. War die NSDAP bislang eine braune Splitterpartei, verhalfen ihr der *Schwarze Freitag*, der Börsen-Crash vom 25. Oktober 1929, und die darauffolgende Weltwirtschaftskrise schließlich zum Durchbruch. Schon bei den Landtagswahlen in Thüringen am 8. Dezember erhöhte sich der Stimmenanteil der Nazi-Partei von 4,6 % auf 11,3 %. Ein Jahr später, bei den Reichstagswahlen am 14. September 1930, schnellte sie sogar von 2,6 % auf 18,3 % hoch und wurde nach der SPD zur zweitstärksten politischen Kraft.

Für Hitler war die Zeit gekommen, die Fronten abzustecken. In München, der Stadt, in der seine Bewegung ihren Anfang genommen hatte, wurde jetzt mit Hilfe eines großzügigen Darlehens von Fritz Thyssen ein geräumiges Palais als neue Parteizentrale gekauft. Das *Braune Haus*, wie es fortan genannt wurde, lag auf der Brienner Straße, genau gegenüber der Nuntiatur, der einstigen Residenz Pacellis. „Braunes Haus und Nuntiatur liegen nebeneinander wie die zwei Schiffe im *Fliegenden Holländer*", erklärte Hitler seinem Parteigenossen und späteren Justizminister Dr. Hans Frank, „wir dienen den Lebenden zur Fahrt, die da drüben den Toten." Er verriet nicht, daß die Fahrt der „Toten" ins Leben, die seinige dagegen in den Tod führte …

VIII. Das Konkordat

In Rom hatte Hitlers Vorbild, der Faschistenführer Benito Mussolini (1883–1945), gerade seinen Frieden mit der Kirche gemacht. Der *Duce,* wie er von seinen Anhängern genannt wurde, war von anderem Kaliber als der *Führer;* kein Überzeugungstäter, der sich in eine wirre und brutale Ideologie verrannt hatte, sondern ein eiskalter Machtmensch. Seine Karriere hatte vor dem 1. Weltkrieg bei den Sozialisten begonnen, bevor er, weil er für den Kriegseintritt Italiens war, aus der Partei ausgeschlossen wurde. Gleich nach dem Krieg wechselte er das politische Lager und organisierte rechte Kampfgruppen, die sich anboten, Fabriken und Ländereien vor linken Revolutionären zu beschützen. Ihr Symbol waren die Rutenbündel *(fasces)* der altrömischen *Liktoren* (Amtsdiener), die Zeichen ihrer Exekutivgewalt, weshalb sie bald *Fascisti* genannt wurden. Mit ihnen gründete Mussolini im März 1919 seine Partei, auch wenn er sich noch nicht sicher war, was er mit ihr eigentlich bewirken wollte. Zunächst schockierte er mit einem antimonarchistischen, antikapitalistischen und antiklerikalen Programm, das er mit einem nationalistischen Unterton versah. Als er merkte, daß er damit beim Wähler nicht ankam, wechselte er auf einen bürgerlichen Kurs. Plötzlich propagierte er die Aussöhnung mit König, Kapital und Kirche und den Kampf gegen die Linke. In politisch instabilen Zeiten präsentierte er sich als Retter in der Not, der nur darauf warte, Italien den Frieden zu bringen. Als die Linke 1922 zum Generalstreik aufrief, sah er seine Stunde gekommen. Die Faschisten brachen nicht nur den Streik, sie besetzten nacheinander die norditalienischen Städte, um in ihnen „die Ordnung" wiederherzustellen. Als Mussolini zum *Marsch auf Rom* ansetzte, wollte Ministerpräsident Facta ihn mit Regierungstruppen empfangen. König Vittorio Emanuele III. pfiff ihn zurück und beauftragte stattdessen den *Duce* mit der Bildung einer neuen Regierung. Vier Jahre später waren alle oppositionellen Parteien verboten. Die Demokratie in Italien hatte aufgehört zu existieren, an ihre Stelle war der totalitäre Staat getreten, dessen Vorbild das antike Rom war.

Um das Herz der überwiegend katholischen Italiener zu gewinnen, ordnete Mussolini eine Neuregelung der Beziehungen zwischen Staat und Kirche an. Zunächst wurde eine Kommission einberufen, bis der

Papst intervenierte: keinem Staatsmann stünde es zu, ohne die Einwilligung und das Mitspracherecht des Nachfolgers Petri in kirchlichen Fragen zu entscheiden. Dann, während der Feiern zum 700. Todestag des hl. Franz von Assisi im September 1926, begegneten sich der faschistische Erziehungsminister Pietro Fedele und der päpstliche Kardinallegat und Ex-Kardinalstaatssekretär Merry del Val und kamen ins Gespräch, wie denn eine Aussöhnung zwischen Italien und dem Heiligen Stuhl aussehen könnte. Noch am selben Abend wurde Mussolini informiert. Als schließlich auch noch der Widerstand des kirchenfeindlichen Königs gebrochen war, konnten die Verhandlungen mit dem päpstlichen Staatssekretariat beginnen.

Ausgerechnet Eugenio Pacellis Bruder Francesco, der als päpstlicher Advokat in die Fußstapfen seines Vaters getreten war, wurde von Pius XI. beauftragt, bei der Ausarbeitung eines Vertrages die kirchlichen Interessen zu vertreten. Dreißig Monate lang feilten er und der italienische Rechtsgelehrte Domenico Barone an seinem Text, formulierten und verwarfen dabei rund 20 Versionen, dann hatten sie eine für beide Seiten akzeptable Regelung erzielt. Am 11. Februar 1929 stand Francesco Pacelli im großen Saal des Lateranpalastes zwischen Kardinalstaatssekretär Gasparri, dem Vertreter des Papstes, und Mussolini. Zuerst reichte er dem Kardinal, dann dem *Duce* den sechzehnseitigen *Trattato fra la Santa Sede e l'Italia,* der 27 Artikel umfaßte, zur Unterschrift. Einen Tag später wehten über ganz Rom die weißgelben Flaggen des neugegründeten Kirchenstaates einträchtig neben dem Grün-Weiß-Rot Italiens. 40000 Gläubige drängten sich zur Messe in den Petersdom, auf dem Petersplatz warteten die Massen bei strömenden Regen auf den Segen des Papstes, der zum ersten Mal seit 59 Jahren kein „Gefangener des Vatikans“ mehr war sondern der Souverän einer kleinen aber unabhängigen Macht, des *Stato della Cittá del Vaticano,* wörtlich: des Staates der Vatikanstadt. Mussolini aber würdigte das Ereignis auf seine ganz eigene Weise. Er ließ als Symbol für die Versöhnung eine neue Brücke über den Tiber bauen und ganze Häuserblöcke niederreißen, um den Vatikan durch eine breite Prachtstraße, die *Via della Conciliazione,* mit seiner Hauptstadt zu verbinden.

Die Lateranverträge, zu denen auch ein Konkordat zur Regelung der Stellung der Kirche in Italien und eine Entschädigung gegenüber dem Heiligen Stuhl für die Eigentumsverluste aus dem Jahr 1870 gehörten, führten tatsächlich international zu einem Prestigegewinn für Mussolini. Doch der eigentliche Gewinner war der Papst. Hatte sich der italienische Faschismus zuvor als neuheidnische Politreligion verstanden, wurde durch das Konkordat der Katholizismus zur Staatsreligion und katholische Religionslehre zum Pflichtfach an den Schulen. Die Kirche war endlich in ihrer Unabhängigkeit durch das Völkerrecht geschützt, auch vor einem eventuellen Kurswechsel des Regimes. „Wenn es darum ginge, einige Seelen zu retten oder größere Übel zu verhindern, würden Wir auch den Mut haben, mit dem Teufel in Person zu verhandeln", erklärte Pius XI. am 12. März 1929 vor Theologiestudenten. Bereits zwei Jahre später kam es zum ersten großen Streit zwischen der Kurie und den Faschisten, als Mussolini die Laienbewegung *Azione Cattolica* (Katholische Aktion) aufzulösen versuchte. Der faschistische Anspruch auf eine Totalität des Staates, die auch das geistliche Leben umfassen wollte, sei „ein Absurdum", erklärte Pius XI.; eine „Ungeheuerlichkeit" aber sei es, wenn dieser noch in die Praxis umgesetzt werden sollte. Die Reaktion der Faschisten ließ nicht lange auf sich warten. Kampfgruppen der Partei stürmten das Sant' Appolinare-Seminar und die päpstliche Basilika S. Lorenzo vor den Mauern Roms, skandierten „Tod dem Papst". Pius XI. drohte mit dem Abbruch der diplomatischen Beziehungen zum italienischen Staat. Gasparri, obwohl schon im Ruhestand, versuchte als Mitunterzeichner der Lateranverträge zu vermitteln; einen möglicherweise längerfristigen „Kulturkampf" mit der Mussoliniregierung hielt er für unverantwortlich und gefährlich. Es kostete Pius XI. einige Mühe, ihn wieder „auf Kurs" zu bringen. Trotzdem endete der Streit nach einem halben Jahr mit einem Rückzieher der Kirche, die sich verpflichten mußte, ihren Vereinen nur noch religiöse Aktivitäten zu erlauben.

Nach der Unterzeichnung des Konkordats wußte der Papst, daß er für seine neue Rolle als Staatsoberhaupt einen neuen, unverbrauchten Kardinalstaatssekretär brauchte, und Gasparri, dem das Ringen um die Lateranverträge einiges abverlangt hatte, stimmte eher notgedrungen zu. Eugenio Pacellis Stunde war damit gekommen. Am 19. Dezember 1929 empfing er in einer feierlichen Zeremonie aus den Händen des Papstes den Kardinalshut, dann den Ring als Symbol der Treue. Ein Wort des hl. Augustinus hatte er sich zum Motto gewählt:

„Mein Licht sei die Wahrheit, meine Königin die Liebe, mein Endziel die Ewigkeit." Am 7. Februar 1930 wurde ihm eine handschriftliche Urkunde des Papstes mit seiner Ernennung zum neuen Kardinalstaatssekretär überreicht.

Doch bevor er seinen neuen Posten antreten konnte, wurde er in ein häusliches Drama verwickelt. Gleich nach seiner Ankunft wohnte er zunächst im Haus seines Bruders Francesco, der schon früh seine Frau verloren hatte und seine vier Söhne alleine aufzog. Erst ein halbes Jahr nach seiner Ernennung zum Kardinalstaatssekretär konnte er eine geräumige Dienstwohnung im Vatikan, oberhalb der Loggien des Apostolischen Palastes, beziehen. Wie schon in Berlin, so hatte er auch diesmal Schwester Pascalina beauftragt, sich um die Einrichtung zu kümmern. Doch die Ankunft der Ordensfrau erregte den Unwillen von Pacellis Schwester Elisabetta, die – obwohl verheiratet und Mutter einer tauben Tochter – sich schon eine Zukunft als Haushälterin ihres Bruders ausgemalt hatte. Ihre Eifersucht auf Pascalina sollte ein Leben lang anhalten. Selbst als sie im Rahmen des Seligsprechungsprozesses für Pius XII. befragt wurde, behauptete sie noch, die bayerische Nonne hätte sich ihre Stellung erschlichen. Ohne Vorwarnung und ohne Einverständnis ihres Ordens sei sie plötzlich in Rom aufgetaucht und habe sich zunächst bei ihr, dann bei ihrem Bruder eingenistet, der es nie übers Herz gebracht hätte, diese „herrische" und „äußerst verschlagene" Person wieder nach Hause zu schicken. John Cornwell, stets auf der Suche nach Skandalösem und Anstößigem, widmet dem Skandälchen ganze drei Seiten. Erst der Pascalina-Biographin Martha Schad gelang die Rehabilitation der diffamierten Ordensfrau. Sie stieß im Mutterkloster Pascalinas in Menzingen auf die Korrespondenz Pacellis mit der Generaloberin. Darunter war ein Brief aus dem Jahre 1929, in dem der künftige Kardinal ausdrücklich darum bittet, Pascalina und zwei weitere Schwestern auch weiterhin für den Dienst bei ihm freizustellen und nach Rom reisen zu lassen.

Wieder einmal sollte sie sein Vertrauen nicht enttäuschen. Als die deutschen Bischöfe sie wegen eines Abschiedsgeschenkes für den scheidenden Nuntius konsultierten und an ein schönes Pektoralkreuz dachten, hatte sie eine bessere, praktischere Idee: mit der Einrichtung eines Arbeitszimmers würden sie ihm gewiß eine viel größere Freude bereiten. Und weil den Bischöfen die Idee von „leeren Schränken" doch nicht so behagte, lieferte sie gleich eine Wunschliste, welche Bücher in Pacellis Bibliothek noch fehlten. Auch die Einrichtungen für das Schlaf- und Ankleidezimmer, das Eßzimmer und die Küche kaufte Pascalina in Deutschland und ließ sie im Möbelwagen nach Rom transportieren. Noch heute stehen diese Beispiele echter deutscher Wertarbeit im Vatikan. Am meisten Freude aber bereiteten Pacelli seine neuen Bücher.

Doch das war auch die einzige gute Nachricht, die er dieser Tage aus Deutschland erhielt. Große Sorgen dagegen bereitete ihm der bedrohliche Stimmenzuwachs der NSDAP. So initiierte er eine Kampagne gegen die Nazis. Sie begann damit, daß der *Osservatore Romano,* das Sprachrohr des Heiligen Stuhls, am 11. Oktober 1930 in einem von Pacelli lancierten Leitartikel erklärte, die Mitgliedschaft in der NSDAP sei „mit dem katholischen Gewissen nicht vereinbar". Einen Monat später, am 19. November, bestätigte der Münchener Erzbischof Michael Kardinal von Faulhaber, mit dem Pacelli seit Nuntiaturtagen in engem Kontakt stand: „Der Nationalsozialismus ist eine Häresie (Irrlehre) und mit der christlichen Weltanschauung nicht in Einklang zu bringen." Etwa zeitgleich stellte sich der Vorsitzende der Deutschen Bischofskonferenz, der Breslauer Erzbischof Adolf Kardinal Bertram, gegen die „Rassen-Religion" und das „Wahngebilde einer nationalen Religionsgemeinschaft". Den katholischen Geistlichen wurde „streng verboten", auf welche Weise auch immer, bei der NS-Bewegung mitzuwirken. Nach einer Reihe von gleichlautenden Erklärungen und Anweisungen in diversen Bistümern und Ordinarien erließ die Fuldaer Bischofskonferenz im August 1932 einheitliche Richtlinien im Umgang mit dem Nationalsozialismus. Sie prangerte die „Irrlehren" im Parteiprogramm ebenso wie den „glaubensfeindlichen Charakter" von NS-Kundgebungen an und prophezeite „die dunkelsten Aussichten", sollte die NSDAP „die heißerstrebte Alleinherrschaft in Deutschland" erlangen. Die „Zugehörigkeit zu der Partei" wurde „für unerlaubt erklärt". Katholiken, die dem zuwiderhandelten, wurden fortan von den Sakramenten ausgeschlossen, also exkommuniziert. Katholizismus und Nationalsozialismus waren unvereinbar.

Ein Versuch Hermann Görings, den Vatikan vom Gegenteil zu überzeugen, schlug völlig fehl. Als der füllige Nazi im März 1931 eigens nach Rom reiste, um Pacelli zu sprechen, ließ dieser ihn im Vorzimmer des Staatssekretariats abwimmeln; er durfte lediglich im Büro von Unterstaatssekretär Pizzardo seine Beschwerden zu Protokoll geben.

Fünf Monate später reiste der deutsche Reichskanzler Heinrich Brüning, Katholik und Zentrumsmitglied, in Begleitung seines Außenministers Julius Curtius (DVP) nach Rom und traf auch Pacelli und den Papst. Die Audienz stand jedoch unter keinem guten Stern. Brüning, der offenbar mit seinem Amt überfordert war, beschwerte sich gleich zu Beginn beim Kardinalstaatssekretär über das zeitraubende Protokoll und die „endlosen Räume“ des Apostolischen Palastes, die er zu durchqueren hatte, was „nichts für schnellreisende Politiker“ sei, die „jede Stunde ausnutzen mußten“. In seinen Memoiren, die erst nach seinem Tod im Jahre 1970 erschienen, behauptet er, Pacelli habe ihm zu einer Zusammenarbeit mit den Nazis geraten, um ein Reichskonkordat zu erreichen. Als Brüning erwiderte, das würde „den *furor protestanticus* aufpeitschen und auf der anderen Seite auf völlige Verständnislosigkeit bei der Linken stoßen“, habe Pacelli einen regelrechten Wutanfall bekommen: Unter diesen Umständen würde er verlangen, daß sein Freund Ludwig Kaas seinen Posten als Vorsitzender der Zentrumspartei aufgebe. Als Antwort habe Brüning an Mussolinis Verstöße gegen die Lateranverträge erinnert und davor gewarnt, daß auch von einem Hitler nichts besseres zu erwarten wäre.

Natürlich war diese Behauptung ein „gefundenes Fressen“ für einen John Cornwell, der Brüning ganze sechzehn Seiten seines Buches widmet. Allerdings sind Brünings Memoiren als historische Quelle äußerst umstritten. Zu offensichtlich bemüht sich darin der zu Lebzeiten als „Hungerkanzler“ und „Totengräber der Weimarer Republik“ verrufene Politiker um seine posthume Rehabilitation. Immer wieder stellt er sich als unverstandenes Politgenie dar, als potentiellen Retter Deutschlands, den nur politische Intrigen zu Fall brachten. Mit der Wirklichkeit freilich hat Brünings Selbstverklärung wenig gemein. So weiß selbst sein mitreisender Außenminister nichts von den angeblichen Ratschlägen Pacellis, und auch der deutsche Botschafter am Heiligen Stuhl, Diego von Bergen, bescheinigte dem Kardinalstaatssekretär, er sei „sichtlich bestrebt“, den „Anschein einer Ingerenz (Einmischung) in innenpolitische Angelegenheiten Deutschlands oder Parteinahme zu vermeiden." Vollends unglaubwürdig ist Brünings warnender Vergleich zwischen Hitler und Mussolini, denn schließlich war der Reichskanzler eigens nach Rom gekommen, um dem *Duce* seine Aufwartung zu machen. Zurück in Berlin schilderte er ihn als „Goethe zitierenden und unter der Verantwortungslast seufzenden Schöngeist". Und außerdem war es Brüning selbst, der von Oktober 1930 bis Februar 1931 und erneut im September 1931 eine Regierungsbeteiligung der NSDAP erwog und ausgiebige Verhandlungen mit Hitler führte. Doch auch das verschweigt er in seiner als *Memoiren* deklarierten Geschichtsklitterung.

Wie der Vatikan tatsächlich zu einer Zusammenarbeit des Zentrums mit den Nationalsozialisten stand, erfuhr der bayerische Gesandte von Ritter zu Groenesteyn, als er im Dezember 1931 von Pius XI. in Audienz empfangen wurde. Da die Nazis es versäumt hätten, sich mit den deutschen Bischöfen zu verständigen, seien sie „als Feinde der Kirche anzusehen". Daher sei eine Zusammenarbeit mit ihnen für das katholische Zentrum „sehr schwer, wenn nicht unmöglich", wenn es nicht gerade darum gehe, „ein noch größeres Übel zu verhindern". Wie sein Kardinalstaatssekretär über das Zentrum dachte, geht ganz klar aus einem Schreiben an Unterstaatssekretär Pizzardo hervor: „Bei allen seinen Gebrechen bleibt das Zentrum immer noch, soweit ich sehe, die einzige Partei, auf die man in kirchlichen Angelegenheiten mit Sicherheit zählen kann." Von einer angeblichen Abneigung gegen die Partei also keine Spur. Warum auch? Er hatte gerade in Baden mit Unterstützung des Zentrums sein drittes deutsches Konkordat geschlossen.

Wie erfolgreich die kirchliche Kampagne gegen die Nazis war, zeigte sich bei den Wahlergebnissen am 31. Juli 1932. Es war die erste Wahl, aus der die NSDAP mit 37,3 % als stärkste Partei hervorging. Doch in fast allen Bezirken des Reiches, in denen die Bevölkerung überwiegend katholisch war, blieben die Nazis bei unter 30 %, während sie in protestantischen Gebieten zum Teil über 50 % der Stimmen kassierten. Von den rund 21 Millionen Katholiken im Reich, einem Drittel der Gesamtbevölkerung, hatten nur 15 % Hitler gewählt.

Die Weimarer Republik war trotzdem längst dem Untergang geweiht. Brüning, der *Hungerkanzler,* war mit seiner rigorosen Sparpolitik ebenso gescheitert wie sein Amtsnachfolger Franz von Papen mit dem arbeitnehmerfeindlichen Reformprogramm seines *Kabinetts der Barone.* Auf den Straßen herrschte Chaos, weil sich Kommunisten und Nazis regelmäßig Schlägereien lieferten, während dem Staat der Bankrott und einem Millionenheer von Arbeitslosen die Kürzung der Sozialleistungen drohte.

Die Gefahr von Links war nicht zu unterschätzen. Mit 14,3 % bildeten die Kommunisten die drittstärkste Fraktion im Reichstag und auch auf der Straße war ihr Zulauf beachtlich. Nur zu gut erinnerten sich bürgerliche Kreise an die Räterepubliken der Nachkriegszeit und den Terror der Roten Garden.

Der Mann, der Hitler schließlich zur Macht verhalf, war der gescheiterte Reichskanzler Franz von Papen, der seit seinem Austritt aus dem Zentrum als Parteiloser agierte. Der Sohn eines westfälischen Gutsbesitzers läßt sich am besten mit den Worten Golo Manns charakterisieren: „Papen war elegant und couragiert, nicht schlecht, nicht böswillig im Grunde, aber leichtsinnig, eitel, intrigant und oberflächlich zum Gotterbarmen.“ Sein Katholizismus war ebenso aufgesetzt und unecht wie sein Bekenntnis zur Weimarer Demokratie, beide nur Mittel zum Zweck seiner geradezu maßlosen Geltungssucht. Schon früh hatte er sich Hindenburg zum Freund gemacht, den er schließlich zur Absetzung des ungeliebten „Parteifreundes“ Brüning bewegte, nur um selber das Amt des Reichskanzlers zu übernehmen. Als ihm das Zentrum, das ihn als Verräter brandmarkte, seine Unterstützung verweigerte, trat er aus der Partei aus und biederte sich bei den Nazis an. Doch sein Versuch, Hitler als Vizekanzler zu gewinnen, scheiterte und so konnte auch er keine Mehrheit hinter sich vereinen. Sein Nachfolger General von Schleicher, von Hindenburg mit der Bildung einer neuen Regierung beauftragt, wollte den Notstand ausrufen und KPD wie NSDAP verbieten lassen. Doch Papen überzeugte den Reichspräsidenten, daß auch ein Reichskanzler Hitler mit Hilfe der Reichswehr und der konservativen Mehrheit im Kabinett zu bändigen sei. Konfrontiert mit der Realität würde er seinen Nimbus als „Retter“ schnell verlieren. Schließlich gab der Weltkriegsgeneral, der den „böhmischen Gefreiten“ immer verachtet hatte, schweren Herzens nach. Adolf Hitler hatte damit am 30. Januar 1933 sein Ziel erreicht. Jetzt wartete er nur noch auf einen geeigneten Vorwand, um alle demokratischen Institutionen außer Kraft setzen zu können.

Ein solcher bot sich nur vier Wochen später, als der Reichstag brannte. Schnell griff die Polizei einen abgerissenen jungen Holländer namens Marinus van der Lubbe auf, der im Verhör gestand, das Feuer „aus Protest" gelegt zu haben. So sehr Hitler und seine Helfer sich in den nächsten Tagen auch bemühten, ihn als Teil einer kommunistischen Verschwörung darzustellen, sprach nichts dafür, daß er Hintermänner hatte; zumindest, was die Kommunisten betraf. Gut möglich, daß die Nazis ihn zuvor, vielleicht mit Hilfe eines geschulten Hypnotiseurs, einer Gehirnwäsche unterzogen hatten.

Mit dem Reichstagsbrand als Vorwand ließ Hitler noch in der Brandnacht über 5000 führende Oppositionelle, insbesondere Kommunisten, verhaften. Tags darauf setzte er in einer Notverordnung einen Teil der Weimarer Verfassung außer Kraft. Die ersten Konzentrationslager entstanden. Bei den letzten freien Reichstagswahlen am 5. März 1933, als die Nation noch unter dem Schock des „Terroraktes" von Berlin stand, schaffte es die NSDAP auf 43,9 %, womit die rechte Koalition eine regierungsfähige Mehrheit hatte.

Eugenio Pacelli war bestürzt, als er von Hitlers Ernennung zum Reichskanzler erfuhr. Diese Entscheidung, so erklärte er Pater Leiber, sei „verhängnisvoller ... als es ein Sieg der sozialistischen Linken gewesen wäre." Konrad von Preysing, mit ihm aus Nuntiaturtagen verbunden und jetzt Bischof von Eichstätt, stellte fest: „Wir sind in den Händen von Verbrechern und Narren."

Hitler dagegen gab sich in diesen Tagen alle Mühe, die Bedenken seiner Gegner zu zerstreuen. In seiner programmatischen Rede vor dem provisorisch in der Berliner Krolloper tagenden Reichstag am 23. März 1933 reichte er den Kirchen demonstrativ die Hand zur Versöhnung:

> „Indem die Regierung entschlossen ist, die politische und moralische Entgiftung unseres öffentlichen Lebens vorzunehmen, schafft und sichert sie die Voraussetzung für eine wirklich tiefe Einkehr religiösen Lebens ... Die nationale Regierung sieht in den beiden christlichen Konfessionen die wichtigsten Faktoren zur Erhaltung unseres Volkstums. Sie wird die zwischen ihnen und den Ländern abgeschlossenen Verträge respektieren. Ihre Rechte sollen nicht angetastet werden ... Die Sorge der Regierung gilt dem aufrichtigen Zusammenleben zwischen Kirche und Staat ... Die Rechte der Kir-

chen werden nicht geschmälert und ihre Stellung zum Staat nicht geändert".

Der Schalmeienklang verfolgte einen Zweck, denn am gleichen Tag wurde über Hitlers „Ermächtigungsgesetz" abgestimmt, das die Weimarer Verfassung aushebelte und ihm diktatorische Vollmachten verlieh. Dazu brauchte er eine Zweidrittelmehrheit und war auf die Stimmen der Zentrumspartei angewiesen. Um sich diese zu sichern, hatte er sich zuvor mit ihrem Vorsitzenden Dr. Kaas und zwei Zentrumsabgeordneten getroffen. Über den Inhalt ihrer Gespräche gibt es zwei Versionen. Die eine stammt von Ex-Reichskanzler Brüning und wurde von den Pius XII.-Gegnern begierig aufgegriffen. Danach erkaufte sich der „Führer" die Zustimmung des Zentrums, indem er Kaas ein Konkordat mit dem Vatikan versprach. Doch Brüning, ein erklärter Gegner von Kaas, war bei den Gesprächen nicht dabei. Tatsächlich gibt es weder in den Aufzeichnungen des Prälaten, seiner beiden Begleiter noch eines anderen Zentrumspolitikers den geringsten Hinweis darauf, daß zu diesem Zeitpunkt schon von einem Reichskonkordat die Rede war. Nach der anderen Version, die alle direkt Beteiligten stützten, beteuerte Hitler gegenüber Kaas lediglich seine Verfassungstreue; er könne doch „jederzeit abberufen" werden, würde er gegen den Willen des Reichspräsidenten handeln. In dem Irrglauben, daß ein Hitler seine Versprechen hält, eingeschüchtert von den Drohungen anderer Nazigrößen (Göring etwa wollte alle Zentrumsbeamten entlassen), gab Kaas auf der anschließenden Fraktionssitzung seiner Partei zu Protokoll: „Es gelte einerseits unsere Seele zu wahren, andererseits ergäben sich aus der Ablehnung des Ermächtigungsgesetzes unangenehme Folgen für die Fraktion und die Partei. Es bleibe nur übrig, uns gegen das Schlimmste zu sichern. Käme die Zweidrittelmehrheit nicht zustande, so werde die Durchsetzung der Pläne der Reichsregierung auf anderem Wege erfolgen." Von einem Konkordat war zu diesem Zeitpunkt also mit Sicherheit noch keine Rede.

Erst vier Jahre später behauptete die von Dr. Joseph Goebbels herausgegebene Zeitung *Der Angriff*, das Zentrum habe seine Zustimmung zum Ermächtigungsgesetz von Verhandlungen über ein Konkordat abhängig gemacht. Brüning, der protestantische Apologet Klaus Scholder und natürlich Cornwell übernahmen diese Version dankbar. Doch nach heutigem Forschungsstand ist sie nicht mehr haltbar. „Wer heute solche Behauptungen erhebt, macht sich leichtfertig zum Büttel von Nazipropaganda und will letztlich die päpstliche Kurie als Totengräber der ersten parlamentarischen Demokratie in Deutschland diffamieren", stellt der renommierte Historiker Michael Feldkamp kategorisch fest.

Auch die deutschen Bischöfe ließen sich von Hitlers Rede in der Krolloper blenden und hoben in einem gemeinsamen Hirtenbrief die automatische Exkommunikation für NSDAP-Mitglieder auf, nicht ohne weiterhin Kritik am Regime und seiner Ideologie zu üben. Schließlich mußten sie mit ihren Schäfchen Schritt halten, die – wie der neue Nuntius in Berlin, Erzbischof Cesare Orsenigo, am 22. März 1933 nach Rom meldete – „bis auf wenige Ausnahmen sich dem neuen Regime mit Enthusiasmus zugewandt hatten." Selbst Papst Pius XI. hielt dieser Tage Hitler zugute, zumindest öffentlich vor der Gefahr des Bolschewismus gewarnt zu haben. War er vielleicht doch nur ein zweiter Mussolini, mit dem man sich schon irgendwie arrangieren könnte? Viele dachten so in dieser Zeit, mit Ausnahme Pacellis, der ausdrücklich zu „Vorsicht und Zurückhaltung" riet. Er warf den deutschen Bischöfen vor, daß sie ihre Position geräumt hätten, ohne im Gegenzug Rechtssicherheit für die Kirche zu verlangen. Allerdings hätten auch sie nur die Katholiken in Gewissensnöte gebracht, wenn sie zum Widerstand gegen eine Regierung aufgerufen hätten, die verfassungsrechtlich legal an die Macht gekommen war. Hätte Hitler verhindert werden können? Ja, behauptet Hanspeter Oschwald in seiner Pius-Biographie, nämlich durch eine Zweckkoalition zwischen Zentrum und SPD, wie sie Brüning angestrebt hatte. Dabei vergißt der renommierte Journalist jedoch, daß Brüning nicht durch den Druck der Kirche, sondern die Intrigen von Papens gestürzt wurde, der, obwohl selber Katholik, mittlerweile die Interessen der protestantischen preußischen Junker vertrat. Ebenso scheiterte General von Schleichers Plan, durch einen Ausnahmezustand die Weimarer Demokratie zu retten, letztlich am Einfluß des mephistophelischen Barons auf Hindenburg.

Auch die Idee eines Reichskonkordats geht auf Hitlers Vizekanzler und Steigbügelhalter von Papen zurück: Genau wie Mussolini sich durch die Lateranverträge weltweit Ansehen verschaffte, könne Hitler durch ein Konkordat mit dem Heiligen Stuhl nur gewinnen.

Er wäre plötzlich international verhandlungsfähig, würde die katholischen Wähler beeindrucken und könne sich gleichzeitig des Zentrums entledigen, indem er auf eine strikte Trennung von Kirche und Politik bestand.

Am 7. April 1933 fuhr Ludwig Kaas mit dem Zug nach Rom. Nach der Abstimmung über das Ermächtigungsgesetz hatte er den Parteivorsitz niedergelegt. In einem nationalsozialistischen Deutschland wollte er nicht leben. Kardinal Pacelli bot ihm einen Posten im Vatikan an, in der Verwaltung des Petersdomes, dessen Erzpriester er gerade geworden war. Doch als er am nächsten Morgen im Speisewagen seines Zuges zufällig Vizekanzler von Papen traf, wurde er noch einmal von der Politik eingeholt. Die beiden Männer kamen ins Gespräch und Papen verriet den Grund für seine Reise: er wolle im Auftrag der Reichsregierung ein Konkordat mit dem Heiligen Stuhl aushandeln.

In der römischen Kurie gab es drei unterschiedliche Reaktionen auf das Angebot aus Berlin: Man solle „es grundsätzlich ablehnen", „positive Schutzbestimmungen für das geistige Gut des Katholizismus" schaffen oder „Verhandlungen schrittweise führen". Pacelli wählte den Mittelweg unter der Bedingung, daß im Reich alle Übergriffe auf Katholiken aufzuhören hatten. Zwar war er sich sicher, daß die Nazis „berufsmäßige Vertragsbrecher" sein würden und es unweigerlich zu Verstößen gegen das Konkordat kommen müsse. Doch mit jedem Verweis auf einen Vertragsbruch könne man Nazi-Deutschland zukünftig an den Pranger stellen, mit einer Kündigung dem Regime „einen noch viel stärkeren Schlag" verpassen als durch eine prinzipielle Verweigerung.

Nur knapp dreieinhalb Monate lang dauerten die Verhandlungen. Jetzt wurde Göring doch noch von Pius XI. empfangen und verabschiedete sich mit einem trotzigen Hitlergruß vom Papst. Der sah mit väterlicher Milde über den Fauxpas hinweg.

Diese dreieinhalb Monate ließen die Kirche erahnen, was sie ohne ein Konkordat zu erwarten hätte. In München wurde eine Großveranstaltung der Kolpingjugend von randalierenden Nazis gestört, einzelne Besuchergruppen von SA-Schlägern überfallen und verprügelt, ohne daß die Polizei einschritt. In Eichstätt kam es zur Besetzung eines katholischen Jugendheims, in Würzburg wurden die Residenz des regimekritischen Bischofs Ehrenfried von der SA gestürmt und 40 Geistliche in Schutzhaft genommen. In Königsbach zerrte man den Gemeindepfarrer aus seinem Pfarrhaus, um ihn auf der Straße brutal zusammenzuschlagen. Im ganzen Reich durchsuchten Polizeiorgane die Geschäftstellen der katholischen Verbände und Vereine.

Bei den Verhandlungen wies Pacelli „in einer scharfen Tirade" auf den NS-Terror hin, berichtete der bayerische Gesandte Ritter zu Groenesteyn. Bei einer Sitzung notierte der Jurist Rudolf Buttmann von der deutschen Delegation: „Hier bricht zunächst Pacelli in allgemeine Klagen über Verfolgung aus, belegt diese mit Briefen u. wird immer zorniger." Auch Pius XI. protestierte, es sei unerträglich, daß „hier verhandelt, dort mißhandelt" würde. Er verlangte von Papen eine Garantie, „daß damit endgültig Friede hergestellt und Übergriffe untergeordneter Stellen revidiert" würden. Sie wurde ihm zugesagt. Schließlich stimmten auch die deutschen Bischöfe dem Vertragsentwurf zu, der ihnen von Pacelli zur Beurteilung vorgelegt wurde. Man sei sich „darüber einig, daß das Konkordat je bälder desto lieber abgeschlossen werden müßte", weil sonst ein neuer Kulturkampf drohe, schrieb der Freiburger Erzbischof Konrad Gröber nach Rom. Auch den Gläubigen sei schwer zu vermitteln, weshalb der Heilige Stuhl ein Angebot zur friedlichen Regelung des Verhältnisses von Kirche und Staat ablehnen könnte.

Der Preis, den Hitler für die Sicherung kirchlicher Rechte forderte, war der Verzicht auf politische Aktivitäten des katholischen Klerus und eine drastische Reduzierung des bislang so reichen katholischen Vereinslebens. Nur „Organisationen und Verbände, die ausschließlich religiösen, rein kulturellen oder karitativen Zwecken" dienten, waren weiterhin erlaubt. Es hätte allerdings auch nicht viel genutzt, auf ihre Erhaltung zu bestehen. Die katholische Arbeiterbewegung war längst wie alle Arbeitervereine im Reich von der Deutschen Arbeitsfront absorbiert worden, die Zentrumspartei hatte sich am 5. Juli selbst aufgelöst, als sie vor der Alternative „Kooperation mit den Nazis" oder „gewaltsame Zerschlagung" stand. Wie Pater Leiber festhielt, war Pacelli darüber ziemlich ungehalten. Zwar wußte auch er, daß die Partei keine Überlebenschance mehr hatte, doch „die bloße Tatsache ihres Bestehens" war während der Verhandlungen immer noch ein Vorteil. Um so unsinniger ist der Vorwurf Cornwells, sich auf Brüning berufend, die Order zur Auflösung der Partei sei aus Rom gekommen. Niemand gibt einen Trumpf aus der Hand, bevor das Spiel beendet ist.

Zwei Wochen später, am 20. Juli 1933, unterzeichneten Pacelli für den Heiligen Stuhl und Papen für die Reichsregierung im Vatikan das Konkordat. Ein Foto der Zeremonie zeigt die Teilnehmer in verkrampfter Haltung und mit ernsten Gesichtern. Noch am selben Tag hob Hitler in einer Verordnung alle Zwangsmaßnahmen gegen katholische Organisationen und Geistliche auf. Doch als seine Propaganda das Konkordat als „Anerkennung des nationalsozialistischen Staates durch die katholische Kirche" feierte, versetzte Pacelli ihm einen Dämpfer. Der Heilige Stuhl verhandle nun einmal „mit den Staaten als solchen, um die Rechte und Freiheit der Kirche zu sichern" stand tags darauf im *Osservatore Romano.* Dabei nehme er „von jeder Bewertung anderer Natur Abstand". Mit anderen Worten: Wenn Verteidigungslinien abgesteckt werden, ist das ein Akt der Vorsicht, nicht der Freundschaft.

Nur vier Wochen nach der Unterzeichnung empfing Kardinal Pacelli den britischen Gesandten am Heiligen Stuhl, Ivone Kirkpatrick, zu einem vertraulichen Gespräch. Er müsse ihm mitteilen, „wie es dazu gekommen sei, daß er ein Konkordat mit solchen Leuten unterzeichnet habe", erklärte er dem Diplomaten. Wie dieser später seinem Außenminister mitteilte, machte der Mann, der später als „Hitlers Papst" diffamiert werden sollte, keinen Hehl aus „seiner Abscheu" für die Nazis und „die Taten der Regierung Hitlers". Insbesondere prangerte er „die Verfolgung der Juden, das Vorgehen gegen politische Gegner, die Herrschaft des Terrors, dem die gesamte Nation unterworfen ist" an. Doch er „habe keine Alternative gehabt", stellte er „entschuldigend" fest: Hitler habe ihm „die Pistole an den Kopf gesetzt" und nur die Wahl gelassen, „den Vorschlägen zuzustimmen oder buchstäblich die Auslöschung der katholischen Kirche im Reich zu riskieren ... Es ging um das geistliche Leben von 20 Millionen Katholiken in Deutschland, und das war sein wichtigster und in der Tat einziger Beweggrund."

Wie ein schmieriger Gangsterboß hatte Hitler ihm ein Angebot gemacht, das er nicht abschlagen konnte, ohne die deutschen Katholiken aufzugeben. Doch Pacelli wußte auch, daß er damit eine Waffe in der Hand hatte, mit der er den Diktator zwar nicht besiegen, zumindest aber zeitweise im Zaum halten konnte.

Das Konkordat, so stellt der Bonner Historiker Konrad Repgen fest, war die „vertragsrechtliche Form der Nichtanpassung der katholischen Kirche an das Dritte Reich“.

Zumindest als Druckmittel funktionierte es dann auch. Hätte der Heilige Stuhl normalerweise kein Recht gehabt, sich in die inneren Angelegenheiten eines souveränen Staates einzumischen, konnte er jetzt zumindest protestieren.

Gleich am 10. September 1933, als das Konkordat offiziell ratifiziert wurde, protestierte Pacelli in einer langen offiziellen Note. Er beklagte die „zahlreichen Übergriffe und Beschlagnahmungen von Gütern katholischer Vereinigungen“, die Diffamierung katholischer Organisationen und den Druck, der auf ihre Mitglieder ausgeübt wurde. Bis 1939 sollte er 55 solcher Protestnoten nach Berlin schikken, von denen nicht einmal die Hälfte beantwortet wurde. Dann war die Lage so unerträglich geworden, daß der Vatikan über Diego von Bergen ankündigen ließ, er fühle sich gezwungen, die Reichsregierung öffentlich anzuklagen.

Doch als ihn der französische Botschafter Francois Charles-Roux damals fragte, ob er nicht bereue, mit Hitler verhandelt zu haben, erwiderte Pacelli: „Keineswegs. Denn wenn wir dieses Konkordat nicht hätten, besäßen wir keine juristische Handhabe für unsere Proteste.“

IX. Der transatlantische Kardinal

Am 24. September 1934 herrschte in ganz Genua Festtagsstimmung. Alle Kirchenglocken läuteten, auf den Plätzen wehten weißgelbe und grünweißrote Flaggen, die Straßen waren von Zigtausenden Schaulustigen gesäumt und, am Hafen stand eine Blaskapelle, die schmetternde Marschmusik spielte. Doch nicht dem Papst galt diese Ehre, sondern seinem Kardinalstaatssekretär. Eugenio Pacelli war in die Geburtsstadt des Christoph Kolumbus gekommen, um selber in See zu stechen. Sein Ziel war die Neue Welt. Auf der *Conte Grande,* einem italienischen Luxusliner, brach er auf nach Argentinien, um im Auftrag Pius XI. am 31. *Eucharistischen Kongreß* teilzunehmen.

Das Schiff fuhr unter der Flagge des Papstes und wurde zu einer „schwimmenden Kathedrale". Von sechs Uhr bis zehn Uhr morgens wurden von den anwesenden Priestern heilige Messen zelebriert, um 18.30 Uhr traf man sich zur Abendandacht, bei Sonnenuntergang betete man gemeinsam den Rosenkranz. Doch es war auch eine Miniaturausgabe des vatikanischen Staatssekretariats: Kardinal Pacelli hatte in seinem geräumigen Arbeitszimmer eine eigene Handbibliothek und einen großen Schreibtisch, konnte per Telefon und Funk ständigen Kontakt nach Rom halten. In einer eigens zu diesem Zweck eingerichteten Privatkapelle zelebrierte er jeden Morgen allein die heilige Messe.

Als zwei Wochen später ein strahlender Sonnentag über Argentinien heranbrach, lief die *Conte Grande* in der Bucht von Buenos Aires ein. Dort wurde Pacelli von Staatspräsident General Pedro Justo mit allen Ehren begrüßt: „Der Stellvertreter des Papstes kommt heute zu uns, wie Jesus an die Pforten von Jerusalem. Aber Buenos Aires wird in ihm den Gottgesandten zu erkennen wissen." Seine anschließende Fahrt zur Kathedrale der Hauptstadt wurde zur Prozession. Die Argentinier begrüßten die Wagenkolonne des Kardinalstaatssekretärs mit stürmischem Applaus und einem Blütenregen. Als er schließlich die Kathedrale betrat, erklang, wie eine Prophezeiung aus himmlischer Höhe, der Papsthymnus *Tu es Petrus* (Du bist Petrus).

Am nächsten Morgen wurde der Kongreß feierlich eröffnet. Monsignore Kaas, der mittlerweile zum engsten Mitarbeiterstab Pacellis zählte, verlas das päpstliche Grußwort, dann, nach einer Ansprache des Erzbischofs von Buenos Aires, ergriff der Kardinalstaatssekretär in feinstem kastilischen Spanisch das Wort. Das Königtum Christi und der Frieden zwischen den Völkern waren sein Thema. Seine Rede kam an, die Menschen hatten Tränen in den Augen. Als er vier Tage später, am Sonntag, die Abschlußmesse zelebrierte, versammelte sich über eine Million Menschen im Palermo Park von Buenos Aires, einem der größten Parks der Welt. „Ich hatte niemals zuvor eine ganze Nation – Regierende und Regierte – in so demütiger Gläubigkeit vor Ihm niederknien sehen, der gesagt hat: ‚Ich bin ein König ... doch mein Königreich ist nicht von dieser Welt'", berichtete er später beeindruckt dem Papst.

Vor seiner Abreise äußerte Pacelli noch den Wunsch nach einem Rundflug über die Stadt. Zunächst lud man ihn in eine große, stabile Maschine ein, zusammen mit weltlichen Würdenträgern und Mitgliedern seiner Mission. Er ließ sich seine Enttäuschung deutlich anmerken, meinte: „Dieses Flugzeug ist ein Autobus". Erst als er am nächsten Tag in einer Militärmaschine, allein mit dem Piloten, in den Himmel aufsteigen konnte, war er zufrieden. Die Geschwindigkeit, die Einsamkeit und der Aufstieg in die Unendlichkeit des Himmels waren ganz nach seinem Geschmack.

Als ihn nachts ein Mitarbeiter weckte, weil eine eilige Nachricht aus Rom eingetroffen war, fand er Pacelli auf dem Fußboden schlafend. Nach dem triumphalen Empfang und den zahlreichen Ehrungen an diesen Tagen wollte er die Bodenhaftung nicht verlieren, sich, wie er erklärte, „seiner Nichtigkeit bewußt bleiben".

Mit einem Fackelzug geleiteten die Argentinier ihn schließlich zum Hafen, in dem unzählige beleuchtete Fahrzeuge ein Spalier bildeten. Minutenlang heulten die Sirenen aller Schiffe und aller Fabriken, als die *Conte Grande* wieder in See stach. Dann ließ man Schwärme von weißen Tauben in den Nachthimmel flattern, deren Flügel im Blau-Weiß Argentiniens und dem Gelb-Weiß des Vatikans bemalt waren. Kein weltlicher Herrscher war in Südamerika je so empfangen und so verabschiedet worden wie Kardinal Pacelli. Nur er selbst verstand den ganzen Wirbel um seine Person nicht. „Ich bin doch für den Herrn im

Tabernakel und zu seiner Verherrlichung hier!", hatte er seine Gastgeber getadelt.

Die Rückfahrt führte über Montevideo/Uruguay und Rio de Janeiro, wo er in portugiesischer Sprache über „Gerechtigkeit und Frieden" sprach und die Achtung der Menschenrechte anmahnte. Am nächsten Tag bestieg der Kardinalstaatssekretär den von Hunderttausenden Menschen gesäumten Weg hinauf zu der Christusstatue auf dem *Corcovado-Berg,* die mit ihren zum Segen ausgestreckten Armen die Stadt und das Volk beschützt. Mit derselben Geste, mit weitausgebreiteten und dann zusammengeführten Händen, segnete er die Pilger, nachdem er den herrlichen Ausblick auf eine der schönsten Buchten der Erde genießen konnte. Nach einem Festgottesdienst im St. Anna-Park verließ er, von Glockenklang und Blumenregen zum Hafen geleitet, auch dieses Land, um am 2. November wieder Genua zu erreichen.

Das sechswöchige südamerikanische Intermezzo ließ Kardinal Pacelli vielleicht für einige Augenblicke vergessen, wie bedrohlich die Situation in Europa war. Schon bald nach seiner Rückkehr aber mußte er sich wieder der Nation widmen, über die er dem Domkapitular Johannes Neuhäusler erklärt hatte: „Es ist wahr, Deutschland macht mir mehr Arbeit als die ganze übrige Welt zusammen." Zwischenzeitlich hatten die Nazis die Eingliederung der Katholischen Jugend in die Hitlerjugend verlangt. „Wir müßten ja einen Vogel haben, wenn wir unsere Jugendverbände auflösen sollten und die katholische Jugend einer von Rosenberg beeinflußten Organisation unterstellen wollten", erklärte der Kardinalstaatssekretär in ungewohnter Schärfe dem deutschen Unterhändler Rudolf Buttmann, der im Februar 1934 nach Rom gekommen war, um die noch offenen Punkte des Konkordats zu verhandeln.

Alfred Rosenberg war der Chefideologe der NSDAP, sein Buch *Der Mythus des 20. Jahrhunderts,* das 1930 erschien, galt als „Katechismus" der nationalsozialistischen Glaubenslehre. Die ganze Menschheitsgeschichte wird darin zum manichäischen Urkampf zwischen Licht und Finsternis, zwischen gottgleichen Ariern und teuflischen Juden, umgedeutet. Jesus sei wie Hitler ein arischer Revolutionär gewesen, der zum Kampf gegen das Judentum aufgerufen hätte, behauptete Rosenberg. Erst der Pharisäer Paulus habe daraus eine quasikommunistische Lehre gebastelt und zur „Erhebung der Minderwertigen“ aufgerufen, um das Römische Weltreich zu zerstören. Mitleid und Nächstenliebe, die christlichen Tugenden, seien mit dem Wesen des Ariers unvereinbar, der aus Ehre, Stolz und Mut das Notwendige tue und sich keiner Schuld bewußt sein brauche, weil er selbst ein Gottmensch sei. Kein Wunder, daß ein Aufschrei der Empörung durch die Reihen beider Konfessionen ging, als dieses unverblümt antichristliche Machwerk erschien. Selbst in Rom reagierte man sofort und setzte das „fanatische und gewalttätige Buch, das nur Haß säht“ *(L'Osservatore Romano)* auf den Index. Das war berechtigt, allerdings auch ziemlich unklug, führte es doch dazu, daß die Auflage in die Höhe schnellte. Bis Dezember 1936 waren über eine halbe Million Exemplare verkauft. Offiziell distanzierte Hitler sich von dem Buch und behauptete, es habe allein privaten, keinen parteiamtlichen Charakter. Trotzdem ernannte er Rosenberg im Januar 1934 zum *Reichsleiter der NSDAP* und bald darauf zum Leiter des *weltanschaulichen Schulungsamtes* der Partei. Als solcher war er auch für die ideologische Überwachung der Hitlerjugend zuständig, die zusehends antichristlicher agierte. Störungen von Meßfeiern und tätliche Angriffe auf praktizierende Katholiken waren an der Tagesordnung und an manche Kirche wurde geschmiert: „Christus krepiert, HJ marschiert“. Kein Wunder, daß Pacelli die christlichen Jugendlichen von der Indoktrination durch die Nazis fernhalten wollte.

Noch mehr zu leiden hatten nur die Juden. Schon am 1. April 1933 riefen die Nazis landesweit zu einem Boykott jüdischer Geschäfte auf, am selben Tag wurden sämtliche jüdischen Beamten aus dem Dienst entlassen. Gleich am nächsten Tag berichtete der Apostolische Nuntius in Berlin, Erzbischof Orsenigo, dem vatikanischen Staatssekretariat von den Vorfällen, die er als „Schandfleck auf den ersten Seiten der Geschichte, die der Nationalsozialismus schreibt“, verurteilte. Kardinal Pacelli erinnerte seinen Nachfolger daran, der Heilige Stuhl würde seine „universale Botschaft des Friedens und der Barmherzigkeit allen Menschen zuwenden ... welcher Religion sie auch angehören“, fragte an, ob „gegen die Gefahr antisemitischer Exzesse in Deutschland“ eine Intervention erfolgreich sein könnte und riet ihm, die deutschen Bischöfe zu Protesten zu ermutigen. Die aber fürchteten, dass dann „der Kampf gegen die Juden zugleich ein Kampf gegen die Katholiken werden würde", wie es Kardinal Faulhaber formulierte. Auch Nuntius Orsenigo warnte: ‚Der antisemitische Kampf hat seit gestern quasi regierungsamtlichen Charakter... Eine Intervention käme einem Protest gegen ein deutsches Staatsgesetz gleich', was entsprechende Konsequenzen mit sich bringen würde. Dann, ab Mitte April, glaubte man auch in Rom, ein Protest könne die Konkordatsverhandlungen gefährden und damit die Stellung der Kirche schwächen. So wurde selbst ein Brief der später von Papst Johannes Paul II. heiliggesprochenen, vom Judentum zum Katholizismus konvertierten Ordensfrau Dr. Edith Stein nur mit einem Formschreiben beantwortet. Sie hatte Anfang April 1933 Papst Pius XI. aufgefordert, die Ausschreitungen gegen die Juden offen zu verurteilen: „Wir alle, die wir treue Kinder der Kirche sind und die Verhältnisse in Deutschland mit offenen Augen betrachten, fürchten das Schlimmste für das Ansehen der Kirche, wenn das Schweigen noch länger anhält."

Es hielt nicht lange an. Am 11. Juni 1933 gaben die deutschen Bischöfe einen Hirtenbrief heraus, in dem sie, allerdings noch vorsichtig, auch den Antisemitismus verurteilten. Er sei eine Ungerechtigkeit, „die das christliche Gewissen belastet". So milde das auch formuliert war, es wurde durchaus verstanden. So titelte die Londoner *Times* am nächsten Tag: *Catholics and Nazis – Bishop's Letter: Racial Discrimination Condemned.* Zwei Freunde Pacellis wurden fortan zu Wortführern der christlichen Solidaritätsbeweise mit den Juden. Kardinal Faulhaber machte „Judentum, Christentum, Germanentum" zum Thema seiner Adventspredigten und wurde daraufhin von der NS-Propaganda als „Judenfreund" geächtet. „Hängt den Kardinal auf" und „nach Dachau mit ihm!", skandierte der braune Mob, einmal wurde seine Residenz sogar beschossen. Der neue Bischof von Münster, Clemens August Graf von Galen, kannte Pacelli aus seiner Berliner Zeit. Jetzt sprach er über „die heilsgeschichtlichen Aufgaben des israelitischen Volkes" und erklärte die „Nächstenliebe gegenüber allen Menschen" zur unbedingten Christenpflicht. Auch Pacelli selbst fand klare Worte. Die „Verabsolutierung des Rassegedankens" sei „ein Irrweg, dessen Unheilsfrüchte nicht auf sich warten lassen werden", mahnte der Kardinalstaatssekretär die Reichsregierung in einem Promemoria am 14. Mai 1934. Doch als er sich beim Reichsinnenministerium und beim Auswärtigen Amt für die Juden einsetzte, zeigte ihm die Reichsregierung ihre kalte Schulter; die „Judenfrage", so lautete ihre informelle Antwort, habe nichts mit konfessionellen Fragen zu tun, die Kirche solle sich da gefälligst raushalten. „Falsche Propheten mit dem Stolz Luzifers" nannte Pacelli die Nazis in einem Brief an den Erzbischof von Köln vom März 1935. Dann nutzte er ein Ereignis mit der größtmöglichen Öffentlichkeit für einen flammenden Appell.

Pius XI. hatte zum feierlichen Abschluß des *Heiligen Jahres der Erlösung der Welt* (1933/34) ein Gebets- und Opfertriduum angeordnet, das am 25. April 1935 in dem französischen Wallfahrtsort Lourdes beginnen sollte. Nachdem er sich in Argentinien so großartig bewährt hatte, bat der Papst auch diesmal seinen Kardinalstaatssekretär, ihn an der Grotte von Massabielle würdig zu vertreten. Schweren Herzens, weil sein Bruder Francesco unmittelbar zuvor verstorben war, reiste Pacelli ab. So sehr er auch trauerte, er mußte seine Pflicht erfüllen und darauf hoffen, im Heiligtum der Gottesmutter Trost zu finden.

Kaum hatte der Kardinal auf seiner Fahrt von Rom nach Lourdes über Ventimiglia und Nizza die französische Grenze überschritten, wurde er begrüßt wie ein zurückgekehrter Held. An jedem Bahnhof, den sein Zug passierte, standen die Gläubigen in dichtgedrängten Scharen, jubelten ihm zu und warteten darauf, daß er seinen Segen spendet. Als ihn Vertreter der französischen Regierung in Nizza begrüßten, schienen die Spannungen von einst lange vergessen. Paix!, Friede, war dann auch das erste Wort seiner Eröffnungsansprache in Lourdes, die mit dem Gebetsruf endete: *Dona nobis pacem* – „Gib uns Deinen Frieden!"

An den folgenden Tagen wurden vor der Grotte, in der einst die Gottesmutter dem Landmädchen Bernadette Subirous erschienen war, ohne Unterbrechung 150 heilige Messen gefeiert. Die letzte davon zelebrierte Kardinal Pacelli vor rund 350000 Pilgern am 28. April. Hier war es, wo er die Nazis erstmals öffentlich anklagte, sie als „Lehrmeister des Irrtums" bezeichnete, die „aus vergifteten Quellen trinken": „Es bedeutet nicht viel, daß sie sich in Massen um die Fahne der gesellschaftlichen Revolution scharen, daß sie von einer falschen Vorstellung von der Welt und vom Leben beseelt sind und daß sie vom Aberglauben der Rasse und des Blutes besessen sind. Ihre Philosophie ... beruht auf Grundsätzen, die denen des christlichen Glaubens diametral entgegengesetzt sind, und die Kirche wird niemals, um keinen Preis, mit ihnen Umgang pflegen." Dann rief er offen zum Widerstand auf. Die „Kirche der Katakomben, die Kirche der Märtyrer und der unerschütterlichen, heldenhaften Bischöfe" sei längst keine Vergangenheit, warnte er Hitlers Gefolgschaft, sondern „lebendige Wirklichkeit" und imstande, dem „Höllendrachen", dem „Wüten des Dämons" und der „Macht der Dunkelheit" mutig entgegenzutreten.

Nazis Warned at Lourdes titelte am nächsten Tag die *New York Times.* Man hatte auch diese Botschaft verstanden.

Die Nächte in Lourdes, so berichten seine Begleiter, hatte Pacelli fast ausschließlich im Gebet verbracht, wohl auch für seinen toten Bruder. Die vier Stunden, die er sich Schlaf gönnte, verbrachte er auf einer Couch; er weigerte sich, in einem Bett zu schlafen, um sich zu kasteien.

Als er aus Lourdes zurückgekehrt war, mußte er dem Papst jedes Detail seiner Reise berichten. „Ich glaube, daß der Heilige Vater mich nun nicht mehr fortgehen läßt", vertraute Pacelli danach Schwester Pascalina an, „Er war so froh, daß ich wieder hier bin."

Nur einmal mußte er Pius XI. heftig widersprechen. Nach dem Tod seines Bruders war der Posten des „Staatsrates der Vatikanstadt" *(Consigliere Generale della Cittá del Vaticano)* vakant, und der Papst plante, ihn mit dessen Sohn Carlo Pacelli zu besetzen. „Carlo ist zu jung für diese Position. Man wird sagen, er bekomme die Stelle nur, weil er mein Neffe ist" lautete der Einwand des Kardinalstaatssekretärs. „Aber der Papst macht die Ernennungen, nicht Kardinal Pacelli", erwiderte Pius XI. in freundlichem aber bestimmten Ton. Fortan verbot Pacelli seinen Neffen, solange er lebe, ehrenvolle oder einträgliche Stellen anzunehmen. Um jeden Preis wollte er den Eindruck des Nepotismus vermeiden, der den Ruf des Papsttums in der Vergangenheit so schwer belastete.

Die scherzhafte päpstliche „Verärgerung" über den Kardinalstaatssekretär hielt nicht lange an. Denn gewöhnlich waren der Ratti-Papst und Pacelli „ein Herz und eine Seele". Niemandem gelang es so gut, die Gedanken, Wünsche und Vorstellungen dieses Gelehrten auf dem Throne Petri mit solch großem Einfühlungsvermögen zu erfassen und umzusetzen wie dem Römer. Einmal, im September 1936, bat ihn der Papst kurzfristig, an seiner statt eine Rede vor dem *Interna-*

tionalen Journalistenkongreß zu halten, der um eine Audienz ersucht hatte. Als der Kardinal in seinem Beisein völlig frei in sieben verschiedenen Sprachen das Wort an die Pressevertreter richtete, hatte Pius XI. Tränen in den Augen. Bewegt dankte er seinem „wirklich lieben Kardinalstaatssekretär, der mir nie so sehr am Herzen lag wie in dieser Stunde" und bezeichnete die polyglotte Rede als „wahres Pfingstwunder". Als er Pacelli im selben Jahr auch noch zum *Camerlengo* ernannte, der in der Zeit der *Sedisvakanz,* nach seinem Tod und vor dem Konklave, alle Geschäfte des Heiligen Stuhls zu regeln hatte, wurde auch dieses Signal in der katholischen Kirche verstanden. Ein wenig später erklärte er Monsignore Domenico Tardini vom Staatssekretariat, der einmal selber von Papst Johannes XXIII. zum Kardinalstaatssekretär ernannt werden sollte: „Ich schicke ihn auf Reisen, damit die Welt ihn und er die Welt kennt." Dann fuhr er fort – „mit jenem Ton von Gewißheit und Feierlichkeit, den er annahm, wenn es sich um wichtige Dinge handelte", wie Tardini in seinem Buch über Pius XII. schrieb: „Das wird ein guter Papst." Es war die erste einer ganzen Reihe von Bemerkungen, mit denen der Ratti-Papst direkt und indirekt auf seinen Wunschkandidaten für die Nachfolge hinwies.

Im Herbst 1936 reiste Pacelli auf Einladung seines Freundes Bischof Francis Joseph Spellman in die USA. Spellman, der damals in Rom studierte und für das vatikanische Staatssekretariat arbeitete, hatte Pacelli 1927 in Berlin besucht und für einige Tage in der Nuntiatur gewohnt. Die beiden Männer verstanden sich auf Anhieb und unternahmen zusammen mit Schwester Pascalina eine Reise zum Mutterkloster der *Lehrschwestern vom Heiligen Kreuz* in Menzingen. Fünf Jahre später ließ Pacelli es sich nicht nehmen, Spellman persönlich im Petersdom zum Weihbischof von Boston/Massachusetts zu weihen. Der Amerikaner war gutmütig, herzlich und außerordentlich großzügig; die Aufzählung seiner Geschenke an Pacelli, aber auch an Schwester Pascalina und seine zahlreichen Spenden für ihre späteren karitativen Projekte würde Bände füllen.

Als der Luxusliner *Conte di Savoia* am Morgen des 8. Oktober 1936 die Wasser der Hudson-Bay durchschnitt, lüftete sich der graue Morgendunst und gab den Blick frei auf die Wolkenkratzer der Skyline von Manhattan, in deren gläsernen Fenstern sich das helle Licht der aufgehenden Sonne brach. Wie alle Schiffe, die aus Europa kamen, ankerte man im Schatten der Freiheitsstatue, als neben dem Begrüßungskomitee aus Bischöfen, Priestern und Parlamentariern auch die Vertreter der amerikanischen Presse an Bord gingen. Nachdem Pacelli geduldig das Blitzlichtgewitter ihrer Kameras ertragen hatte, bat er den mitgereisten päpstlichen Geheimkämmerer Enrico Galeazzi, den Reportern eine schriftliche Erklärung zu seiner Amerikareise auszuhändigen. Sein Besuch, so Pacelli, sei rein privater Natur, eine Erholungsreise und gleichzeitig die Erfüllung eines langgehegten Wunsches, Land und Leute kennenzulernen: „Ein großartiges Volk, das einen so hohen und edlen Sinn für Disziplin mit der Ausübung einer gerechten, gesetzmäßigen und wohlgeordneten Freiheit zu verbinden vermag." Natürlich glaubte niemand diesen schönen, unverbindlichen Worten, die nur noch mehr die Phantasie der journalistischen Auguren beflügelten. Wollte er in Amerika zu einem Kreuzzug gegen das Wüten des antiklerikalen Regimes in Mexiko aufrufen? Plante er, einen der amerikanischen Präsidentschaftskandidaten in seinem Wahlkampf zu unterstützen? Oder wollte er den katholischen Radioprediger Pater Coughlin zurechtweisen, der sich längst in eine Schmutzkampagne gegen Präsident Franklin D. Roosevelt verrannt hatte und auch vor antisemitischen Sprüchen nicht zurückschreckte.

Pacelli unterließ es, ihre Neugier zu befriedigen. Allerdings konnte es auch nur ihm eingefallen sein, das Mammutprogramm, das er in den nächsten vier Wochen zu absolvieren hatte, als „Erholungsreise" zu deklarieren. Über 25 000 Kilometer legte er in dieser Zeit zurück, mal mit dem Zug, oft mit dem Auto, aber meistens im Flugzeug. Er traf sich mit vier Kardinälen und 79 Bischöfen, sprach in Universitäten, von denen vier ihm den Ehrendoktortitel verliehen, besuchte Kirchen und Seminare, Klöster und Institute, Spitäler und Asyle, Farbigensiedlungen, Indianerreservate und das Landgut der Familie Kennedy. Die Presse nannte ihn nur *The Flying Cardinal,* den fliegenden Kardinal. In New York betete er in der St. Patricks-Kathedrale und fuhr auf die Besucherplattform des *Empire State Buildings,* in San Francisco segnete er die *Golden Gate Bridge,* an der kanadischen Grenze überflog er in einer Privatmaschine die Niagarafälle. Und überall sprach er zu den Menschen, hielt Reden, die er im Flugzeug mit seiner kleinen Reiseschreibmaschine eigenhändig getippt und danach auswendig gelernt hatte, natürlich in nahezu fehlerfreiem Englisch, das höchstens getrübt wurde durch seinen italienischen Akzent und die Benutzung britischer Worte, die in Amerika unüblich waren.

So kam es, daß er an der Universität Fordham vom Rektor die Erlaubnis erhielt, den Studenten einen freien Tag zu schenken. Mit liebenswürdigem Lächeln beendete er seine Vorlesung mit den Worten: „Ich gebe Euch jetzt einen Tag Urlaub!“ Das Wort, das er dafür benutzte, war *holiday*, doch er betonte es wie *holy day*, „kirchlicher Feiertag“. Zu seiner Verwunderung blieben die Studenten stumm, kein Beifall erhob sich. Pacelli merkte, daß er sich unklar ausgedrückt hatte. Leicht erschrocken hob er die Hand und korrigierte sich: *Free day* rief er, „freier Tag!“ Doch das klang in den Ohren wie *three days* – „drei Tage“ – kein Wunder, daß der Jubel den zerbrechlich schmalen Kardinal fast umwarf. So blieb ihm nichts anderes übrig, als den Rektor zu bitten, ihnen doch drei Tage freizugeben, damit er sein Gesicht nicht verliere. Der aber kommentierte später: „Das war ein großartiges Beispiel seines Sinns für Humor, der jeder Situation Herr wurde. Er hatte ein ganz herrliches Jungengesicht, platzte einfach heraus und strahlte über das ganze Gesicht.“ Doch nicht nur in Fordham, im ganzen Land flogen ihm die Herzen zu.

Erst als die Wahlen vorbei waren und Roosevelt in seinem Amt bestätigt wurde, stattete Pacelli in einem Sonderzug des Weißen Hauses der Hauptstadt einen Besuch ab. Der alte wie neue Präsident hatte ihn zu einem Bankett geladen und sich einen Tag Zeit genommen, um mit dem Kardinalstaatssekretär die Weltlage zu besprechen.

Als die beiden Männer endlich im *Oval Office* alleine waren, kam der Römer auf das Hauptanliegen seiner Reise zu sprechen. Es ging um Deutschland. Der Nationalsozialismus, so der Kardinal, sei keine nationale Angelegenheit, sondern eine ernsthafte Gefahr für den Weltfrieden. Es sei nur noch eine Frage der Zeit, bis Hitler wahrmachen würde, was er in seinem Buch *Mein Kampf* bereits angekündigt hatte: dem deutschen Volk neue Kolonien und „Lebensraum im Osten“ zu sichern. Der Präsident war ebenso überrascht wie verunsichert. Ob er während seines USA-Aufenthaltes nicht mitbekommen habe, wie sehr die Amerikaner Deutschland bewunderten, fragte er den Kardinal. Doch Pacelli blieb bei seiner Meinung. Roosevelts Einwand, zumindest würde Hitler den Vormarsch des Kommunismus aufhalten, ließ er nicht gelten. Früher oder später – und hier erwies er sich als Prophet – würden sich Deutschland und Rußland verbünden, um den Kontinent unter sich aufzuteilen. Nur Amerika sei dann stark genug, sie zu stoppen. „Der Kardinalstaatssekretär versuchte an einer internationalen Koalition gegen den Nationalsozialismus zu arbeiten", faßte der renommierte Münchener Historiker Thomas Brechenmacher das geheime Ziel von Pacellis Amerikareise zusammen.

Der Mann aus Rom muß bei Roosevelt einen starken Eindruck hinterlassen haben. Bestanden bis dahin keine diplomatischen Beziehungen zwischen den USA und dem Heiligen Stuhl, so schickte er bald darauf seinen persönlichen Gesandten nach Rom. Der freche, antisemitische Rundfunkprediger Coughlin aber gab öffentlich seinen Rückzug bekannt. Sowohl er wie der Kardinal dementierten offiziell, daß ein Zusammenhang mit dessen Amerikareise bestand. Erst Jahre später gab Coughlin zu, daß er von ihm aufgefordert worden war zu schweigen.

Als Pacelli am Morgen des 7. November 1936 im Hafen von New York wieder an Bord der *Conte die Savoia* ging, sagte seine Botschaft an die Presse mehr als bei seiner Ankunft, zumindest für jene, die zwischen den Zeilen lesen konnten: „Möge die Macht der Vereinigten Staaten stets der Förderung des Friedens dienen." Eine Woche später begrüßte ihn Pius XI. wieder in Rom mit einem handsignierten Foto, gewidmet „meinem liebsten Kardinal, dem transatlantischen, panamerikanischen Eugenio Pacelli".

X. Mit brennender Sorge

Am 17. Januar 1937 trafen sich fünf deutsche Bischöfe in den Räumen des vatikanischen Staatssekretariats zu einer geheimen Konferenz, die Kardinalstaatssekretär Pacelli einberufen hatte. Gekommen waren die Kardinäle Adolf Bertram aus Breslau, Michael von Faulhaber aus München und Karl Joseph Schulte aus Köln sowie die beiden Bischöfe Konrad von Preysing, mittlerweile Berlin, und Clemens August Graf von Galen aus Münster. Das Thema, das im Raume stand, war die Lage der Kirche in Deutschland, die zwischenzeitlich unerträglich geworden war, und die Zwickmühle, in der man sich befand.

Die Nationalsozialisten hatten am 15. September 1935 das *Gesetz zum Schutze des deutschen Blutes und der deutschen Ehre* erlassen, das als *Nürnberger Rassengesetze* in die Geschichte eingehen sollte. Bisher hatte die Kirche dazu geschwiegen, um nicht das Konkordat zu gefährden, das dem deutschen Klerus jede politische Aktivität untersagte. Im Vatikan arbeitete man aber daran, angemessen zu reagieren. Schon am 21. März 1934 hatte Pius XI. das *Heilige Offizium,* die heutige Glaubenslehrekongregation, damit beauftragt, eine öffentliche Verurteilung der NS-Ideologie vorzubereiten. Zu diesem Zweck mußten die Grundthesen Hitlers, wie er sie in *Mein Kampf* formulierte, sprich: „die irrigen Grundsätze, die die Basis bilden für … Nationalsozialismus, Rassismus und totalitären Staat“ definiert und der katholischen Lehre gegenübergestellt werden. Der Plan war, für eine künftige Enzyklika des Papstes einen *Syllabus der Irrtümer* zu erstellen, ähnlich dem berühmten *Syllabus* von Papst Pius IX. Dadurch würde die NS-Ideologie als Häresie, als religiöse Irrlehre, entlarvt werden. Das Unterfangen erwies sich als eher diffizil, denn zunächst mußte Hitlers verworrene und subjektive Sprache in präzises Kirchenlatein übersetzt werden. Doch nach mehr als einjähriger Arbeit legten die Mitarbeiter des Heiligen Offiziums am 1. Mai 1935 ihre „Thesenliste“ vor, die nicht weniger als 47 zu verurteilende Punkte umfaßte. Der Nationalsozialismus, so erklärten sie, sei eine politische Religion, die den Staat zum Gott erhob, und damit eine Form des Neuheidentums. Auch dem Rassismus der Nazis wurde ein geradezu pseudoreligiöser Charakter bescheinigt. Mit dem Christentum, so stellten sie fest, war diese „Rassenreligion“ unvereinbar. Schon der hl. Paulus hatte schließlich gelehrt: „Durch den einen Geist wurden wir in der Taufe alle in einen einzigen Leib aufgenommen, Juden und Griechen ...“ (1 Kor 12,13) Als geradezu teuflisch erschien Hitlers Programm zur „Reinhaltung“ der Rasse. Es forderte nicht nur die Auflösung gemischtrassischer Ehen und damit die Aufhebung eines für Christen unantastbaren Sakramentes, sondern befürwortete auch Sterilisation, Abtreibung und Euthanasie: „All dies widerspricht, wie die Päpste erklärt haben, natürlichem wie göttlichem Gesetz“, warnten die Theologen. Dem Leben würde seine Heiligkeit abgesprochen, der Mensch seiner Würde, Bedeutung und Transzendenz beraubt, reduziert zum „bloßen Instrument ihrer rassistischen Herrschaftsziele“. Damit war der Nationalsozialismus um keinen Deut besser als der Kommunismus. Beide, so stellte Monsignore Domenico Tardini fest, den Pius XI. zu seinem neuen „Außenminister“ ernannt hatte, „bedrohen die europäische und die christliche Kultur. Beide sind materialistisch, antireligiös, totalitär, grausam und militaristisch“.

Diese Gleichsetzung ist bemerkenswert, da sie zu einem Zeitpunkt stattfand, als der Bolschewismus gerade seine häßlichste Fratze zeigte.

Auf den Sieg der rechtsextremen Falangisten bei den Parlamentswahlen 1933 hatte die spanische Linke mit einem Generalstreik und einem Bergarbeiteraufstand in Asturien geantwortet, bei dem die rote Flagge der Sowjetunion gehißt wurde. Als unter dem innenpolitischen Druck 1936 das Parlament aufgelöst und Neuwahlen durchgeführt wurden, ging die linke Volksfront aus ihnen als knapper Sieger hervor. Das Land war in zwei Lager gespalten, es kam zu Unruhen, Kämpfen, Aufständen und Übergriffen. Die Kirche war das erste Ziel der Kommunisten. Über 160 Kirchen und Klöster brannten, Priester und Ordensleute wurden wie Tiere auf den Straßen gejagt. In Madrid lynchte der Mob fünf Nonnen, während Demonstranten mit roten Fahnen „Viva Rusia!“ brüllten. Stalins *Kommunistische Internationale* (Komintern) beschloß, die Linke in Spanien mit Waffen und immensen Geldbeträgen zu unterstützen. Strategische und politische Berater wurden nach Madrid entsandt. Die spanische Revolution sollte nach dem Vorbild der russischen Oktoberrevolution durchgeführt werden, ebenso blutig und effektiv. In den folgenden Monaten wurden zehn spanische Bischöfe, an die 5000 Priester und zahllose Ordensleute ermordet. Über 300000 Menschen richtete man aufgrund ihrer politischen und religiösen Überzeugung hin. Erst der Sieg der Falangisten unter *Generalissimo* Francisco Franco beendete die blutigste Christenverfolgung in der Geschichte Westeuropas. Dabei hatte auch Hitler zur Unterstützung Francos eine Kampfgruppe und ein Geschwader der Luftwaffe entsandt. Der streng katholische Generalissimo bedankte sich für die Hilfe – und kehrte den Nazis fortan den Rücken zu. Im Zweiten Weltkrieg blieb Spanien neutral, was für Hitler unverzeihlich war; nicht zu Unrecht machte er die Kirche dafür verantwortlich.

In Deutschland aber versuchte er, die Zustände in Spanien propagandistisch zu nutzen, um der Kirche zu zeigen, was ihr ohne ihn blühte. Sogar bei einigen Bischöfen hatte er mit dieser Taktik Erfolg. In Hitlers Reich, so glaubten sie, konnte die Kirche, geschützt durch das Konkordat, zumindest überleben und ihre geistlichen Aufgaben erfüllen. Vor diesem Hintergrund, und nur so, ist das Schweigen zu den *Nürnberger Rassengesetzen* zu verstehen. Denn wieder ließ Hitler der Kirche keine Wahl. Was er ihr anbot, war eine Allianz gegen den Bolschewismus unter der Bedingung, daß sie ihren Kampf gegen die Rassengesetzgebung einstellte. Sollte sie dazu nicht bereit sein, würden alle Angehörigen des Klerus als Staatsfeinde behandelt werden. Oder, wie es Dr. Goebbels in seinen Tagebüchern protokollierte: „Entweder mit uns gegen Bolschewismus oder Kampf gegen die Kirche … Kirchen müssen entweder scharf an unsere Seite treten, oder sie sind zum Untergang reif."

Wie ernst es mit dieser Drohung war, zeigten die damals gerade angelaufenen Prozesse gegen Priester und Ordensleute wegen angeblicher Devisen- und Sittlichkeitsvergehen. Sie sollten, wie es einer seiner Protokollführer formulierte, zu „Hitlers Geheimwaffe gegen den Vatikan" werden. Bereits im März 1935 kam es zu spektakulären Verhaftungen von einfachen Nonnen und Priestern, aber auch von Generaloberinnen und Bischöfen, die ohne offizielle Genehmigung Spendengelder ihrer Bestimmung zugeführt und ausländische Kredite zurückbezahlt hatten. Aus der Naivität mancher Kleriker im Umgang mit Geld wurde ein Verbrechen konstruiert. Selbst Pacellis Nachfolger in München, Erzbischof Vassallo di Torregrossa, war betroffen. Nach einer rechtswidrigen Durchsuchung der Nuntiatur durch die Gestapo wurde der Vertreter des Papstes angeklagt, er habe 100000 Reichsmark außer Landes gebracht. Die Nuntiatur wurde geschlossen. Schließlich kam es in 60 Strafverfahren zu mehreren Verurteilungen, was von der Nazipropaganda genüßlich ausgeschlachtet wurde.

Im Mai 1936 wurde die Kirche mit einer zweiten Prozeßwelle überflutet. Diesmal ging es um angebliche Sittlichkeitsvergehen von Geistlichen. Bei den Durchsuchungen zu den Devisenvergehen, so hieß es, sei man in 6000 Fällen auf belastendes Material gestoßen. Hitler ließ die Prozesse zunächst einstellen, um sie als Trumpfkarte im richtigen Augenblick aus dem Ärmel ziehen zu können. Waren die Beschuldigungen auch in nahezu allen Fällen aus der Luft gegriffen, hängen blieb immer etwas.

Noch einmal ließen sich die deutschen Bischöfe blenden. In ihrem Weihnachtshirtenbrief feuerten sie eine heftige Breitseite gegen die „Heere Moskaus“ unter der „Roten Fahne“ ab. Doch sie erinnerten im gleichen Atemzug an die im Konkordat zugesicherten Rechte der Katholiken. Auch das ging den Nazis zu weit – die Verlesung des Hirtenbriefes wurde verboten.

Pacelli sah jetzt den Zeitpunkt gekommen, öffentlich zu protestieren. „Er ist grundsätzlich gegen jeden Kompromiß mit dem Nationalsozialismus“, schrieb damals der US-Konsul Alfred Klieforth in einem Bericht: „Er betrachtet Hitler nicht nur als nicht vertrauenswürdigen Halunken, sondern auch als grundsätzlich böse Person.“ Auch Joseph P. Kennedy, den er auf seiner USA-Reise besucht hatte und der jetzt US-Botschafter in Großbritannien war, erklärte er, ein politischer Kompromiß mit den Nazis stünde „außer Frage“. Auf Anregung des Kardinalstaatssekretärs trafen sich die Bischöfe Anfang Januar in Fulda, um eine Liste mit 17 Verstößen gegen das Konkordat aufzustellen. Mit ihr reisten die drei deutschen Kardinäle nach Rom. Zudem hatte Pacelli seine alten Weggefährten Presying und Galen eingeladen, die als mutigste Stimmen gegen den Nationalsozialismus in Erscheinung getreten waren. Man machte sich keine Illusionen mehr: „Für die Kirche geht es zurzeit um Leben und Tod: man will direkt ihre Vernichtung“, heißt es im Protokoll der geheimen „Krisensitzung“ in Rom.

Pius XI. ging es schlecht in diesen Tagen. Er litt an Diabetes, war herzkrank, hatte Geschwüre an den Beinen. Trotzdem empfing er, „fast unerkennbar, blaß, ausgemergelt, sein Gesicht tief in Falten, seine Augen geschwollen und halb geschlossen“, am 17. Januar 1937 seine deutschen Bischöfe. Das Angebot, das Hitler den Bischöfen gemacht habe, sei indiskutabel, entschied der Papst. Es würde nur bedeuten, den Teufel mit Hilfe Beelzebubs auszutreiben: „Nationalsozialismus ist nach seinem Ziel und seiner Methode nichts anderes als der Bolschewismus. Ich würde das dem Herrn Hitler sagen.“ Stattdessen kündigte er an, eine Enzyklika zu veröffentlichen, die den Nationalsozialismus in allen seinen Thesen widerlege. Trotzdem würde darin jede Polemik vermieden und keiner der Angeklagten direkt benannt, um nicht zu riskieren, daß Hitler das Konkordat aufkündigte.

Die Aufgabe, den Text zu verfassen, fiel zunächst Kardinal Faulhaber zu. Doch der Entwurf, den dieser vier Tage später vorlegte, war Pacelli noch nicht scharf genug. Als die fertige Enzyklika schließlich dem Papst zur Unterschrift vorgelegt wurde, war der Stil Pacellis unverkennbar, zumal sie – als einzige Enzyklika der Kirchengeschichte – in deutscher Sprache abgefaßt worden war. Faulhabers Einführungsworte „Mit großer Sorge“ hatte Pacelli, der eine nuancierte Sprache liebte, in *Mit brennender Sorge* geändert. Unter diesem Namen ging die Enzyklika in die Geschichte ein. Noch heute gilt sie bei Historikern als „schärfstes Dokument, das (vom Heiligen Stuhl) je in seiner ganzen Geschichte gegen eine politische Macht gerichtet wurde“ (Gumpel).

In einer groß angelegten Geheimaktion bereiteten die deutschen Bischöfe ihre Verlesung und Verbreitung vor. Der Text war buchstäblich bei Nacht und Nebel nach Deutschland geschmuggelt, dann in zwölf verschiedenen kirchlichen Druckereien gedruckt worden. Von dort aus wurde das Dokument auf oft abenteuerliche Weise von jungen Burschen per Fahrrad in die Pfarrhäuser gebracht. Viele von ihnen wählten Wald- und Feldwege, um öffentliche Straßen zu vermeiden. Der Postweg war zu unsicher, denn die ganze Aktion wäre vereitelt worden, wenn auch nur ein Exemplar den Nazis in die Hände gefallen wäre. In einigen Kirchen übergaben die Boten den gedruckten Text dem Gemeindepfarrer im Beichtstuhl, der ihn dann im Tabernakel verwahrte. Der Plan ging auf. Am Palmsonntag, dem 21.

März 1937, wurde die päpstliche Enzyklika von fast allen deutschen Kanzeln verlesen. Ihr Text war eine einzige Anklage gegen Hitler.

Obwohl die Reichsregierung ihm das Konkordat angetragen habe, obwohl er es „trotz mancher schwerer Bedenken", nur aus „Sorge um die Freiheit der kirchlichen Heilsmission in Deutschland", unterzeichnet habe, hätten „andere" aufgrund ihrer „grundsätzlichen Feindschaft gegen Christus" dieses Friedensangebot mißbraucht, schrieb der Papst. Nachdem er gegen die „offene und verhüllte Gewalt" der Vertragsbrecher protestierte, stellte er die Unvereinbarkeit der Nazi-Ideologie, dieses „angriffslüsternen ... Neuheidentums", und des braunen Rassismus mit der Lehre der Kirche dar. Schließlich, ohne ihn beim Namen zu nennen, bezeichnete er Hitler als „Wahnpropheten", „auf den das Schriftwort seine Anwendung findet: ‚Der im Himmel wohnt, lachet ihrer!'". „Gott hat in souveräner Fassung seine Gebote gegeben", schließt der Text, „Sie gelten unabhängig von Zeit und Raum, von Land und Rasse. So wie Gottes Sonne über allen leuchtet ... so kennt auch sein Gesetz keine Vorrechte und keine Ausnahmen." Seit 1933 hatte niemand in Deutschland den Mut gehabt, mit solcher Klarheit und Kraft den Wahn des braunen Diktators zu entlarven und anzuprangern.

Um sich keine politische Einseitigkeit vorwerfen zu lassen, hatte der Papst nur zwei Tage zuvor in dem Rundschreiben *Divini redemptoris* den „atheistischen Kommunismus" als „satanische Geißel" gebrandmarkt.

Als Hitler von der Verlesung der Enzyklika erfuhr, kochte er vor Wut. Sofort befahl er, alle außerhalb der Kirchenräume kursierenden Exemplare des Dokumentes zu beschlagnahmen und jede weitere Verbreitung unter Strafe zu stellen. Alle zwölf Druckereien, in denen es produziert worden war, wurden entschädigungslos enteignet, die Verantwortlichen von der Gestapo verhaftet. Die Parteipresse sprach von einer „Beleidigung Deutschlands". Die Reichsregierung schickte eine offizielle Protestnote an den Vatikan und verbot Botschafter von Bergen, an den römischen Osterfeiern teilzunehmen. Dann, in seiner Ansprache zum 1. Mai 1937, antwortete der Diktator selbst mit einer unverhohlenen Drohung an die Kirchen: „Wenn sie versuchen, durch irgendwelche Maßnahmen, Schreiben, Enzykliken usw. sich Rechte anzumaßen, die nur dem Staat zukommen, werden wir sie zurückdrücken in die ihnen gebührende geistlich-seelsorgerische Tätigkeit. Es geht auch nicht an, von dieser Seite aus die Moral des Staates zu kritisieren, wenn man selbst mehr als genug Grund hätte, sich um die eigene Moral zu kümmern."

Hitler war jetzt bereit, die Büchse der Pandora zu öffnen. Auf einer Massenkundgebung in der Berliner Deutschlandhalle eröffnete Dr. Goebbels vier Wochen später die Hatz auf die Kirche, geiferte in geheuchelter Empörung von „himmelschreienden Skandalen", einer „allgemein sittlichen Korruption" und „pervertierten Jugendschändern", kurzum: einer „Sexualpest", die der NS-Staat als „der berufene Beschützer der deutschen Jugend mit eiserner Strenge gegen die Verderber und Vergifter unserer Volksseele ... mit Stumpf und Stil auszurotten" hätte. Mit anderen Worten: Die Prozesse wegen der angeblichen Sittlichkeitsvergehen von Priestern und Ordensleuten wurden wieder eröffnet. Doch während die Propaganda von 6000 oder gar 7000 Fällen sprach, kam es zu 58 Anklagen, die in 36 Fällen zu Freisprüchen führten. Die 22 Verurteilen aber hatten schon seit geraumer Zeit ihre Orden verlassen. Trotzdem war der Imageschaden für die Kirche immens.

Als die deutschen Bischöfe darauf mit einem gemeinsamen Hirtenwort antworten wollten, erfuhr der SD (Sicherheitsdienst) der SS von dem Plan. Sofort wurden alle an seiner Herstellung beteiligten kirchlichen Druckereien gestürmt und die Druckplatten beschlagnahmt, kirchliche Amtsblätter verboten, eine Vielzahl von bischöflichen Generalvikariaten durchsucht. Hitler drohte, „jeden Pfaffen, der sich hetzerisch betätigt, einsperren und erschießen zu lassen".

Hatte man in Rom noch geglaubt, mit einer Enzyklika etwas bewirken zu können, wurde man jetzt bitter enttäuscht. Das offene Wort des Papstes hatte die Lage der Kirche in Deutschland nur verschlechtert. Für die Zukunft war mit dem Schlimmsten zu rechnen.

Trotzdem ließ sich Pacelli nicht einschüchtern. Im Mai kam der Erzbischof von Chicago, Kardinal George William Mundelein, auf die Nazis zu sprechen. Er verstehe nicht, erklärte er vor 5000 Priestern seiner Diözese, wie es möglich sei, „daß eine Nation von 60 Millionen intelligenten Menschen sich in Angst und Ergebenheit einem Ausländer unterwirft, einem österreichischen Tapezierer und einem schlechten noch dazu." Natürlich wurde die Polemik von der gesamten amerikanischen Presse aufgegriffen.

Sechs Tage später erschien Botschafter von Bergen bei Pacelli mit einer Protestnote der Reichsregierung. Aufmerksam las der Kardinalstaatssekretär den Text, dann griff er nach einer Mappe, die auf seinem Schreibtisch lag. Aus ihr holte er einen Ausschnitt aus dem *Völkischen Beobachter,* eine Karikatur, die einen Bischof als Schweinehirten mit einer wohlgenährten Schweineherde zeigte. Mit diesem Anblick entließ er den jetzt doch recht verlegenen Botschafter. Einen Tag später traf die Antwort ein. Er sei es nicht gewohnt, sich über Reden zu äußern, von denen ihm nicht der Originaltext vorliege, schrieb der Kardinalstaatssekretär. Bevor dies also der Fall sei, wolle er jedoch wissen:

> „Was hat die deutsche Regierung unternommen und was gedenkt sie in Zukunft gegen die niedrigen Beleidigungen und Verleumdungen, gegen die schändlichen Gerüchte zu unternehmen, die sich täglich in deutschen Zeitungen und Zeitschriften, wie auch in den Reden prominenter Persönlichkeiten gegen die Kirche, ihre Einrichtungen, den Papst, die Kardinäle, Bischöfe und Priester wiederholen? Um Ew. Exzellenz die Aufgabe zu erleichtern, werde ich selbst den ersten Teil der Frage beantworten: die deutsche Regierung hat nichts dagegen unternommen. Im Gegenteil, sie trägt selbst die Verantwortung dafür."

Was ihr zukünftiges Verhalten betrifft, so erwarte er allerdings eine „klare, endgültige und befriedigende Antwort".

Als die Reichsregierung stattdessen eine Distanzierung des Heiligen Stuhls von Mundelein verlangte, berief der Papst eigens eine Sondersitzung der Kardinäle in seiner Sommerresidenz Castel Gandolfo ein. Doch Pacelli wollte unbedingt verhindern, daß die Kirche Schwäche zeigt. So ließ er schließlich dem deutschen Botschafter mitteilen, der Erzbischof von Chicago sei ein freier Bürger eines freien Landes, dessen Verfassung ihm garantiere, seinem eigenen Urteil zu den Ereignissen in Deutschland jederzeit Ausdruck zu verleihen.

Während Pius XI. überlegte, die Nuntiatur in Berlin zu schließen, riet ihm Pacelli davon ab. Man könne Hitler keinen größeren Dienst erweisen, als ihn von den Bindungen des Konkordats zu befreien. Auch an einer weiteren Eskalation, unter der nur die deutschen Katholiken zu leiden hätten, konnte der Kirche nicht gelegen sein. So wurden Pläne des Papstes, den Rassismus der Nazis erneut in einer zweiten Enzyklika zu verurteilen oder gar Hitler zu exkommunizieren, bald wieder auf Eis gelegt. Der Papst beließ es dabei, vor amerikanischen Pilgern „die Größe Ihres vortrefflichen Kardinal-Erzbischofs" zu preisen, der „so eifrig die Rechte Gottes und der Kirche" verteidige. Wie eine Distanzierung klang das nicht.

Bald machte sich Kardinal Pacelli wieder auf den Weg nach Frankreich. Als großer Verehrer der von ihm 1925 heiliggesprochenen Therese vom Kinde Jesu hatte ihn Pius XI. beauftragt, die neue Basilika einzuweihen, die ihr zu Ehren in Lisieux errichtet worden war. Doch anders als in Lourdes zwei Jahre zuvor war es diesmal mehr als eine Pilgerreise; es war ein Staatsbesuch. Obwohl sie fast ausschließlich aus Sozialisten und Freimaurern bestand, ließ die französische Regierung es sich dieses Mal nicht nehmen, den Vertreter des Papstes mit allen Ehren in Paris zu empfangen. „Der Kardinal erinnert an eine el-Greco-Gestalt", schrieb beeindruckt die Presse, als der asketisch schmale Pacelli mit würdigem Ernst in der gotischen Kathedrale von *Notre Dame* in ungewohnter Anwesenheit der Regierung das Pontifikalhochamt zelebrierte. Nach Jahrzehnten der Spannungen war es endlich wieder zu einer Annäherung zwischen Frankreich und dem Heiligen Stuhl gekommen.

Kardinal Pacelli als Freund der Juden und Kommunisten. Karikatur der SS-Zeitung „Das Schwarze Korps" vom 22.7.1937.

In seiner Predigt in geschliffenem Französisch mahnte er christliche Werte an und wies alle „falschen Propheten" zurück, „die die Welt in eine neue Zeit der Finsternis zurückgeführt haben, schlimmer noch als in der vorchristlichen Ära". Am nächsten Tag berichtete die Presse im ganzen Land, er habe auch „den Hitlerismus" angegriffen.

Der Zeitung *Humanité* zufolge ergänzte er seinen Predigttext mit einer Bemerkung zu „dieser edlen und mächtigen Nation, die von schlechten Hirten zu einer widersinnigen Vergötterung der Rasse verführt wurde". Entsprechend heftig war die Reaktion aus Deutschland. Die Nazipresse beschimpfte ihn als „Judenfreund" und „kommunistischen Kardinal". Eine Karikatur in der SS-Postille *Das Schwarze Korps* zeigt ihn beim Flirt mit einer vollschlanken Jüdin, die *Humanité,* in der Hand, in der „Giftküche der Volksfront": „Schön ist sie ja nicht, aber sie kann gut kochen" erklärt der namentlich gekennzeichnete Pacelli zu der Dame aus der „Kommune".

In Lisieux flehte er in einer bewegenden Ansprache die „kleine Therese" an, Seelen zu retten, wie sie es einst auf dem Sterbebett versprochen hatte. Dann, in einer historischen Radioschaltung – der ersten dieser Art – erklang die Stimme des Papstes, der gemeinsam mit seinem „geliebten Sohn und Kardinallegaten" und den 400000 versammelten Gläubigen für den Frieden in dieser „verwirrten und zerrütteten Welt" betete.

Das neue Jahr 1938 begann unheilverheißend mit einem Nordlicht, das in der Nacht des 25. Januar den ganzen Kontinent von Spitzbergen bis Sizilien in ein fahles, feuerrotes Licht hüllte. Es sah aus, als würden die Städte und Dörfer der alten Welt jetzt schon brennen. Sechs Wochen später, am 12. März, setzten sich deutsche Truppen an der Südostgrenze des Reiches in Marsch, um Österreich „heim ins Reich" zu holen. Als Hitler drei Tage danach im Wiener Hotel *Imperial* residierte, um sich von seinen alten und neuen Landsleuten feiern zu lassen, stattete der Erzbischof von Wien, Kardinal Theodor Innitzer, ihm einen Höflichkeitsbesuch ab. Weitere drei Tage später unterzeichnete der Kardinal zusammen mit den anderen österreichischen Bischöfen eine von Gauleiter Bürckel verfaßte „Feierliche Erklärung" zum Anschluß Österreichs. Nur Innitzer fügte seiner Unterschrift ein handschriftliches „Heil Hitler" hinzu. Sofort nutzten die Nazis das propagandistisch und ließen das Signum des bischöflichen „Überläufers" auf Plakate drucken.

Als der sonst so sanfte Pacelli von Innitzers „Hochverrat" erfuhr, kochte er vor Wut. Der französische Gesandte Charles-Roux, der gerade zu Besuch im Staatssekretariat weilte, mußte an diesem Tag ungewohnt bittere Worte aus dem Mund des Kardinalstaatssekretärs vernehmen. Innitzer wurde unverzüglich nach Rom bestellt. Doch der ließ sich Zeit, wohl ahnend, was ihn erwartete. Erst als der *Osservatore Romano* sich im Auftrag Pacellis ausdrücklich von den

Worten des Erzbischofs distanzierte, bequemte er sich in den Vatikan. Dort herrschte eine eisige Atmosphäre. Der Papst weigerte sich, ihn zu empfangen und schickte ihn zunächst zu Pacelli, der von ihm verlangte, eine Widerrufserklärung zu unterzeichnen. Als man ihn schließlich, nach endlosem Warten, doch noch zu Pius XI. ließ, ging ein pontifikales Sturmgewitter auf ihn nieder. Kleinlaut und offenbar geläutert kehrte Innitzer an die Donau zurück und tat alles, um dem Regime aus dem Weg zu gehen. Seine Hoffnung auf einen kirchenfreundlichen Kurs der Nazis war ohnehin zerplatzt. Das Konkordat mit Österreich wurde aufgekündigt, kirchliche Zeitungen und Vereine verboten. Als Innitzer im Oktober vor 9000 Jugendlichen erklärte: „Christus ist unser Führer!", erschienen Polizei und Gestapo, um die Versammlung aufzulösen. Einige der christlichen Aktivisten wurden verhaftet, manche von ihnen später hingerichtet. Kurz darauf stürmte ein HJ-Trupp das erzbischöfliche Palais, zertrümmerte Fenster, zerstörte Gemälde und warf Möbel auf die Straße. Erst als die Randalierer wieder verschwunden waren, tauchte irgendwann die Polizei auf. Innitzer hatte gelernt, daß ein wahrer Hirte sich nicht den Feinden des Glaubens anbiedert, sondern bereit sein muß, Verfolgung und Martyrium auf sich zu nehmen.

Anfang April informierte der französische Kurienkardinal Tisserant den Kardinalstaatssekretär über eine Gesetzesvorlage, die in diesen Tagen vom polnischen Parlament diskutiert wurde. Es ging um ein Verbot des rituellen Schächtens von Tieren, wie es von jüdischen Rabbinern vorgenommen wurde; Tierfreunde verurteilen es als Tierquälerei. Nicht ganz zu Unrecht vermutete Tisserant jedoch einen antisemitischen Hintergrund der Diskussion. Auch Pacelli erkannte sofort, daß die Juden durch das Verbot in ihrer Kultusfreiheit eingeschränkt würden. So wies er den Apostolischen Nuntius in Warschau, Erzbischof Filippo Cortesi, schriftlich an, sofort zu intervenieren. Schließlich sei „jeder Akt der antisemitischen Verfolgung und Gewalt" zu verurteilen. Doch ehe er eingreifen konnte, war das Gesetz schon vom Parlament wieder fallengelassen worden.

Am 13. April 1938 erging eine Instruktion des Papstes an die Rektoren der Seminare und katholischen Universitäten der Welt. Aus „Schmerz über die schwerwiegende Verfolgung ... die die katholische Kirche in Deutschland erleidet" hatte sich Pius XI. entschlossen, seinen *Syllabus* gegen die Irrtümer des Nationalsozialismus zu veröffentlichen. Gleichzeitig rief er die Wissenschaftler und Lehrkörper der genannten Institute auf, „all ihre Aufmerksamkeit und all ihre Bemühungen“ auf die Bekämpfung des braunen Rassismus auszurichten. Bei diesem handle es sich um „unverschämte Verleumdungen und sehr gefährliche Doktrinen, die als Wissenschaft verkauft und überall verbreitet werden, die aber den Verstand verderben und die wahre Religion entwurzeln.“

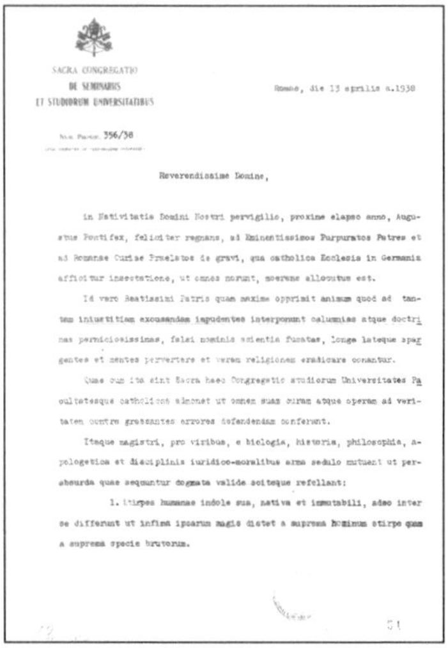

SACRA CONGREGATIO
DE SEMINARIIS
ET STUDIORUM UNIVERSITATIBUS

Roma, die 13 aprilis a.1938

Nr. Protoc. 356/38

Reverendissime Domine,

in Nativitatis Domini Nostri pervigilio, proxime elapso anno, Augustus Pontifex, feliciter regnans, ad Eminentissimos Purpuratos Patres et ad Romanae Curiae Praelatos de gravi, qua catholica Ecclesia in Germania afficitur insectatione, ut omnes norunt, moerens allocutus est.

Id vero Beatissimi Patris quam maxime opprimit animum quod ad tantam iniustitiam excusandam impudentes interponunt calumnias atque doctrinas perniciosissimas, falsi nominis scientia fucatas, longe lateque spargentes et mentes pervertere et veram religionem eradicare conantur.

Quae cum ita sint Sacra haec Congregatio studiorum Universitates Facultatesque catholicas admonet ut omnem suam curam atque operam ad veritatem contra grassantes errores defendendam conferant.

Itaque magistri, pro viribus, e biologia, historia, philosophia, apologetica et disciplinis iuridico-moralibus arma sedulo mutuent ut perabsurda quae sequuntur dogmata valide scite que refellant:

1. Stirpes humanae indole sua, nativa et immutabili, adeo inter se differunt ut infima ipsarum magis distet a suprema hominum stirpe quam a suprema specie brutorum.

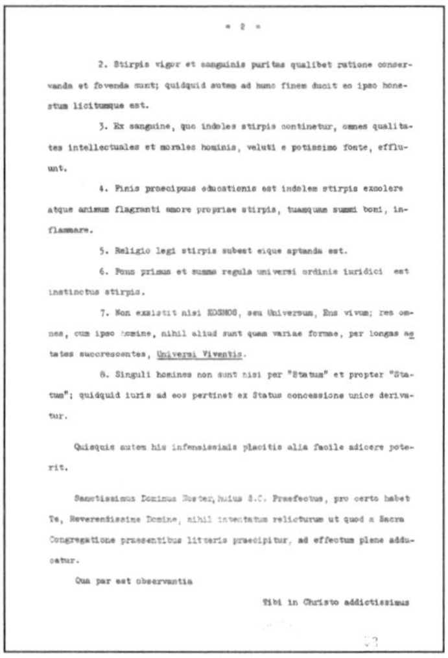

- 2 -

2. Stirpis vigor et sanguinis puritas qualibet ratione conservanda et fovenda sunt; quidquid autem ad hunc finem ducit eo ipso honestum licitumque est.

3. Ex sanguine, quo indoles stirpis continetur, omnes qualitates intellectuales et morales hominis, veluti e potissimo fonte, effluunt.

4. Finis praecipuus educationis est indolem stirpis excolere atque animum flagranti amore propriae stirpis, tuamquam summi boni, inflammare.

5. Religio legi stirpis subest eique aptanda est.

6. Fons primus et summa regula universi ordinis iuridici est instinctus stirpis.

7. Non exsistit nisi KOSMOS, seu Universum, Ens vivum; res omnes, cum ipso homine, nihil aliud sunt quam variae formae, per longas aetates succrescentes, Universi Viventis.

8. Singuli homines non sunt nisi per "Statum" et propter "Statum"; quidquid iuris ad eos pertinet ex Status concessione unice derivatur.

Quisquis autem his infensissimis placitis alia facile adicere poterit.

Sanctissimus Dominus Noster, huius S.C. Praefectus, pro certo habet Te, Reverendissime Domine, nihil intentatum relicturum ut quod a Sacra Congregatione praesentibus litteris praecipitur, ad effectum plene adducatur.

Qua par est observantia

Tibi in Christo addictissimus

Päpstliche Instruktion an die katholischen Universitäten und Seminare, mit allen Mitteln die „gefährliche Doktrin“ der nationalsozialistischen „Rassenlehre“ zu bekämpfen, vom 13.4.1938.

Das Schreiben fährt fort, acht dieser „absurden Dogmen“ und „furchtbaren Theorien“, die es zu widerlegen gelte, aufzulisten, darunter jene, daß „die Kraft der Rasse und die Reinheit des Blutes um jeden Preis geschützt und erhalten werden müssen“, daß „aus dem Blut, welches das Wesen der Rasse bestimmt, alle geistigen und moralischen Eigenschaften des Menschen entspringen“, daß es „Hauptziel der Erziehung ist, die Merkmale der Rasse zu entwickeln und den Geist mit glühender Liebe zur eigenen Rasse als dem höchsten Gut zu erfüllen“ und daß „die Religion dem Rassegesetz untergeordnet“ sei.

Als Hitler Anfang Mai 1938 Rom besuchte, verließ der Papst demonstrativ die Stadt und zog sich auf seine Sommerresidenz in Castel Gandolfo zurück. Von dort aus äußerte er sein Bedauern über die „traurige Tatsache“, daß ausgerechnet am „Fest des heiligen Kreuzes“ (3. Mai) in der Stadt der Märtyrer und Päpste „das Zeichen eines anderen Kreuzes aufgepflanzt wird, das nicht das Kreuz Christi“ ist. Der *Osservatore Romano* erwähnte den Rombesuch des Diktators mit keinem Wort. Stattdessen publizierte er die Instruktion vom 13. April, sprich: den päpstliche *Syllabus* gegen den Rassismus, in vollem Wortlaut. Kardinalstaatssekretär Pacelli, der ebenfalls Rom verlassen hatte, untersagte allen italienischen Bischöfen, an Empfängen zu Ehren des *Führers* teilzunehmen. Trotzdem kam es im Vorfeld des Besuches zu Gesprächen zwischen dem Apostolischen Nuntius in Rom und dem faschistischen Innenministerium. Einerseits kritisierte der Nuntius „all die Feierlichkeiten für einen Mann, der gegenwärtig der größte Verfolger der Kirche ist“. Andererseits ließ er durchblicken, daß Pius XI. doch zu einer Audienz bereit wäre, „wenn der Führer eine öffentliche Erklärung eines Kurswechsels abgäbe und dies natürlich gemäß eines vorher festgelegten Textes“. Beide wußten freilich, daß es dazu nie kommen würde.

Obwohl es in Italien nie einen nennenswerten Antisemitismus gegeben hat, führte Mussolini nach dem Besuch Hitlers eine Kopie der *Nürnberger Rassengesetze* ein. Der Papst reagierte, indem er im Juli 1938 vor Studenten der Jesuitenuniversität *Gregoriana* vier Ansprachen hielt, in denen er übertriebenen Nationalismus und jeden Rassismus verurteilte. Mussolini, so wird berichtet, tobte vor Wut. Doch Pius XI. ließ sich nicht einschüchtern, sondern legte auf einer Audienz in Gegenwart einer belgischen Pilgergruppe das schönste Bekenntnis christlich-jüdischer Verbundenheit seit den Paulusbriefen ab. „Der Antisemitismus ist eine abstoßende Bewegung, an der wir Christen keinerlei Anteil haben können“, rief er aus. Man hatte ihm ein altes Gebetbuch geschenkt, aus dem er den Segen Melchisedeks für Abraham und seine Nachkommen (Gen 14,18–20) vorlas und hinzufügte: „Wir sind im geistlichen Sinne alle Semiten!“

XI. Pastor Angelicus

Kardinalstaatssekretär Pacelli hatte zwischenzeitlich seine letzte Auslandsreise absolviert. Sie führte ihn an die Donau. In Budapest sollte am 25. Mai 1938 der 34. *Internationale Eucharistische Kongreß* eröffnet werden. Schon im Vorfeld hatten die Nazis allen Bewohnern des Reiches, zu dem jetzt auch Österreich gehörte, die Ausreise untersagt. Zudem erging ein striktes Verbot an die Zeitungen und Zeitschriften der Diözesen, das Großereignis auch nur zu erwähnen. Pacelli protestierte auf seine Weise. Er hielt seine Abschlußansprache vor 300000 Zuhörern auf dem Heldenplatz von Budapest auf Deutsch. Mit den Worten „gegen uns erhebt sich die dunkle Front der kämpfenden Gottlosen, die die geballte Faust des Antichristen zum Himmel und zu allem, was uns teuer ist, aufrecken. Gegen uns formiert sich der Zug derer, die allen Völkern der Erde und jedem Menschen die Überzeugung bringen wollen, daß das Glück und die Größe der Gemeinschaft und des Einzelmenschen sich nicht im Schatten des Kreuzes schwächen dürfen“, warnte er gleichermaßen vor Kommunismus und Nationalsozialismus, um zu fragen: „Hat die Welt jemals solch verbitterten Haß, solche Zwietracht und solch tiefe Uneinigkeit wie die heutige gekannt? Wurde jemals der Wert eines gegebenen Wortes so mißachtet wie heute? ... Seit Jahren hat das Haupt der Kirche nicht aufgehört, seine erhabene Stimme ertönen zu lassen, um in bewegenden Worten auf die drohende Gefahr hinzuweisen.“ Er schloß mit einem Zitat des Papstes: „Ich danke Gott Tag für Tag, daß er mich in den gegenwärtigen Zeiten leben läßt. Diese so tiefgreifende, so umfassende Krise ist einzig in der Geschichte der Menschheit. Man muß stolz sein, Zeuge und – in einem bestimmten Maße – Mitwirkender in diesem gewaltigen Drama zu sein! Das Gute und das Böse ringen miteinander in gigantischem Kampf. Niemand hat das Recht, ein Mittelmäßiger zu sein in dieser gegenwärtigen Stunde!“

Als die Nacht über Budapest hereingebrochen war, setzte sich auf der Donau ein zehn Kilometer langer Zug von Schiffen in Bewegung, auf deren Decks sich singende und betende Christen drängten. Auf dem größten von ihnen, das hell erleuchtet war, stand der Kardinallegat auf der Kommandobrücke und hielt die goldene Monstranz in seinen Händen. An den Ufern flammte sprühendes Feuerwerk zum nächtlichen Himmel auf, während sich die Lichter der noch so friedlichen Stadt in den ruhigen Fluten des Flusses mit denen der Schiffe vereinten.

Doch die Krise, in der Tat die schwerste seit Menschengedenken, war nicht mehr aufzuhalten.

Am 9. November 1938, in einer sorgfältig inszenierten „spontanen Entfesselung des Volkszorns", zerbarsten im ganzen Deutschen Reich die Schaufenster jüdischer Geschäfte, während aus den Gotteshäusern der Juden Rauch und Flammen zum Himmel emporstiegen. Nur wenige Christen waren beherzt genug, den Opfern des Pogroms zu helfen, das unter dem zynischen Namen *Reichskristallnacht* in die Geschichte einging. Einer von ihnen war Kardinal Faulhaber, der dem Rabbi von München half, seine kostbaren Torahrolle – die fünf Bücher Mose – zu retten, bevor seine Synagoge völlig ausgeplündert wurde. Ein anderer, Bischof von Galen, plante, die Ausschreitungen von der Kanzel aus anzuprangern, ließ aber auf Bitten der jüdischen Gemeinde davon ab; sie fürchtete, ihre Lage könne sich dadurch erst recht verschlechtern.

Eine Nacht lang überlegte Pius XI., das Konkordat mit der Reichsregierung aufzukündigen, doch Pacelli hielt ihn davon ab. Den Juden wäre auch nicht dadurch geholfen, daß die Kirche 21 Millionen Gläubige im Stich läßt. Stattdessen beschloßen beide, den Opfern des Rassenwahns bei der Auswanderung zu helfen. Über den deutschen *St.-Raphaels-Verein* ermöglichten sie im Laufe des nächsten Jahres über 2000 Konvertiten, Halbjuden und mit Katholiken verheirateten Juden die Ausreise. Im November schrieb Pacelli die Nuntiaturen in Irland, Ägypten, Belgisch Kongo, Südafrika, Argentinien und Indochina an; sie sollten eruieren, unter welchen Voraussetzungen jüdische Konvertiten in diesen Ländern Aufnahme und Arbeit finden könnten. Im Januar bat der Papst die amerikanischen Bischöfe, jüdischen Gelehrten aus Deutschland bei der Berufung an amerikanische Hochschulen zu helfen. Er selbst stellte jüdische Gelehrte als Mitarbeiter der Vatikanbibliothek und der *Päpstlichen Akademie der Wissenschaften* ein. Am 14. Januar 1939, im Rahmen seiner traditionellen Neujahrsansprache vor dem Diplomatischen Korps, appellierte Pius XI. an jeden Botschafter und Gesandten, „für die Opfer der Rassenverfolgung in

Deutschland und Italien" so viele Einreisegenehmigungen wie möglich zu beschaffen. Während die USA verlangten, daß Ausreisewillige drei oder vier Jahre warteten, war Brasilien spontan bereit, 3000 Visa für „katholische Nichtarier" zur Verfügung zu stellen.

Der Nuntius in der Dominikanischen Republik, Erzbischof Silvani, und sein Assistent, Msgr. Giovanni Ferrofino, halfen im Auftrag Pacellis, jüdische Flüchtlinge in die Karibik zu bringen. Zweimal im Jahr wurde Nuntius Silvani fortan im Namen des Papstes bei Staatschef General Rafael Trujillo vorstellig und erhielt jeweils 800 Visa. In Lissabon organisierte Ferrofino auf Kosten des Heiligen Stuhls ein Schiff, das zwischen 1939 und 1945 rund 9000 verfolgte Juden sicher nach Santo Domingo brachte. Trujillo, der 1961 ermordet wurde, war ein gläubiger Katholik und unterhielt bis zum Ende seiner Herrschaft gute Beziehungen zur katholischen Kirche.

Mit letzter Kraft arbeitete der schwerkranke Pontifex fortan nur noch auf ein Ziel hin. Am 11. Februar 1939, dem 17. Jahrestag seiner Krönung und dem 10. Jahrestag der Lateranverträge, zu dem die Kardinäle, Erzbischöfe und Bischöfe Italiens nach Rom reisten, wollte er noch einmal, ein letztes Mal, sein Wort erheben. Während seine Kräfte zusehends nachließen, bereitete er für diesen Tag seine Rede vor. Eine erschütternde Anklage sollte es werden gegen die Irrtümer, die seine Zeit verpesteten, gegen den krankhaften Nationalismus Mussolinis, den Rassenwahn Hitlers und den Krieg, der, wie er vorausahnte, unmittelbar bevorstand. Noch einmal wollte er die Menschheit zu Frieden und Brüderlichkeit aufrufen und sie einladen, Christus nachzufolgen. Seine Ärzte wies er deshalb an: „Erhalten Sie mich bis zum 12. Februar am Leben."

Vergeblich. Am 10. Februar um 1 Uhr früh klingelte in der Wohnung des Kardinalstaatssekretärs das Telefon. Sofort eilte Pacelli, der, wie jede Nacht, noch gearbeitet hatte, hinauf in das päpstliche Appartement. Pius XI. durchlitt heftige Fieberanfälle und starke Kreislaufstörungen. Während in seiner Privatkapelle die heilige Messe zelebriert wurde, während sein Privatsekretär die Sterbegebete sprach und alle anderen im Zimmer knieten, kamen nur noch drei Worte über seine Lippen: „Friede – Italien – Jesus Christus". Dann, um 5.31 Uhr, erschlaffte seine Hand, die der Sekretär gehalten hatte, und sein Haupt neigte sich zur rechten Seite. Nachdem die anwesenden

Leibärzte Prof. Milani und Prof. Rocchi den Tod festgestellt hatten, kam Pacelli, tief erschüttert und mit bebender Stimme, seiner Pflicht als Camerlengo nach und fragte drei Mal: „Schläfst Du, Achille Ratti?" Als nach langer Pause keine Antwort kam und auch die Hand langsam erkaltete, vermeldete er den Umstehenden, um es später zu beurkunden: „Der Papst ist wirklich tot". Dann beugte er sich langsam über den Leichnam seines Freundes und küßte ihm die Stirn und die Hände, während ihm Tränen über die Wangen liefen. Behutsam zog er ihm den Fischerring vom Finger, um ihn mit dem Papstsiegel zu zerschlagen. Bald darauf sollte er die Räume des päpstlichen Appartements versiegeln. Die Ära des Ratti-Papstes war damit offiziell beendet.

Am Abend des 11. Februars, des Tages, auf den Pius XI. so fieberhaft hingearbeitet hatte, trug eine feierliche Prozession seine jetzt mit Pontifikalgewändern bekleidete Leiche hinab in die Sixtinische Kapelle, wo die Würdenträger der Kirche und das diplomatische Korps von ihm Abschied nahmen. Danach bahrte man ihn drei Tage lang auf einem schwarzen, hölzernen Katafalk in der Sakramentskapelle des Petersdomes auf. Fast eine Million Menschen, Römer, Italiener und Pilger aus der ganzen Welt, defilierten an ihm vorbei und erwiesen dadurch einem großen Papst die letzte Ehre.

Nur Benito Mussolini ließ das Ereignis kalt. „Jetzt ist er wenigstens tot, dieser sture, alte Mann", meinte er zu seinem Schwiegersohn und Außenminister, Graf Galeazzo Ciano.

Seitdem kursiert das Gerücht, Dr. Francesco Petacci, Vater der Geliebten Mussolinis, des Filmstarlets Claretta Petacci, habe dem Papst eine Giftspritze verabreicht, um die geplante Kampfrede gegen den Faschismus zu verhindern. Obwohl Petacci auch Patienten aus dem Vatikan behandelte, hatte er jedoch zu keinem Zeitpunkt Zutritt zum Sterbezimmer Pius' XI.

Leider werden wir nie den Wortlaut der Rede erfahren, die auszuarbeiten den Ratti-Papst offenbar seine letzte Kraft gekostet hatte. Doch auch das ist weder suspekt noch ein Hinweis auf eine Verschwörung. Beim Tod eines Papstes ist es üblich, daß seine Sekretäre alle unvollendeten Manuskripte, die er hinterließ, vernichten, um zu verhindern, daß sein Nachfolger durch sie beeinflußt wird.

Anders erging es dem Entwurf für die geplante Enzyklika gegen den Rassismus, *Humani generis unitas* (Die Einheit des Menschengeschlechts), mit deren Abfassung Pius XI. im Juni 1938 den amerikanischen Jesuiten John LaFarge beauftragt hatte. Zuvor war LaFarge durch eine Arbeit zum Rassismus gegen die Schwarzen in den USA in Erscheinung getreten, die den Papst beeindruckte und davon überzeugte, daß er der richtige Mann für dieses Projekt wäre. Bei der Arbeit sollten ihn der deutsche Jesuit Gustav Gundlach und der französische Jesuit Gustave Desbuquois unterstützen. Bis September 1938 hatte jeder von ihnen einen eigenen Entwurf erarbeitet. Die Texte übersandte LaFarge seinem Ordensoberen, dem Jesuitengeneral Wladimir Ledóchowski in Rom, zur Begutachtung, Auswahl, wissenschaftlichen Überarbeitung und Übersetzung ins Lateinische. Jedenfalls dauerte es bis zum 21. Januar 1939, daß einer der Entwürfe seinen Weg auf den Schreibtisch des Papstes fand. Ob er ihm als Vorlage für seine geplante Rede am 11. Februar diente, wissen wir nicht. Wahrscheinlich wurde er mit den anderen Akten aus seinem Pontifikat versiegelt und archiviert, als Pius XI. starb. Deshalb, wie es Cornwell tat, von einer „unterschlagenen Enzyklika“ zu sprechen und Pacelli ihrer Vertuschung zu bezichtigen ist ziemlich gewagt. Tatsächlich wird der Entwurf auch Pius XI. nicht sonderlich gefallen haben. Denn der Text, den LaFarge ablieferte und den der belgische Benediktinerpater Georges Passelecq und der Soziologe Bernard Suchecky vor ein paar Jahren veröffentlichten, enthält bei allem guten Willen geradezu peinliche Zeugnisse eines kirchlichen Antijudaismus.’ So heißt es darin, die Juden hätten, „durch den Traum von weltlichem Gewinn und materiellem Erfolg verblendet, das verloren, wonach sie selbst gesucht haben“. Oder es ist die Rede von „diesem unglücklichen Volk, das sich selbst ins Unglück führte, dessen verstockte Führer den göttlichen Fluch auf ihre eigenen Häupter herabbeschworen“. Schließlich wird behauptet: „Israel hat den Zorn Gottes auf sich gezogen, weil es das Evangelium zurückgewiesen hat.“ An einer anderen Stelle ist die Rede von „spirituellen Gefahren … denen der Kontakt mit den Juden die Seelen aussetzen kann“. Die Juden würden „aus Haß gegen die christliche Religion … revolutionäre Bewegungen unterstützen und propagieren, die auf nichts anderes abzielen, als die gesellschaftliche Ordnung umzustürzen“ und „in den Herzen den Haß zwischen den Klassen und Völkern entzünden wollen, um von diesem Ressentiment zu profitieren“. Wäre diese Enzyklika je veröffentlicht worden, sie wäre Wasser auf den Mühlen der

Nazipropaganda gewesen. Wer immer sie in den Archiven des Vatikans verschwinden ließ, er erwies der Kirche und den Juden damit einen großen Dienst.

Als *Camerlengo* leitete Pacelli die Amtsgeschäfte der Kirche während der *Sedisvakanz*, der Zeit zwischen dem Tod eines Papstes und der Wahl seines Nachfolgers. Er bereitete die Bestattungsfeierlichkeiten für Pius XI. ebenso vor wie das Konklave, die Wahl eines Nachfolgers. Daneben hatte er sich um die hochrangigen Trauergäste aus aller Welt zu kümmern und die Briefe und Beileidstelegramme der Staatenlenker zu beantworten. Außerdem mußte er auch selbst seine Sachen packen. Seine Amtszeit als Kardinalstaatssekretär war vorbei, er konnte damit rechnen, daß der neue Papst einen anderen benennen würde. Nur zu gut erinnerte er sich an seinen Vorgänger Merry del Val, den Staatssekretär Leos XIII., dem nur wenige Stunden blieben, um seine Wohnung zu verlassen. Einem solch entwürdigenden Rauswurf wollte er vorbeugen. Schwester Pascalina erledigte das Gröbste, er nutzte jede freie Minute, seine Akten zu ordnen und mit Aufschriften zu versehen, um sie wohlgeordnet dem neuen Staatssekretär übergeben zu können. Dann forderte er seine drei deutschen Ordensschwestern auf, sich Einreisevisa für die Schweiz zu besorgen. Gleich nach dem Konklave wollte er nach Rorschach, um sich im *Stella Maris* gehörig auszuruhen.

Doch daraus wurde nichts.

Unmittelbar vor dem Konklave befragt, was er von einem neuen Papst erwarte, antwortete der Erzbischof von Paris, Kardinal Jean Verdier, sybillinisch: „Die Kirche geht so stürmischen Zeiten entgegen, daß der Nachfolger Pius XI. entweder ein Held oder ein Heiliger sein muß."

Dann zogen die 62 Kardinäle der katholischen Kirche, die auf Ozeandampfern, mit Flugzeugen, Sonderzügen und Autos nach Rom geeilt waren, am 1. März 1939 ins Konklave. Bis sie den 260. Nachfolger des hl. Petrus gewählt hatten, waren sie von der Außenwelt, über der sich die bedrohlichen Wolken eines nahenden Krieges zusammenzogen, nahezu hermetisch abgeschlossen.

Es sollte das kürzeste Konklave der Geschichte werden. Schon im zweiten Wahlgang stimmten 48 von 62 Stimmen für einen Kandidaten. Dieser bat dringend darum, noch einen dritten Wahlgang vorzunehmen. Diesmal fielen 61 der 62 Stimmen auf ihn.

Es war Eugenio Pacelli.

Er war vor dem letzten Wahlgang so aufgeregt gewesen, daß er auf dem Weg in die Sixtinische Kapelle auf den Stufen ausglitt und hinfiel. Kardinal Verdier entfuhr es: „Der Stellvertreter Christi – auf der Erde!“ Erst am Abend spürte der neue Papst, daß er sich verletzt hatte und ließ seinen Arm verbinden.

Um 17.27 Uhr stieg weißer Rauch aus dem Schornstein der *Sixtina* auf. In ganz Rom, dann in der ganzen Welt, läuteten die Glocken. Zur gleichen Zeit wurde Kardinal Pacelli die entscheidende Frage gestellt: Nimmst Du die Wahl zum *Summus Pontifex* an? Unter Zusammenraffung aller seiner Kräfte bejahte er. Sein Name sollte Pius lauten, nach dem Papst, unter dem er auf den Tag genau vor 63 Jahren geboren wurde (Pius IX.), nach dem Papst, unter dem seine Laufbahn am Staatssekretariat begann (Pius X.) und nach dem Papst, der ihm wie ein Vater war und immer ein leuchtendes Vorbild sein sollte (Pius XI.).

Nuntio vobis gaudium magnum: habemus Papam!, verkündete Kardinal Caccia Dominioni auf der Loggia des Petersdomes das Ergebnis der Papstwahl, *Eminentissimum ac Reverendissimum Dominum Cardinalem Eugenium Pacelli, qui sibi nomen imposuit Pium XII. „Un vero Romano di Roma“*, „ein echter Römer!“, jubelte die Menge, als sein Name ertönte.

Fanfarenklänge unterbrachen den tosenden Applaus für einen Augenblick der Stille. Mit heller, leicht bebender Stimme sprach der neue Papst seinen Segen, langsam und weit ausholend zeichnete er das Kreuz über Rom und die ganze Welt.

Nie hatte sie es nötiger als in dieser Zeit.

An Tagen wie diesem greifen die Vatikanauguren gerne zu einem alten Buch, dessen Ursprung und Autor im Dunkeln liegen. Zugeschrieben wird es dem hl. Malachias, einem irischen Abt aus dem 12. Jahrhundert, doch fast alles spricht dafür, daß es im 16. Jahrhundert entstand. Es weist jedem Papst bis ans Ende der Welt ein prophetisches Motto zu, beginnend mit Cölestin II. (1143–44), endend (beunruhigenderweise) mit dem Nachfolger von Benedikt XVI. *Ignis ardens,* „brennendes Feuer“, nannte die *Päpsteprophezeiung* etwa den hl. Pius X., unter dessen Pontifikat der 1. Weltkrieg ausbrach, *Religio depopulata,* „entvölkerte Religion“ seinen Nachfolger Benedikt XV., *fides intrepida,* „unerschütterlicher Glaube“, den mutigen und kraftvollen Pius XI. Für seinen Nachfolger hatte der Autor der Weissagung einen ganz besonderen Titel vorgesehen: *Pastor angelicus,* „der engelgleiche Hirte". Vielleicht ahnte er wirklich voraus, daß der Pacelli-Papst eines Tages von den Opfern des zerstörungsreichsten Krieges der Geschichte als *Angelo bianco,* als „weißer Engel", gerühmt würde.

Die Weltpresse bejubelte den neuen Papst als „den erfahrendsten und glänzendsten Diplomaten der Kurie" *(The Manchester Guardian,* UK), „das *andere Ich* Pius' XI." *(Tablet,* USA), „mehr als ein Diplomat, der den Thron Petri besteigt: es ist ein Asket, der dieser Ehre eher entsagt hätte; ein Mystiker, der eifrigste Diener des christlichen Ideals, ein geborener Verteidiger des Geistigen gegen den Materialismus" *(L'Intransigeant,* Frankreich). Die von jüdischen Siedlern herausgegebene *Palestine Post* (heute: *Jerusalem Post)* stellte fest: „Die herzlichen Reaktionen auf die Wahl – besonders in Frankreich, England und Amerika – überraschen nicht, wenn wir uns an die wichtige Rolle erinnern, die Pacelli im jüngsten päpstlichen Widerstand gegen verderbliche Rassentheorien spielte." Im britischen und französischen Außenministerium begrüßte man den Ausgang des Konklaves, weil man wußte, daß Pacelli die den Demokratien gegenüber wohlgesonnene Politik seines Vorgängers fortsetzen würde. Ganz anders nur die Stimmen aus Deutschland. So berichtete die *Berliner Morgenpost,* daß die Reichsregierung seine Wahl nicht begrüße, „weil er immer feindlich gegen den Nationalsozialismus eingestellt war". Und *Das Reich* hetzte: „Pius XI. war ein Halbjude, weil seine Mutter eine holländische Jüdin war, aber Kardinal Pacelli ist vollständig Jude". „Ein politischer Papst und u.(nter) U.(mständen) ein raffiniert und geschickt vorgehender Kampfpapst. Also aufpassen!", notierte Dr. Goebbels in seinem Tagebuch. Daß er eines Tages als „Antisemit" und *Hitlers Papst* diffamiert würde, wäre nicht einmal dem obersten Nazi-Propagandisten eingefallen. Demonstrativ verzichtete Hitler darauf, ein Glückwunschtelegramm zu schicken, entsandte das Reich nicht eine einzige hochrangige Persönlichkeit zur Krönungsfeier des neuen Papstes.

XII. Der Friedenspapst

Es blieb ihm nicht die Zeit, auch nur einen Tag auszuruhen. Hatte Eugenio Pacelli gerade die Kondolenzen für Pius XI. abgearbeitet, mußte er jetzt die Antwortschreiben auf die Glückwunschtelegramme der Staatsoberhäupter redigieren. Die Schwestern erhielten Anweisung, die Koffer und Kisten, die sie gerade gepackt hatten, wieder zu leeren. Dann galt es, liebgewonnenen Gewohnheiten Lebewohl zu sagen. War er bisher jeden Mittag nach dem Essen in den Park der Villa Borghese gefahren, um schnellen Schrittes, ein Buch in der Hand, seinen einstündigen Verdauungsspaziergang zu absolvieren, erklärte man ihm jetzt unmißverständlich, daß dies zukünftig nicht mehr möglich sei. Schweren Herzens blieben ihm fortan nur noch die Vatikanischen Gärten, die ihn immer an einen Friedhof erinnert hatten. Gleich am ersten Tag nach seiner Wahl zog er sich seinen warmen, schwarzen Mantel über. Ein kalter Wind wehte von den Albaner Bergen hinüber nach Rom und ließ den sonnigen Tag frösteln, als er sich auf den Weg machte. Es dauerte keine zwanzig Minuten, da klingelte bei den Schwestern das Telefon: „Wie konnten Sie ihn nur so rausgehen lassen?!" Den Papst aber konnte niemand mehr aufhalten. Dann, in den Gärten, bemerkte er, wie ihn ein Mann, der gerade eine Hecke schnitt, immer wieder durch die Blätter fixierte. Als Pius XII. ihm zuwinkte, trat der Gärtner hervor, kniete nieder und stammelte: „Heiliger Vater, ich konnte gar nicht glauben, daß Sie es sind. Der Papst ist ja immer weiß gekleidet, nicht schwarz. Aber das wissen Sie wohl noch nicht?" „Ich werde mir das merken", erwiderte Pacelli lachend.

Noch am gleichen Tag zeigte er den Schwestern die päpstliche Wohnung. Er wirkte niedergeschlagen, als er ihnen erzählte, wo ihn Pius XI. immer empfangen und wo er gelegen hatte „in jener unvergeßlichen Nacht", als er zum Vater allen Lebens zurückkehrte. Schließlich beauftragte er sie, alles so herzurichten, wie es notwendig sei, „jedoch ganz einfach, ohne jeden Luxus".

Dann sprach er zur Welt. Seine erste Rede an die Völker, die am 4. März 1939 von Radio Vatikan live übertragen wurde, spiegelte das wichtigste Anliegen seines Pontifikats wieder und verkündete sein Programm. Es war ein leidenschaftlicher Aufruf zum Frieden: „Für den Frieden, den Unser hochseliger Vorgänger so eindringlich empfahl, den er mit heißem Gebet herabrufen wollte und für den er sogar sein eigenes Leben mit größter Opferbereitschaft anbot; für den Frieden, Gottes herrlichstes Geschenk, das alle Begriffe übersteigt; für den Frieden, der auf Gerechtigkeit und Liebe begründet ist ... Er allein verbindet ja und befeuert die Herzen der Gemeinschaft mit Gott ... Waffenlos, aber auf des Höchsten Hilfe vertrauend, wollen Wir die heilende Hand daran legen. Mit den Worten des heiligen Paulus mahnen Wir euch: ‚Begreift uns doch!'"

Vielleicht war es ein Wink der Vorsehung, daß selbst sein bürgerlicher Name, Pacelli, von *Pace*, „Friede", abgeleitet ist, seine Familie seit Urzeiten die Friedenstaube im Wappen führt. Jetzt machte er das Wort des Propheten Jesaja, das ausgerechnet an der Außenwand der deutschen Nationalkirche in Rom, der *Anima*, eingemeißelt war, zu seinem Wahlspruch: *Opus justitiae pax* – Gerechtigkeit schafft Frieden! Sein Papstwappen zierte eine silberne Taube auf blauem Grund, die in ihrem Schnabel einen Ölzweig trägt. Sie steht auf einem dreifachen Bogen, der Land und Wasser überragt, wie das Hoffnungszeichen am Ende der biblischen Sintflut.

Ebenfalls noch vor seiner Krönung, am 6. und am 9. März, hatte Pius XII. sich mit den deutschen Kardinälen Bertram, Faulhaber und Schulte sowie dem jetzt „linientreuen" Österreicher Kardinal Innitzer getroffen, um das weitere Vorgehen in Sachen Deutschland zu besprechen. „Das deutsche Problem ist für mich das wichtigste", stellte er fest und erklärte es zur „Chefsache". Gemeinsam einigte man sich, es zunächst diplomatisch anzugehen. „Es ist leicht, einen Kirchenkampf zu beginnen, aber schwer, ihn durchzuhalten", erinnerte sich Pater Leiber an seine Argumentation, „und wenn er schon der Kirche aufgezwungen wird, müssen die Katholiken im Land wissen, daß die oberste Führung vorher alles versucht hat, um ihnen den Kampf zu ersparen." Wahrscheinlich ahnte Pius XII., was Dr. Goebbels zwei Tage zuvor in seinem Tagebuch notiert hatte: Hitler erwog, spätestens „bei der ersten Kampfmaßnahme Pacellis" das Konkordat aufzukündigen. Der Papst konnte sicher sein, daß der Diktator nie wieder zu so weitreichenden Konzessionen bereit sein würde wie er es 1933 war. Ohne das Konkordat wären Bischöfe und Priester quasi Freiwild, könnten unbequeme Kleriker durch hitlertreue Marionetten ersetzt werden. Die deutschen

Katholiken wären damit die ersten Opfer eines allzu heftigen Konfrontationskurses geworden, und so blieben sie bis zu Kriegsende quasi Geiseln in der Hand des *Führers,* was den Papst immer wieder zur Vorsicht mahnte.

Hatte Hitler es auch demonstrativ versäumt, Pacelli zu seiner Wahl zu gratulieren, schrieb jetzt der Papst an den „Führer und Kanzler" des Deutschen Reiches. Schließlich schrieb das Protokoll vor, daß ein neuer Papst seine Wahl allen Staatsoberhäuptern der Länder, zu denen der Heilige Stuhl diplomatische Beziehungen unterhielt, zur Kenntnis bringen mußte. Dabei drückte er ausdrücklich nicht Hitler, sehr wohl aber dem „Ihrer Obsorge anvertrauten Deutschen Volk" sein „inniges Wohlwollen" aus, um „ihm (dem Volk!) von Gott dem Allmächtigen in väterlicher Gesinnung jenes wahre Glück (zu) erflehen, dem aus der Religion Nahrung und Kraft erwachsen". Das konnte, so artig es formuliert war, von einem Feind der christlichen Religion auch als Drohung verstanden werden. Nur Cornwell behauptet, das Schreiben zitierend: „Pius XII. bestätigt Hitler." Eine Antwort traf nie ein.

„Wenn sie den Kampf wollen, fürchten wir uns nicht", hatte Pius XII. den deutschen Kardinälen erklärt, „Aber die Welt soll sehen, daß wir alles versucht haben, um in Frieden mit Deutschland zu leben." Nur drei Monate später übergab der neue Kardinalstaatssekretär Luigi Maglione im Auftrag des Papstes dem deutschen Botschafter von Bergen ein ausführliches Memorandum, in dem die Verstöße der Reichsregierung gegen das Konkordat aufgelistet und die „starke antikatholische Propaganda" der Parteipresse kritisiert wurden. Auch darauf antwortete die Reichsregierung nie.

Am Morgen des 12. März 1939, seines Krönungstages, fand Schwester Pascalina den neuen Pontifex kreidebleich kniend in seiner Privatkapelle. Er wußte, daß die *Tiara,* die dreifache Krone der Päpste, die er an diesem Tag empfangen sollte, in Wahrheit eine Dornenkrone ist. Nur für einen Augenblick warf er einen Blick auf den Petersplatz, wo die gerade an einem wolkenlosen Himmel aufgehende Sonne eine unabsehbare Menschenmenge in ihr warmes Licht tauchte.

Der Petersdom war herausgeputzt wie lange nicht mehr. Mächtige Tribünen sollten den Anwesenden auch aus dem abgelegensten Winkel der Basilika einen Blick auf das Geschehen ermöglichen. Riesige Teppiche und Gobelins aus Damast und Brokat fielen über die weiten Wandflächen und umhüllten die marmornen Säulen und Pilaster. Vor ihrem Gold und Rot funkelten die hundert Ampeln an der Balustrade der *Confessio,* während die Farbenpracht Tausender Blüten an einen Garten denken ließ. Vor dieser Kulisse warteten so viele gekrönte Häupter, Prinzen und Fürsten, Adlige und Diplomaten im ordengeschmückten Frack wie nie zuvor in der 450jährigen Geschichte des Petersdomes und mit ihnen 50000 Gläubige, als endlich die Silbertrompeten die nahende Ankunft des neuen Papstes verkündeten. Auf einer eigenen Tribüne saßen die Vertreter der Weltpresse – ein absolutes Novum in der Geschichte des Vatikans. Ebenfalls zum ersten Mal wurde eine Papstkrönung über *Radio Vatikan* live in viele Länder übertragen, außerdem von einem Kamerateam vollständig gefilmt. So war sie auch die machtvolle Demonstration einer selbstbewußten, letztendlich siegreichen Kirche, die in der Gewißheit lebte, daß selbst die „Mächte der Unterwelt … sie nicht überwältigen" (Mt 16,18) konnten.

Während der Chor das *Tu es Petrus* anstimmte, schritt eine doppelte Reihe von Schweizergardisten in Prunkuniform, mit Hellebarden bewaffnet, dem Zug voraus, gefolgt von den päpstlichen Zeremonienmeistern und den Prokuratoren der Mönchsorden. Der Almosenier trug, begleitet von zwei Schweizergardisten, auf einem schweren Seidenkissen die edelsteinbesetzte, funkelnde Tiara. Dann folgten in endloser Reihe die Ehrenkämmerer, die Konsistorialadvokaten und die Kammerherren in ihrer mittelalterlichen Tracht, mit schwarzen Pumphosen, schneeweißen Faltenkragen, einer goldenen Halskette, Mantel und Degen. Dahinter schritten die Beichtväter von St. Peter, die Prälaten in ihren violetten Talaren, die Äbte, Bischöfe und Erzbischöfe mit ihren reichverzierten Mitren, dann die Kardinäle in leuchtendem Rot. Als letzter erschien, von sechzehn Männern getragen, auf der traditionellen Sänfte, der *Sedia Gestatoria,* der neue Papst, gehüllt in golddurchwirkte Gewänder, auf dem Kopf eine hohe, schlanke Mitra. Vor ihm schritt Kardinal Dominioni, der in dem Augenblick, als der Jubel für Pius XII. am lautesten tobte, ein Büschel Werg entzündete, das langsam zu Asche verbrannte. *Sic transit gloria mundi,* „so vergeht der Glanz der Welt" mahnte er mit fast schriller Stimme, einem uralten Ritus folgend, den gerade gefeierten Pontifex. Der aber ahnte bereits, was ihn erwartet. Fast apathisch und tief in sich versunken nahm er die Huldigungen entgegen, nicht einmal ein Lächeln huschte über sein

Gesicht. Er wirkte wie ein Lamm, das zur Schlachtbank geführt wird, bereit, den Hügel von Golgota zu erklimmen. Selbst der italienische Außenminister, Mussolini-Schwiegersohn Ciano, stellte eine Veränderung fest: „Der Papst ist feierlich wie eine Statue. Ich erinnere mich, wie er vor einem Monat als Kardinal noch Mensch unter Menschen war. Heute scheint er wirklich von einem göttlichen Hauch berührt worden zu sein, der ihn vergeistigt und erhaben macht."

Als die feierliche Papstmesse beendet war und die Prozession ebenso feierlich den Petersdom wieder verließ, erschien Pius XII., in einen weiten Mantel gehüllt, die hohe Mitra auf dem Kopf, auf der Loggia des Petersdomes. Jetzt jubelten ihm die 300 000 Menschen zu, die hier stundenlang auf diesen Augenblick gewartet hatten. Die Töne der Fanfaren der Papsthymne, die jetzt angestimmt wurde, gingen völlig unter im ohrenbetäubenden Applaus. Doch mit einem Schlag war es still, als der Kardinaldekan den Hymnus „Die goldene Krone auf seinem Haupte" anstimmte. Dann nahm Kardinal Canali dem neuen Papst die Mitra ab, während Kardinal Dominioni die *Tiara* von ihrem Kissen hob und auf sein Haupt setzte: „Nimm diese dreifache Krone in Empfang und wisse, daß Du der Vater der Fürsten und Könige bist, der Lenker unserer Welt hier unten, Stellvertreter unseres Erlösers Jesus Christus, dem Ruhm und Ehre sei in alle Ewigkeit." Pius XII. richtete sich auf, breitete die Arme aus, um die jetzt kniende Menge zu segnen, und glich dabei selbst für einen Augenblick dem Abbild des Gekreuzigten, bereit, sich zu opfern. Dann fielen die schweren Vorhänge und ließen den Papst hinter sich verschwinden.

Glauben wir Schwester Pascalina, saß der Mann, der gerade von den Massen gefeiert worden war, eine Stunde später, wie jeden Tag, allein am Mittagstisch. Er war dabei so schweigsam, daß die drei Schwestern es nicht einmal wagten, ihm zu gratulieren. Nur seinen Vögeln gelang es, ihn abzulenken. Weil sie heute besonders schön sangen, ging er zu ihren Käfigen, öffnete sie und ließ sie durch das Eßzimmer fliegen. Auf dem Tisch, den Stühlen und den Schränken leisteten sie ihm ein wenig Gesellschaft. Eine halbe Stunde später trug er jeden einzelnen von ihnen behutsam wieder in seinen Käfig zurück.

Eugenio Pacelli war zwar jetzt Papst, doch auch das sollte nur wenig an seinem privaten Lebenswandel ändern. Er blieb in vielen Dingen unnahbar, einsam und asketisch. Schwester Pascalina: „Er war jedem

Luxus abhold und duldete ihn weder an seiner Kleidung noch an seiner Umgebung." Seine einzige Leidenschaft war seine mittlerweile beachtliche Bibliothek, die ein weiterer Deutscher, der Jesuitenpater Wilhelm Hentrich, verwaltete. Als er in den Nachkriegsjahren die Sommermonate wieder in Castel Gandolfo verbrachte, wurde ein ganzer Lieferwagen benötigt, um seine „Handbibliothek" zu überführen. Als ihm einmal eine Pilgergruppe einen ganzen Korb alter, seltener Bücher schenkte, suchte man den Papst stundenlang vergebens. Dann bemerkte Schwester Pascalina, daß in einem Nebenzimmer der Bibliothek Licht brannte. Als sie eintrat, sah sie Pius XII., wie er auf dem Steinboden kniete und die Bücher um sich herum ausgebreitet, die er nach gründlicher Inspektion in Stapeln ordnete. Als sein neuer Staatssekretär, Kardinal Maglione, kurz danach bei ihr anfragte, ob sie den Papst gefunden hätte, gab sie zur Antwort: „Ja, unter seinen Büchern."

Ansonsten war alles penibelst organisiert. In seinen Schränken und Schubladen hatte alles seinen Platz. Er glaubte, dadurch Zeit zu sparen. So voll sein Schreibtisch, die Tische und Stühle tagsüber auch waren, nachts wurde alles wieder weggeräumt, gleich wie spät es wieder wurde. Vor zwei Uhr früh erlosch nie das Licht im päpstlichen Arbeitszimmer über dem Petersplatz. Dabei erwartete er auch von seinen Mitarbeitern gründlichste Vorbereitung und einen zumindest annähernd pacelliesken Perfektionismus. „Was man nicht ganz tut, hat man später zu bereuen", lautete eine seiner Maximen. Dabei war er, wie man heute sagen würde, ein absoluter *Kontrollfreak,* einer, der über alles informiert sein wollte, alle Fäden in den Händen hielt und jeden Brief, der in seinem Namen den Vatikan verließ, noch einmal gegenlesen mußte. Er haßte es, lange zu diskutieren und endlos zu schwadronieren, kam deshalb immer direkt auf den Punkt und erwartete von anderen dasselbe. „Small talk" war nie seine Sache. „Zeit ist Geld", sagt der Volksmund. Für Pius XII., der sich nie etwas aus Reichtümern machte und für den Geld nur ein Mittel war, um den Bedürftigen zu helfen, war Zeit das unendlich viel wertvollere Gut. „Zum Ausruhen ist die ganze Ewigkeit", meinte er, „hier auf Erden gilt es, die Aufgaben, die man von Gott erhalten hat, voll und ganz zu erfüllen." Für manche war es unbegreiflich, daß er sich nie eine Pause gönnte. „Das hält doch kein Mensch aus!", seufzte auch der spätere

Bischof von Galen, ein knorriger Westfale, als Schwester Pascalina ihm von der Arbeitsmoral des damaligen Nuntius und späteren Papstes erzählte.

Er lebte wie ein Heiliger. Wenn er gegen 6 Uhr früh aufstand, sprach er zunächst ein kurzes Gebet am offenen Fenster. Nach einer kalten Dusche zelebrierte er hingabevoll die heilige Messe in seiner Privatkapelle neben dem Schlafzimmer; nur hier ließ er sich Zeit. Dann frühstückte er allein: eine Tasse warmer Milch und ein wenig Brot, karg wie alle seine Mahlzeiten.

Zwar liebte er die Musik, doch er schaltete das Radio nur während seines halbstündigen Mittagessens ein. Wenn er sich morgens rasierte – mit einem Elektrorasierer, den er aus den USA mitgebracht hatte und von dem er glaubte, daß er zeitsparend sei – frischte er mithilfe des Radios sein Englisch oder Französisch auf. Die Behauptung, er würde täglich eine Viertelstunde für Morgengymnastik einlegen, war eine Erfindung der Presse. „Der Heilige Vater hatte nie Zeit für so etwas", stellte Schwester Pascalina kategorisch fest. Sein Chauffeur klagte, ihn zu fahren sei „wie ständig an einem Autorennen teilzunehmen".

Seine einzige kleine Freude waren seine Singvögel, die in drei Käfigen im päpstlichen Speisezimmer lebten. Die ersten zwei Kanarienvögel, ein Geschenk von Kardinal Spellman, hatte er aus Amerika mitgebracht, später kam ein aus dem Nest gefallener Grünfink hinzu, den der Papst eigenhändig aufgezogen hatte, und ein Dompfaff, das Geschenk eines deutschen Ehepaares. Seine beiden liebsten Vögel trugen deutsche Namen. Sie hießen „Gretchen" und „Hans".

Mit zwei deutschnamigen Vögeln, drei deutschen Ordensschwestern, einem deutschen Privatsekretär (Pater Robert Leiber SJ), einem deutschen Bibliothekar (Pater Wilhelm Hentrich SJ), dem deutschen Ex-Zentrumsvorsitzenden Dr. Ludwig Kaas als persönlichem Vertrauten und Leiter der Dombauhütte von St. Peter sowie einem deutschen Beichtvater – Pater Augustin Bea SJ, Rektor des päpstlichen Bibelinstitutes – war es kein Wunder, daß die Italiener bald von einem *Papa tedesco*, einem „deutschen Papst", sprachen. Deutsch war sogar die Umgangssprache im päpstlichen Haushalt! Bis zu Benedikt XVI. hat es nie wieder eine so starke deutsche Präsenz in der römischen Kurie gegeben. Aus italienischer Sicht verkörperte der Pacelli-Papst selbst alle „typisch deutschen" Tugenden: Pünktlichkeit, Korrektheit, Fleiß. Und er liebte die Deutschen, dachte noch immer voller Wehmut an seine Zeit in München und Berlin, die für ihn die glücklichste seines Lebens war. Um so mehr litt er, wie Schwester Pascalina schrieb, „unter der verhängnisvollen Entwicklung in Deutschland schon all die Jahre, in denen er sehen mußte, was Hitler aus dem Volk zu machen suchte, das er selber in langen Jahren so gut kennen, schätzen und lieben gelernt hat." So wurde die Papstwohnung zu einer Art Biotop für das gute Deutschland, dessen Werte und Ideale es vor den Nazis zu bewahren galt. Siebzehn Jahre nach ihrer ersten Begegnung standen sich jetzt der diabolische *Führer* und der *Pastor angelicus* auf Augenhöhe gegenüber. Es war, als sei der Engel auf den Drachen gestoßen.

Hitler machte keinen Hehl mehr daraus, was er plante. „Ich bin in meinem Leben sehr oft Prophet gewesen und wurde meistens ausgelacht", hatte er schon am 30. Januar 1939 höhnisch vor dem Reichstag erklärt, um seinen beiden Feinden seine finsterste Prophezeiung entgegenzuschleudern:

> „Wenn es dem internationalen Finanzjudentum in und außerhalb Europas gelingen sollte, die Völker noch einmal in einen Weltkrieg zu stürzen, dann wird das Ergebnis nicht die Bolschewisierung der Erde und damit der Sieg des Judentums sein, sondern die Vernichtung der jüdischen Rasse in Europa."
> „Der nationalsozialistische Staat wird aber Priestern, die, statt Diener Gottes zu sein, ihre Mission in der Beschimpfung unseres heutigen Reiches, seiner Einrichtungen und seiner führenden Köpfe sehen wollen, unnachsichtig zum Bewußtsein bringen, daß eine Zerstörung dieses Staates von niemandem geduldet wird … Den Priester als Diener Gottes werden wir beschützen, den Priester als politischen Feind des Reiches werden wir vernichten."

Das war eine offene Kriegserklärung an beide, das Judentum wie die katholische Kirche.

XIII. Engel und Drache

Weder der Pomp der päpstlichen Inthronisierung noch die einsame Idylle, die Schwester Pascalina schildert, konnten darüber hinwegtäuschen, daß im Europa dieser Tage alle Zeichen auf „Krieg“ standen. Eben das erklärt den leidenschaftlichen Friedensappell des Papstes noch vor seiner Krönung. Nur drei Tage, nachdem er die „dreifache Krone“ empfangen hatte, marschierten deutsche Truppen in der Tschechoslowakei ein, um „die alten Reichslande Böhmen und Mähren“ „heim ins Reich“ zu holen. Schockiert über Hitlers Vorgehen war die litauische Regierung jetzt bereit, das von ihm beanspruchte Memelland an Deutschland abzutreten. Dann richtete der braune Diktator sein Augenmerk auf Polen. Offiziell ging es um die Stadt Danzig und einen Korridor, der Ostpreußen mit dem Reich verbinden sollte. Polen wiederum beanspruchte seinen eigenen Zugang zum Meer und drohte mit Krieg, wenn die Deutschen ihre Interessen mit Gewalt durchsetzten. Am 31. März kündigten Großbritannien und Frankreich ein Militärbündnis mit Polen für den Fall einer deutschen Aggression an, während Hitler schon die Pläne für einen Angriff ausarbeitete.

Pius XII. begriff jetzt, daß gutgemeinte Appelle nicht mehr genügten, daß es an der Zeit war, zu handeln. Von britischen Katholiken kam der Vorschlag, eine Friedenskonferenz einzuberufen, den er gerne aufgriff. Zunächst schickte er einen seiner Vertrauten, den Jesuitenpater Pietro Venturi, zu Mussolini, um dort die Lage zu sondieren. Die Antwort aus dem *Palazzo Venezia,* dem Hauptquartier des *Duce,* war vielversprechend. Italien war bereit, sich mit Deutschland, Frankreich, England und Polen an einen Tisch zu setzen und die strittigen Punkte zu diskutieren, aus denen ein Weltenbrand zu entstehen drohte. Einen Tag später schickte Kardinalstaatssekretär Maglione Telegramme an die Nuntiaturen in Berlin, Paris, London und Warschau mit dem Auftrag, die jeweilige Regierung im Namen des Papstes an den Konferenztisch zu laden. Die Reaktionen waren enttäuschend. Frankreich und England glaubten seit dem Münchener Abkommmen von 1938 nicht mehr an den Wert deutscher Friedensbekundungen, Hitler wiederum versicherte, es bestünde keine Kriegsgefahr. Im gleichen Atemzug beschuldigte er England und Frankreich, die momentane Spannung durch ihre Solidaritätsadresse an Polen überhaupt erst provoziert zu haben. Auch Warschau zeigte sich von der päpstlichen Initiative wenig begeistert und befürchtete nur eine Eskalation am Verhandlungstisch.

Nachdem die Fünferkonferenz nicht zustandegekommen war, blieb noch ein zweiter Weg, die Vermittlung bilateraler Gespräche zwischen Deutschland und Polen. Den ganzen Juni und Juli über konzentrierte sich das vatikanische Staatssekretariat auf dieses Ziel – vergeblich.

Doch auch Hitler wurde aktiv. Im Mai unterzeichneten sein Außenminister Joachim von Ribbentrop und Mussolinis Graf Ciano in Berlin den *Stahlpakt.* Deutschland und Italien verpflichteten sich darin, dem anderen im Kriegsfall Waffenhilfe zu leisten. Zuvor hatte der *Duce* den *Führer* gewarnt, Italien sei nicht vor 1943 für einen Krieg gerüstet. Drei Monate später, am 23. August 1939, schlossen Ribbentrop und Stalins Außenminister Molotow einen Nichtangriffspakt ab. In einer geheimen Anlage wurde geregelt, wie man Polen nach einem Angriff aufteilen würde. Großbritannien und Frankreich reagierten mit einer Bekräftigung ihrer Allianz mit Polen. Man rechnete jeden Tag mit einem Angriff der Deutschen.

Jetzt ergriff der Papst das Wort. Für den 24. August 1939, 19 Uhr, kündigte *Radio Vatikan* eine Ansprache Pius' XII. an. Es wurde ein letzter, verzweifelter Aufruf zum Frieden: „Eine schwere Stunde schlägt erneut für die große Menschheitsfamilie", begann er, um eindringlich zu mahnen: „Nur durch die Macht der Vernunft, nicht der Waffen, wird sich die Gerechtigkeit eine Bahn schaffen. Die Reiche, die nicht auf dem Fundament der Gerechtigkeit gründen, sind nicht von Gott gesegnet. Eine moralfreie Politik verrät ihren Urheber. Unmittelbar droht die Gefahr, aber noch ist es Zeit. *Nichts ist mit dem Frieden verloren. Aber alles kann mit dem Krieg verloren sein.*"

Selbst Hitler muß begriffen haben, daß es ein strategischer Fehler gewesen wäre, nach diesen Worten loszuschlagen. Jedenfalls verschob er den Angriff auf Polen, den er für die Nacht vom 25. auf den 26. August geplant hatte, um fünf Tage. Vorher wollte er einen letzten Versuch unternehmen, um das Land von England und Frankreich loszureißen. Auch Mussolini reagierte auf die päpstliche Mahnrede. Gleich am nächsten Tag ließ er Hitler erneut wissen, daß Italien noch nicht in der Lage sei, ihn in einem eventuellen Konflikt militärisch zu unterstützen. Pater Venturi gegenüber gab er zu, daß er es gerne vermeiden würde, auf das Schlachtfeld zu ziehen.

Frankreichs Botschafter beim Heiligen Stuhl fragte an, ob der Papst nicht zu einem öffentlichen Wort zugunsten Polens bereit wäre. Doch die Antwort, die ihm Monsignore Tardini überbrachte, erstaunt: „Seine Heiligkeit sagt, daß das zuviel verlangt sei. Man dürfe nicht vergessen, daß es im (Großdeutschen) Reich 40 Millionen Katholiken gebe. Welchen Repressalien wären sie ausgesetzt nach einer solchen Äußerung des Heiligen Stuhls?“ Pius XII. hatte sich entschieden, dem Beispiel Benedikts XV. zu folgen und zumindest nach außen hin Neutralität zu wahren, schon um auch weiterhin für eine Vermittlerrolle in Frage zu kommen. Auch die Lateranverträge verpflichteten den Papst ausdrücklich zur Neutralität. Selbst die Sorge um eine traditionell streng katholische Nation wie Polen hätte es nicht gerechtfertigt, die Katholiken Deutschlands und des ehemaligen Österreich zu gefährden.

Stattdessen versuchte der Nuntius in Warschau, beim polnischen Ministerpräsidenten vorzusprechen. Schließlich wurde ein Gespräch zwischen dem polnischen Botschafter in Berlin und Ribbentrop arrangiert. An beide Seiten erging am 31. August 1939 ein letzter Appell des Papstes, der nicht nur den Botschaftern der fünf Mächte, sondern auch noch Spaniens und der Vereinigten Staaten zugestellt wurde:

„Deshalb fleht Seine Heiligkeit im Namen Gottes die Regierungen von Deutschland und Polen an, alles in ihrer Macht Stehende zu tun, um jeden Zwischenfall zu vermeiden und davon abzusehen, irgendwelche Maßnahmen zu ergreifen, die die aktuelle Spannung verschärfen könnten.“ Noch einmal bestand Anlaß zur Hoffnung. Als Hitler am Spätnachmittag diese Friedensbotschaft aus den Händen des Nuntius Orsenigo in Empfang nahm, erwiderte er, er sei bereit, den Vorschlag des Papstes anzunehmen. Noch am selben Abend erwarte er den Unterhändler Polens. Er ließ nicht durchblicken, daß er bereits mittags den endgültigen Befehl zum Einmarsch erteilt hatte. Der Angriff sollte am nächsten Morgen, dem 1. September 1939, um 4.45 Uhr stattfinden.

Es war noch nicht 6 Uhr morgens, als Monsignore Orsenigo das Staatssekretariat und Kardinal Maglione den Papst über die Ereignisse informierte. Seinem Biographen Nazareno Padellaro zufolge erlitt Pacelli einen Zusammenbruch: „Pius XII. sucht Zuflucht zu Füßen des Kreuzes und zieht sich in seine Privatkapelle zurück. Sein Gebet hat keine Worte, nur Tränen. Ein Schluchzen erschüttert die Gestalt, die alle bisher nur in vollendeter Selbstbeherrschung sahen. Der einzige, der alles Menschenmögliche unternommen hatte, um das unermeßliche Unheil abzuwenden, liegt weinend zu Füßen Christi."

Nur zwei Tage später, am 3. September, erklärten Frankreich und England dem Deutschen Reich den Krieg. Sechs Jahre des Grauens standen Europa bevor.

Doch Pius XII. gab noch nicht auf. War auch sein Versuch, den Krieg zu verhindern, gescheitert, war es jetzt sein Anliegen, den Konflikt zu begrenzen und möglichst bald zu beenden. Hitler, das hatte sich gerade gezeigt, war überhaupt nicht zu trauen. Angenehm überrascht aber war er vom Verhalten des *Duce,* der Wort gehalten hatte. Als die deutschen Truppen in Polen einmarschierten, verkündete Italien, daß es nicht in den Krieg eintreten werde. Fortan ließ Pius XII. nichts unversucht, damit es dabei auch blieb.

Gleich zu Kriegsbeginn nahm das Päpstliche Hilfswerk, das im 1. Weltkrieg so viele gute Dienste geleistet hatte, seine Arbeit wieder auf. Zu seinem Leiter bestimmte der Papst Monsignore Giovanni Battista Montini, den späteren Papst Paul VI., der jetzt dem Innenamt des Staatssekretariats vorstand. Bereits am 18. September bat er die Regierung in Berlin, ihm eine Liste mit den Namen der Kriegsgefangenen zu übersenden, Namen, die der Vatikan brauchte, um die vielen Anfragen nach Vermißten zu beantworten. Doch die Nazis verweigerten jede Zusammenarbeit. Auf den Druck der Reichsregierung mußte sogar die Deutsche Bischofskonferenz den Pfarrern verbieten, den Informationsdienst des Papstes auf der Kanzel zu erwähnen oder seine Formulare zu verwenden. Erst als es auch Kriegsgefangene auf alliierter Seite gab und der Vatikan mit dem Internationalen Roten Kreuz zusammenarbeitete, konnten bis Ende 1943 120000 Namen übermittelt und um die 42000 Päckchen zumindest in die Gefangenenlager der Westmächte geschickt werden.

Bald erreichten Nachrichten über das brutale Vorgehen der Deutschen in Polen den Vatikan. Der Papst wollte nicht länger schweigen, die Polen nicht ohne eine Botschaft des Trostes und der Solidarität lassen. Als der polnische Primas Kardinal Augustyn Hlond in Rom eintraf, um Pius XII in persönlichem Gespräch die Leiden seines Volkes zu schildern, sah er den Zeitpunkt gekommen. Vor Mitgliedern der polnischen Gemeinde in Rom erklärte der Papst am 30. September: „Ihnen allen bleibt als leuchtender Hoffnungsschimmer in der augenblicklich herrschenden dunklen Nacht: die Erinnerung an ihre große nationale Geschichte, die sich bald zehn Jahrhunderte lang dem Dienst an Christus verschrieben hat und unzählige Male für die edelmütige Verteidigung des christlichen Europa gekämpft hat. Ihnen bleibt vor allem der Glaube, der nicht nachlassen will …" Damit erklärte er der Nazipropaganda, die in den Polen ein „minderwertiges Volk" sah, eine deutliche Absage.

Doch er wußte, daß dies nicht ausreichte. So arbeitete er wochenlang an seiner Antrittsenzyklika, in der er nicht nur sein Programm als neuer Papst mitteilen, sondern vor allem Krieg, Totalitarismus und Rassismus eine deutliche Absage erteilen wollte. Sie wurde sein größter Wurf, vielleicht das wichtigste Dokument seines Pontifikats. Am 20. Oktober 1939, zum damaligen Termin des Christkönigsfestes, druckte der *Osservatore Romano* ihren Text, der von Rom aus um die Welt ging. Der Titel der Enzyklika lautete *Summi pontificatus,* ihr Thema waren „die Not und Irrtümer unserer Zeit und deren Überwindung in Christus". Angesichts des „entsetzlichen Unwetters des Krieges, das Wir mit Unserem ganzen Einsatz vergeblich zu beschwören versuchten … dieser apokalyptischen Vorausschau gegenwärtigen und zukünftigen Unheils", vorausahnend, „was alles aus der Drachensaat der Gewalt und des Hasses hervorgehen mag, für die heute das Schwert die blutigen Furchen zieht", sah es der Papst als seine Pflicht an, „mit wachsender Eindringlichkeit hinzulenken auf den einzigen, von dem der Welt das Heil kommt".

Nach dieser eindeutigen Verurteilung des Krieges machte er die „Leugnung des Sittengesetzes", die „falschen Lehren" und die „neuen Irrtümer" seiner Zeit für die Gewalt verantwortlich. Immer deutlicher, immer beängstigender seien die Anzeichen für ein neues Heidentum.

An erster Stelle stünden „Theorien, welche die Einheit des Menschengeschlechtes leugneten" und „das Gesetz der Solidarität und der Liebe … in Vergessenheit geraten" ließen. Die Kirche dagegen lehre, daß alle Menschen und alle Völker „aus einem einzigen Stamm", den biblischen Ureltern, hervorgegangen sind. Jede „Anhänglichkeit an das Erbgut", jeder übertriebene Glaube „an die Größe des eigenen Vaterlandes" seien unvereinbar mit dem christlichen Glauben, wie ihn der hl. Paulus formulierte: Wo Christus alles erneuern wird, gebe es „nicht mehr Griechen oder Juden, Beschnittene und Unbeschnittene, Fremde, Skythen, Sklaven oder Freie, sondern Christus ist alles und in allen" (Kol 3,11). Indem er den Begriff *Humani generis unitas* benutzte, spielte er auch auf die unveröffentlichte Enzyklika Pius XI. an.

Ausdrücklich verurteilte der Papst die Ideologie des Totalitarismus: „Die falsche Auffassung von der schrankenlosen Autorität des Staates, ehrwürdige Brüder, ist nicht nur für das innere Leben der Nationen, ihre Wohlfahrt und ihren geordneten Aufschwung verderblich, sondern schadet auch den Beziehungen der Völker untereinander, weil sie die übernationale Gemeinschaft zerstört, dem Völkerrecht seine Grundlage und seine Bedeutung entzieht, zur Verletzung fremder Rechte führt und jedes Verstehen und friedliche Zusammenleben erschwert". So prangerte er Hitler an, auch wenn er ihn nicht beim Namen nennt: „Von vorneherein Verträge als etwas Vorübergehendes ansehen und sich stillschweigend das Recht zu ihrer einseitigen Lösung vorzubehalten, sobald es nützlich dünkt, hieße jegliches gegenseitige Vertrauen von Staat zu Staat zerstören. Das wäre das Ende der naturgewollten Ordnung ..."

Auch Polen hat er nicht vergessen: „Schon sind Völker in den mörderischen Strudel des Krieges hineingezogen, und vielleicht stehen sie erst am Anfang der Leiden ... Das Blut ungezählter Menschen, auch von Nichtkämpfern, erhebt erschütternde Klage, insbesondere auch über ein so geliebtes Volk, wie das polnische, dessen kirchliche Treue und Verdienste um die Rettung der christlichen Kultur mit unauslöschlichen Lettern in das Buch der Geschichte geschrieben sind und ihm ein Recht geben auf das menschlich-bürgerliche Mitgefühl der Welt. Vertrauend auf die mächtige Fürsprache Mariens, der Hilfe der Christen, ersehnt es die Stunde seiner Auferstehung nach den Grundgesetzen der Gerechtigkeit und eines wahren Friedens." Der explizite Hinweis auf die Gottesmutter, die in Polen so leidenschaftlich verehrt wird, war wohl ein besonderer Trost für dieses leidgeprüfte Volk.

Zum Abschluß rief Pius XII. die christliche Welt zur Hilfe für „alle vom Kriegselend Betroffenen" auf. „Bruderliebe solle kein leeres Wort sein, sondern lebendige Wirklichkeit: Ein unübersehbares Arbeitsfeld eröffnet sich der christlichen Caritas in all ihren Formen." Die Opfer des Krieges hätten „ein Recht auf Mitleid und Hilfe".

„Papst verurteilt Diktatoren, Vertragsbrecher und den Rassismus", titelte am nächsten Tag die *New York Times*. Die Botschaft war angekommen. Ihre Worte waren so deutlich, daß die Verbreitung der Enzyklika in Deutschland verboten wurde. *Gestapo*-Chef Heinrich Müller hielt fest, sie sei „ausschließlich gegen Deutschland gerichtet, sowohl weltanschaulich wie in Hinblick auf den Krieg mit Polen." Reinhard Heydrich, Leiter des *SS-Sicherheitsdienst*-Büros in Warschau, bezeichnete sie als „unausgewogene Anklage gegen Deutschland". Offiziell protestierte das Auswärtige Amt gegen die Enzyklika, „die im Wesentlichen den Grundsatz des totalitären Staates" und „vor allem das Dritte Reich … verurteilt". „Pius XII. hat nun wohl aufgehört, neutral zu sein", erklärte man dem deutschen Vatikanbotschafter Diego von Bergen in Berlin. Die Hitlerjugend erhielt den Auftrag, alle Kopien einzusammeln und zu vernichten. Goebbels ließ sogar einen gefälschten Text drucken und im Reich verbreiten, um den Eindruck zu erwecken, der Papst bete für die Deutschen, nicht für die Polen. Gleichzeitig warfen französische Flugzeuge 88 000 Kopien des Originaltextes über Deutschland ab, um Hitlers Volk aufzurütteln.

Als der päpstliche Nuntius Orsenigo Ende November 1939 im Reichsaußenministerium in Berlin gegen die brutale Behandlung des polnischen Volkes protestierte, stieß er auf taube Ohren. Das ginge ihn nichts an, darum solle er sich nicht kümmern, wurde ihm aus Ribbentrops Büro mitgeteilt.

So blieb Pius XII. nichts anders übrig, als in seiner Weihnachtsansprache 1939 noch einmal die „vorsätzliche Gewalt gegen ein kleines, hart arbeitendes und friedvolles Volk, unter dem Vorwand einer nichtexistierenden ‚Bedrohung'" anzuprangern. Gleichzeitig benannte er die fünf Grundbedingungen zur Verwirklichung des Friedens: 1. Das Recht jeder Nation auf Leben; 2. Abrüstung; 3. Schaffung einer übergeordneten völkerrechtlichen Institution; 4. Wahrung der Rechte von Völkern und Minderheiten und 5. ein gerechtes Verantwortungsbewußtsein. Vergeblich.

Vom 2. Januar 1940 an begann *Radio Vatikan,* regelmäßig über die Zustände im besetzten Polen zu berichten. „Die Bedingungen des religiösen, politischen und wirtschaftlichen Lebens haben das edle polnische Volk, insbesondere in den von den Deutschen besetzten Gebieten, in einen Zustand von Terror, Abstumpfung und, wir möchten sogar sagen: von Barbarei versetzt ... Die Deutschen benutzen dieselben Mittel und vielleicht noch schlimmere als die Sowjets", hieß es in einer ausdrücklich zwei Tage zuvor vom Papst autorisierten Sendung am 21. Januar. Vergeblich protestierte der deutsche Botschafter gegen die Ausstrahlung. Als polnische Musiker am Jahrestag seiner Krönung für ihn Chopin spielten, entfuhr es Pius XII.: „Das arme Polen ist zwischen zwei Dieben gekreuzigt". Erst als die polnischen Bischöfe selbst darum baten, stellte *Radio Vatikan* die Berichterstattung über die Greueltaten der Nazis ein. Es hatte sich gezeigt, daß sie auf jede Ausstrahlung mit brutalsten Vergeltungsschlägen gegen die Kirche und die Bevölkerung reagierten.

Noch gab es die Hoffnung, den Krieg zu beschränken und Hitler zu isolieren. So nutzte der Papst die Zehnjahresfeier der *Lateranverträge* im Dezember 1939 für einen persönlichen Vorstoß. Erst empfing er den mittlerweile altersmilden König Vittorio Emanuele III. und die Königin im Vatikan, dann entschloß er sich, allen damaligen diplomatischen Gepflogenheiten zuwider, zu einem Gegenbesuch auf dem *Quirinal.* Beide Male rühmte er Italien, das „Dank der erhabenen und weisen Hand seines Königs ... weiterhin im Frieden" lebe. Die Botschaft war eindeutig und wurde auch von Mussolini verstanden. In einem Brief, den er bald darauf an Hitler schrieb, befürwortete der *Duce* die Schaffung eines unabhängigen polnischen Staates, warnte vor einem zu engen Kontakt mit Rußland und prophezeite einen Eingriff der Vereinigten Staaten, die niemals „die totale Niederlage der Demokratien" zulassen würden. Schon deshalb könne und wolle Italien sich nicht zu einem langen Krieg verpflichten.

Doch Hitler reagierte nicht auf den Brief. Zunächst war Mussolini beleidigt, dann schlug diese Kränkung in Selbstzweifel um. Er fühlte sich mißachtet, ja verachtet. Das raubte ihm jedes Selbstbewußtsein, verwandelte seine Minderwertigkeitsgefühle in eine regelrechte Hitler-Hörigkeit. Immer öfter schwärmte er Ciano gegenüber von den „Großen Visionen", ja dem „Zauber" des *Führers.* Als dessen Außenminister von Ribbentrop nach Rom kam, empfing Mussolini ihn mit offenen Armen. Hitler erwarte ihn am Brenner, lautete die knappe Botschaft aus Berlin. „Mit einem Gefühl banger Vorfreude“ fuhr er an die Grenze zwischen dem Reich und Italien, wo er jetzt dem *Führer* seine blinde Gefolgschaft zusicherte.

Doch auch dem Papst stattete Ribbentrop am 11. März einen Besuch ab. Er kam in großer Diplomatenuniform, schwarz mit weißen Aufschlägen, und er hatte, um seine Bedeutung zu unterstreichen, sein Gefolge mitgebracht. So stieg er, begleitet von Botschafter von Bergen, Botschaftsrat Menshausen und seinem hochgewachsenen, rotblonden Protokollchef Freiherr von Dörnberg, gewollt federnden Schrittes die *Scala Regia* (Königstreppe) hinauf, den offiziellen Aufgang zum Apostolischen Palast. Nur dadurch, daß er die weißen Handschuhe in der Linken regelmäßig gegen seinen Oberschenkel schlug, verriet er seine Nervosität.

Am Eingang zu den päpstlichen Gemächern wurde der Außenminister Hitlers nach dem protokollarisch festgelegten Zeremoniell empfangen. Ein Monsignore geleitete die vier Männer durch die Reihe der Vorzimmer bis zur Schwelle der Bibliothek. Dann gab er den Begleitern ein Zeichen, hier zu warten; nur Ribbentrop allein wurde zum Papst vorgelassen.

Die Unterredung dauerte ziemlich genau eine Stunde. Pius XII. begann mit der naheliegenden Frage nach den jüngsten Schikanen gegen die Kirche in Deutschland. Ribbentrop erwiderte mit der ihm eigenen Arroganz, das sei nicht sein Ressort. Vorsichtig lenkte der Papst das Gespräch auf das eigentliche Thema, den Frieden. Doch kaum nahm er das Wort „Friede“ in den Mund, unterbrach der Reichsaußenminister seine Rede. „Bevor Eure Heiligkeit das Thema berühren, muß ich zuerst den Standpunkt der deutschen Regierung vorausschicken. Voraussetzung für jedes derartige Gespräch ist ein Friedensangebot von England und Frankreich an Deutschland.“ Mit leiser, geduldiger Stimme wies Pius XII. darauf hin, daß das Kriegsglück auch wankelmütig sein könne. Schon deshalb sei es manchmal klüger, dem Gegner entgegenzukommen. Wieder unterbrach ihn der Nazi. „Noch in diesem Jahr werden England und Frankreich sich mit einem Friedensangebot an die Reichsregierung wenden“, versicherte er kategorisch, „für uns gibt es keinen Wandel im Kriegsglück … und das ist die feste Überzeugung des gesamten deutschen Volkes."

Später sollte Kardinal Tardini, der neue päpstliche „Außenminister", notieren: „Er hat besonders darauf bestanden, dem Papst zu sagen, daß Deutschland sehr stark sei, daß die halbe Welt offen vor ihm liege, daß es von Rumänien alles Öl haben könne, das es wolle, und daß es ohne jeden Zweifel den Krieg im Laufe des Jahres 1940 gewinnen werde … Er hat das mehrere Male wiederholt, während er die Stimme hob und gestikulierte".

Zum Abschluß des Gespräches fragte der Papst ihn, ob er an Gott glaube. „Ich glaube an Gott, aber ich bin unkirchlich", antwortete Ribbentrop schnippisch. „Sie glauben wirklich an Gott?", wiederholte der Papst ungläubig und in deutscher Sprache seine Frage, „ich kann nicht anders, als an der Wahrheit dieser Worte zu zweifeln!"

„Immerhin hat der Nationalsozialismus, indem er Deutschland vor dem Kommunismus bewahrt hat, auch die Kirche gerettet", erklärte Ribbentrop, womit er wohl abtastete, ob er Pius XII. als Verbündeten für einen künftigen „Kreuzzug" gegen Rußland gewinnen könnte. „Das ist eine sehr gewagte Behauptung", schmetterte ihn Pacelli ab, „niemand kann wissen, was geschehen wäre, wenn …" Und dann kam er auf die Grausamkeiten des NS-Regimes zu sprechen. Um die *New York Times* vom 14. März 1940 zu zitieren: „Mit flammenden Worten … verteidigte der Heilige Vater die Juden in Deutschland und Polen."

Als der Reichsaußenminister mit seinem Gefolge beleidigt wieder abgezogen war, wußte Pius XII., daß Deutschland einen Angriff an der Westfront plante. Damit war klar, daß Ribbentrop aus zwei Gründen nach Rom gekommen war. Er wollte den *Duce* auf Hitlers Kurs einschwören und dem Papst klarmachen, daß jeder Widerstand zwecklos war. Binnen Jahresfrist wäre Hitler der Herr über Europa und Pius XII. ihm dann auf Gedeih und Verderb ausgeliefert. Deshalb sei die Zeit gekommen, sich dem Regime anzunähern. Zum Beispiel, indem er davon Abstand nimmt, weiter auf die italienische Regierung einzuwirken, Hitler die gewünschte Waffenhilfe zu verweigern.

Der Papst war niedergeschlagen. Während seine Monsignores eher kopfschüttelnd auf das arrogante Auftreten des „Herrenmenschen" aus Berlin reagierten, wußte er jetzt, daß der Frieden nicht mehr zu retten war. Noch einmal wandte er sich, jetzt handschriftlich, an

Mussolini, flehte ihn an, keinen falschen Schritt zu machen, der in Europa einen Steppenbrand auslösen und unvorstellbares Leid über die Menschen bringen würde. „Man muß auch dem Willen und den Absichten Dritter Rechnung tragen", lautete die lakonische Antwort des *Duce.*

Dann eine weitere öffentliche Verurteilung des Krieges und seines Urhebers: In seiner Predigt zum Osterfest 1940 zählte Pius XII. den Krieg zu den „moralischen Pestgeschwüren, die das menschliche Herz verunstalten", von denen das schlimmste aber der Meineid sei – eine offene Anklage an Hitler. „Die mehrfach in böswilliger Absicht gebrochenen Verträge und damit Verletzung des Völkerrechtes. Offene Städte und Dörfer terrorisiert, bombardiert und angezündet; unbewaffnete Männer, Kranke, wankende Greise und unschuldige Kinder ihres Heimes beraubt oder erschossen", faßte Nazareno Padellaro die aufwühlenden Anklagen des Friedenspapstes zusammen. Am nächsten Tag druckte der *Osservatore Romano* den Text auf seiner Titelseite. Mussolini tobte, als seine Schergen ihm vom reißenden Absatz der Zeitung in ganz Italien berichteten. Vergeblich protestierte er bei Kardinalstaatssekretär Maglione, der sich auf die Pressefreiheit im souveränen Vatikanstaat berief.

Die unheilvollen Ereignisse waren nicht mehr aufzuhalten, als der Kardinalstaatssekretär am 3. Mai 1940 an die Nuntiaturen in Brüssel und Den Haag telegraphierte. Aus zuverlässiger Quelle, so hieß es in dem chiffrierten Text, habe man erfahren, daß „eine Offensive an der westlichen Front unmittelbar bevorsteht", von der Holland, Belgien und vielleicht auch die Schweiz betroffen seien. Man solle von dieser Information „streng vertraulich Gebrauch machen". Erzbischof Clemente Micara, Apostolischer Nuntius in Belgien, informierte umgehend König Leopold. Drei Tage später empfing Pius XII. den französischen Botschafter, um ihn über den geplanten deutschen Angriff zu informieren. Am 10. Mai 1940 um 3 Uhr früh begann Hitler seine Offensive gegen Holland, Belgien, Luxemburg und Frankreich. Ohne Ultimatum, ohne Kriegserklärung, marschierte die Wehrmacht auch in die drei neutralen Staaten ein.

Am Abend des selben Tages schickte Pius XII. drei Telegramme an den König der Belgier, die Königin der Niederlande und die Großherzogin von Luxemburg, in denen er ihnen seine „väterliche Zuneigung“ bekundete und seinen Segen erteilte. Ihr Volk sei „gegen seinen Willen und gegen alles Recht ... den Grausamkeiten des Krieges ausgesetzt“. Er bete darum, daß die „uneingeschränkte Freiheit und Unabhängigkeit“ ihrer Länder baldmöglichst wieder hergestellt würde. Gleich am nächsten Tag erschienen die Texte im *Osservatore Romano*.

Wieder protestierte Mussolini, bezeichnete die Telegramme als „direkten Angriff auf seine Politik“. Im ganzen Land wurden die Verkäufer und Leser der Vatikanzeitung von faschistischen Brigaden brutal angegriffen und verprügelt. Fortan verboten die Faschisten die Auslieferung von mehr als 10000 Exemplaren in Italien. Bis dahin hatte die Auflage der Vatikanzeitung bei 150000 gelegen. Vatikanbotschafter Alfieri wurde angewiesen, im Namen Mussolinis beim Papst vorzusprechen. Als der ihn empfing, warnte ihn der Italiener, die Faschisten nicht zu überreizen und ließ durchblicken, daß „schwerwiegende Vorfälle“ die Folge sein könnten.

„Ich fürchte mich nicht davor, in ein Konzentrationslager zu gehen“, erwiderte Pius XII. ruhig, um an den Vorfall von München zu erinnern: „Ich habe mich auch das erste Mal nicht vor den auf mich gerichteten Revolvern gefürchtet; ich werde bei einem weiteren Mal noch weniger Angst haben.“

Und dann sagte er einen Satz, der zum Schlüsselsatz werden sollte, will man sein weiteres Vorgehen verstehen:

„Sicherlich wissen die Italiener über die schrecklichen Dinge Bescheid, die sich in Polen ereignen. Wir müßten Worte des Feuers gegen solche Dinge schleudern und das einzige, was Uns zurückhält, ist das Wissen, daß, wenn Wir sprechen würden, Wir das Los der Unglücklichen noch verschlimmern würden.“

XIV. Defensor civitatis

Die einzige, leise Hoffnung, die Pius XII. jetzt blieb, war die auf einen Regierungswechsel in Berlin. Er wußte, daß es ein *anständiges Deutschland* gab, das einen solchen herbeisehnte, und das in ihm seinen natürlichen Verbündeten sah: Oppositionelle, Nazigegner, überzeugte Katholiken, Protestanten um Dietrich Bonhoeffer, Adlige, Friedensfreunde. Sie waren keine weltfremden Spinner, sondern hatten bereits den militärischen Nachrichtendienst von Admiral Wilhelm Franz Canaris infiltriert. Ihre Kontakte reichten bis in den Generalstab der Wehrmacht. So kam es zu einer in der Geschichte einmaligen Konstellation. Der Stellvertreter Christi beteiligte sich an einer Verschwörung, die das Ziel hatte, Hitler zu stürzen.

Bevor der deutsche Widerstand mit dem Vatikan Kontakt aufnahm, wurde strikte Geheimhaltung vereinbart. Um keinen Preis durfte Canaris, der nach außen hin die Fassade eines loyalen Geheimdienstlers aufrechterhielt, dabei in Erscheinung treten. Alle Kontakte liefen über die Abwehrstelle München und einen einzigen Mann: Dr. Josef Müller.

Müller, der als Nachkriegspolitiker und Mitbegründer der CSU unter dem Spitznamen *Ochsensepp* bekannt wurde, war durch und durch Katholik. Der Sohn eines fränkischen Bauern hatte sich zunächst zum Rechtsanwalt hochgearbeitet, bis ihn Canaris als Offizier in die deutsche Abwehr aufnahm.

Doch begonnen hatte alles mit einem anderen Münchener, Wilhelm Schmidhuber, dem Honorarkonsul Portugals. Er war gerade zu einer Reserveübung eingezogen, als die allgemeine Mobilmachung befohlen wurde. Der Konsul sollte als Lageoffizier bei General Sperrle in Nürnberg dienen. Doch dem jovialen Lebemann, der ebenso Kosmopolit wie gläubiger Katholik war, gefiel die Aussicht auf das Soldatenleben gar nicht. So ließ er seine Beziehungen spielen und meldete sich bei einem alten Freund, Oberstleutnant Teschemacher, dem Chef der Abwehrstelle München. Auch Teschemacher war Katholik und kein Freund des Nationalsozialismus. Schmidhuber bot ihm an, sein Konsulat als Verbindungsstelle für Nachrichtenübermittlung zu nutzen, womit er als Konsul unabkömmlich wäre. Teschemacher wollte

Papst Pius XII. (1876–1958; Pontifikat von 1939–1958). (1)

Immer die Arbeit dabei: Pius XII. bei einem seiner täglichen Spaziergänge in den vatikanischen Gärten. (2)

Pius XII. an seiner Schreibmaschine. (3)

Die Eltern des Papstes, Filippo Pacelli und Virginia Graziosi. (4)

Eugenio Pacelli und sein Bruder Francesco (rechts) mit Pater Lais. (5)

Eugenio Pacelli als Oberschüler im liberalen Visconti-Gymnasium. (6)

1917: Liebesgaben an Kriegsgefangene. (7)

1927: Mit Bergarbeitern in Gelsenkirchen. (8)

Papst Pius XII. (1876–1958; Pontifikat von 1939–1958). (1)

Immer die Arbeit dabei: Pius XII. bei einem seiner täglichen Spaziergänge in den vatikanischen Gärten. (2)

Pius XII. an seiner Schreibmaschine. (3)

Die Eltern des Papstes, Filippo Pacelli und Virginia Graziosi. (4)

Eugenio Pacelli und sein Bruder Francesco (rechts) mit Pater Lais. (5)

Eugenio Pacelli als Oberschüler im liberalen Visconti-Gymnasium. (6)

1917: Liebesgaben an Kriegsgefangene. (7)

1927: Mit Bergarbeitern in Gelsenkirchen. (8)

Pius XII. aufgebahrt im Petersdom. (29)

Die Überlebenden des Krieges danken Pius XII. (30)

Mystiker: Pius XII. beim Gebet. (31)

nur wissen, ob Schmidhuber über Kontakte zum Vatikan verfüge. Der Konsul bejahte. Jetzt wurde er für die Abwehr interessant.

Teschemacher schickte Schmidhuber nach Berlin in die Abwehrzentrale, zu Generalmajor Hans Oster, dem Personalchef und Freund von Canaris, der zugleich der Kopf der Verschwörergruppe war. Wieder nannte er Namen und Position seiner Kontaktleute im Vatikan. Ob der Konsul bereit wäre, im Auftrag der Abwehr nach Rom zu reisen, fragte Oster. Schmidhuber bejahte, bat aber um einen Begleiter, der seine eigenen Beziehungen vorzüglich ergänzen könnte. Dieser Mann war Dr. Joseph Müller. In NSDAP-Kreisen galt er als suspekt, hatte er doch als Rechtsanwalt katholische Klöster und Orden gegen die immer häufigeren Übergriffe der Nazis verteidigt. Für Canaris war er deshalb vertrauenswürdig. Er befahl, Müllers Papiere in Ordnung zu bringen, dann flogen die beiden Münchener nach Rom, offiziell um über defätistische Stimmungen in Italien zu berichten. Fortan trat Schmidhuber in den Hintergrund, übernahm der *Ochsensepp* die Operation.

Dr. Müller verfügte tatsächlich über gute Kontakte zur Kurie. Er hatte in den Grotten von St. Peter geheiratet, sein Trauzeuge war der deutsche Monsignore Schönhöffer, der fortan als Mittelsmann fungierte. Über ihn ließ er anfragen, wie der Vatikan zu einem Frieden mit Deutschland stünde, ehe der Krieg über Polen hinausgreift. Die Antwort lautete, jede Möglichkeit, den Krieg auf Verhandlungsbasis zu beenden, würde begrüßt. Bald kam Müller mit Kaas in Kontakt, der ihn wiederum Pater Leiber vorstellte, dem Privatsekretär des Papstes.

Ihm offenbarte er zum ersten Mal, daß Männer aus dem Generalstab und der Abwehr einen Militärputsch gegen Hitler planten. Ihre Ziele waren die Rückkehr Deutschlands zur Rechtstaatlichkeit, eine Föderation, der auch Österreich angehören sollte, ein Rückzug aus Polen und der Tschechoslowakei. Chef der Übergangsregierung sollte Generaloberst Ludwig Beck werden, der 1938 aus Protest gegen Hitlers geplanten Einmarsch in die Tschechoslowakei als Chef des Generalstabs zurückgetreten war und fortan die Zentralfigur der deutschen Militäropposition war. Die Verschwörer wußten, daß der Staatsstreich nicht gewaltlos ablaufen würde, ja das Risiko eines Bürgerkriegs bestand. Bevor sie losschlagen konnten, benötigten sie zumindest die Zusicherung Englands, daß die Westmächte die neue Regierung anerkennen, zum Frieden bereit seien und keinen Vorteil aus der Verwundbarkeit Deutschlands ziehen würden. Der Mann, der ihnen als der ideale Vermittler erschien, war der Papst. Generaloberst Beck vertraute ihm blind, seit er Pacelli als Nuntius in Berlin kennen gelernt hatte. Er sollte die Verbindung zu den Briten herstellen, die Garantien der Regierung Chamberlain besorgen.

Als Pius XII. durch Pater Leiber über die Pläne unterrichtet wurde, erbat er sich eine Nacht Bedenkzeit, dann sagte er zu. Es war die riskanteste Entscheidung seines Pontifikats. Nicht nur der Vatikanhistoriker Robert Graham fragte ratlos: „Wie konnte der Papst bei einer solch gefährlichen Aktion mitmachen?" Selbst für Pater Leiber war es unbegreiflich; seiner Meinung nach sei Pius XII. dabei „viel zu weit gegangen".

Tatsächlich wären die Folgen fürchterlich gewesen, hätte Hitler von dem Plan der Verschwörer und der Beteiligung des Papstes erfahren. Das Konkordat wäre aufgekündigt, die katholische Hierarchie an die Wand gestellt worden. Gleichzeitig hätte Mussolini das Verhalten des Papstes als Bruch der in den Lateranverträgen vereinbarten Neutralität gewertet. Sogar mit einer Besetzung des Vatikans durch die Faschisten war zu rechnen. Doch Pius XII. setzte jetzt alles auf eine Karte, da er keinen anderen Weg zum Frieden mehr sah.

Am 6. November 1939 wurde Müller mitgeteilt, der Papst sei bereit, „zu tun, was er könne". Es war seine eigene, eine einsame Entscheidung; nicht einmal das Staatssekretariat wurde in die Pläne eingeweiht. Nur Cornwell, der den neuen Mitverschwörer als *Hitlers Papst* diffamierte, sieht sogar in solchem Heroismus „die Schwäche und Verwundbarkeit der modernen päpstlichen Autokratie".

Drei Wochen später traf sich Kaas mit dem britischen Vatikanbotschafter Francis d'Arcy Osborne und weihte ihn in die Pläne ein. Am 12. Januar 1940 empfing ihn Pius XII. in Privataudienz. Vier Wochen später traf man sich heimlich, unter Umgehung des Protokolls. Die nächsten Wochen ging es zwischen Berlin, dem Vatikan und London hin und her. Der deutsche Widerstand wollte die Bedingungen erfahren, unter denen Großbritannien zu einem Frieden bereit wäre. Die Antwort war sehr präzise: wenn es gelänge, die Regierung Hitlers noch vor Beginn einer Westoffensive zu stürzen. Dazu sei man in der Lage, vorausgesetzt, daß die britischen Friedensbedingungen annehmbar sind, hieß es aus Berlin. Müller übermittelte die Bedingungen, die *deutsche Militäropposition* fand sie akzeptabel. Doch nichts geschah. Weder kam es zum Staatsstreich noch zur Westoffensive. War die deutsche *Resistance* etwa nur eine Erfindung der Nazis, um die Verteidigungsbereitschaft der Briten zu lähmen? London wollte die Namen der Verschwörer, Pius XII. hatte versprochen, sie nicht zu nennen, und so ließ er nur durchblicken, daß „ein deutscher General" beteiligt sei. Tatsächlich hatten die Männer um Oster ihre eigenen Möglichkeiten überschätzt. Pius XII. war verärgert, fühlte sich bloßgestellt. Die Briten verloren jedes Vertrauen in ihre Verhandlungspartner. Müller reiste nach München, Schmidhuber wurde aktiv. Er unternahm einen letzten Versuch, das Vertrauen der Alliierten zurückzugewinnen. Die Abwehr hatte den Zeitpunkt für den geplanten Einmarsch in Holland und Belgien in Erfahrung gebracht: 10. Mai 1940, 4 Uhr. Umgehend warnte der Vatikan die neutralen Staaten. Doch nach Rücksprache mit London entschied Brüssel, daß von den Mitteilungen aus den Reihen der deutschen Opposition nichts zu halten sei; schon öfter hätten sich deren Informationen als unzuverlässig erwiesen. So wurden die Beneluxstaaten von den Deutschen überrascht, obwohl sie aus dem Vatikan vorgewarnt worden waren.

Noch am selben Tag, an dem sich die Geheiminformation als wahr erwies, mußte sich der deutsche Widerstand seine Chancenlosigkeit eingestehen. Zu euphorisch war die Stimmung im Reich, zu laut der Jubel für Hitler, der von der Nazipropaganda als „Korrektor des Diktats von Versailles" gefeiert wurde, um jetzt etwas zu riskieren. In London dagegen regierte fortan unter Winston Churchill ein Kriegskabinett, das auf alle deutschen Friedenssondierungen mit Stillschweigen reagierte. Erst vier Jahre später, nach der Landung der Alliierten in der Normandie, sah das *die Militäropposition* wieder eine Chance für einen Umsturz. Jetzt gingen aus dem selben Kreis, der 1939 mit dem Papst kollaboriert hatte, die Männer des 20. Juli 1944 hervor. Ihr Schicksal ist leider bekannt.

Auch wenn der Plan scheiterte, verrät dieser geradezu tollkühne Akt des Papstes, den Harold Deutsch als „eines der erstaunlichsten Ereignisse in der modernen Geschichte des Papsttums" bezeichnet, viel über seinen Charakter. Er war alles andere als der Feigling, als den ihn Hochhuth darzustellen versuchte. Und ganz bestimmt setzte er auch nicht auf Hitler, um den Bolschewismus zu stoppen, den er angesichts der Greueltaten der Nazis noch für das kleinere Übel hielt. So stellte der Historiker Erich Kosthorst zutreffend fest: „Wenn der Papst naheliegende starke Bedenken beiseite schob und durch das Gewicht seiner Autorität der deutschen Opposition damals eine Legitimation gab, wie sie besser nicht möglich war, dann war das eine staatsmännische Tat hohen Ranges. Sie verliert auch dadurch keine Bedeutung, daß sie den Frieden, dem sie dienen wollte, nicht erreichte." Auch die Männer des 20. Juli verlieren nichts an ihrer Größe und ihrem Heldenmut dadurch, daß sie letztendlich so kläglich scheiterten.

Jedenfalls wird der Kontakt des Papstes zum deutschen Widerstand zum Schlüsselgeheimnis für sein Verhalten während des Krieges, den Denkmantel scheinbarer Neutralität, den er nie völlig ablegte. Immer wieder hatte Müller ihm ausrichten lassen, wie wichtig es sei, „dass sich der Papst jeder öffentlichen Stellungnahme enthält, in der die Nazis beim Namen genannt und verurteilt würden", wie der US-Diplomat Harold Tittmann jr. 1945 nach einem Gespräch mit Müller in einem Memorandum festhielt: „Denn wenn der Papst konkret geworden wäre, hätten die Deutschen ihn beschuldigt, das Sprachrohr der Fremdmächte zu sein. Dadurch wären die Katholiken in Deutschland noch stärker verdächtigt und zusätzlich in ihren Möglichkeiten beschränkt worden, den Nazis Widerstand zu leisten." Auch in seinen 1967 veröffentlichten Memoiren bestätigte Müller, er habe dem Papst geraten, „die Nazis nicht durch einen unbedachten Schritt zu reizen", um ihnen „keine billigen Gründe zum Zuschlagen (zu) liefern."

Der Papst war bereit, nach den Spielregeln der Verschwörer zu spielen, mit denen ihn die dringende Hoffnung verband, die braune Bestie und mit ihr den millionenfachen Mord an Unschuldigen zu stoppen. „Die römischen Gespräche können als sicherer Beweis dafür gelten, dass der Papst nichts sehnlicher wünschte als ein von Hitler und Nazismus befreites Deutschland. Anders ist sein mutiges Eintreten für die deutsche Militäropposition nicht zu deuten", resümierte Müller.

Doch als der Krieg den ganzen Kontinent heimsuchte, hoffte Pius XII. noch auf einen anderen Verbündeten in seiner Friedenspolitik: Die Vereinigten Staaten.

Ende Dezember 1939 hatte der Papst, wie er es nannte, „ein Weihnachtsgeschenk aus Washington" erhalten. Präsident Roosevelt kündigte an, seinen persönlichen Freund, den ehemaligen Stahlmagnaten Myron Taylor, als „außerordentlichen Gesandten" nach Rom zu schicken. Damit war der erste Schritt zum Aufbau diplomatischer Beziehungen zwischen den USA und dem Heiligen Stuhl getan. Öffentlich lobte der US-Präsident das „Konzept für einen gerechten Frieden", das der Papst der Welt vorgelegt hatte und sagte die volle Unterstützung seiner Regierung zu. „Die wichtigste Achse der Welt ist nicht mehr Rom-Berlin, sondern jetzt Rom-Washington", schrieb das US-Magazin *Look:* „Das ist die Friedensachse."

Als Myron Taylor am 27. Februar 1940 im Vatikan vorstellig wurde, begrüßte man ihn wie einen Friedensboten. Das handschrift liche Beglaubigungsschreiben, das ihm der Präsident mitgegeben hatte und das an den Papst persönlich gerichtet war, endete mit den ebenso unprotokollarischen wie warmen Worten *Cordially your friend,* „herzlichst, Ihr Freund". Zeitgleich war ein zweiter Sonderbeauftragter Roosevelts eingetroffen, Sumner Welles, der durch die europäischen Hauptstädte reiste, um die Stimmung zu sondieren und auf Möglichkeiten für einen Frieden abzutasten. Am Ende konzentrierte sich auch Roosevelt auf den Versuch, Mussolini von einem Kriegseintritt abzuhalten, doch er scheiterte damit ebenso wie vor ihm der Papst.

„Wir verdoppeln unsere Gebete und Anstrengungen", schrieb Pius XII. im August 1940 an Roosevelt. Das war wörtlich gemeint. Im April rief er die gesamte Christenheit zu einem *Friedensgebetskreuzzug* auf, der den ganzen Mai lang dauern sollte. In einem ergreifenden Friedensgebet am 5. Mai 1940 flehte er die Schutzpatrone Italiens, die hl. Katharina von Siena und den hl. Franz von Assisi, an, den Krieg von ihrem Land fernzuhalten. Als Italien doch am 10. Juni 1940 in den 2. Weltkrieg eintrat, vergoß er bittere Tränen. Die Amerikaner boten ihm Asyl an. Doch Pius XII. wußte, daß sein Platz in Rom war. „Ich habe keine Angst und ich werde hierbleiben", erwiderte er auf das Angebot.

Apage Satanas! – das alte Exorzismusgebet der Kirche aus dem *Rituale Romanum* – betete er dieser Tage oft, meist kniend in seiner Privatkapelle, bekleidet mit seinem privaten, bereits mehrfach geflickten Priestergewand, an den Füßen die bequemen schwarzen Schuhe, die er sich einst in München zugelegt hatte und die er nur in den privatesten Stunden trug. Der Mann, dem er den Teufel austreiben wollte, lebte 1500 Kilometer weiter nördlich, doch der Papst hoffte, daß sein Gebet trotzdem etwas ausrichten könnte. Denn spätestens seit März 1939, so berichten Augenzeugen aus seinem engsten Umfeld (einschließlich seinem Neffen Carlo), hatte Pacelli keinen Zweifel mehr, daß Adolf Hitler vom Teufel besessen war. So soll der Papst den braunen Diktator in den düstersten Momenten des Krieges einem „Fernexorzismus" unterzogen haben. Mal in seiner Kapelle, dann wieder durch das geöffnete Fenster seines Appartements, betete er: „Im Namen Jesu, weiche Satan … Du, der du im Roten Meer von Moses besiegt wurdest, der du aus Saul ausgetrieben wurdest dank der von David gesungenen Psalmen, der du verdammt wurdest in der Person des Judas …" Pater Gumpel SJ, der *Relator* im Seligsprechungsprozeß Pius XII., bestätigte mir persönlich dieses gewiß aufschlußreiche Detail.

Der Papst hatte jeden Grund dazu, denn täglich erreichten ihn neue Berichte, die keinen Zweifel daran ließen, daß Hitler die Kirche haßte und vernichten wollte. Wie wir heute wissen, wurden allein in Deutschland gegen 12105 Priester Zwangsmaßnahmen ergriffen. Damit waren ein Drittel des katholischen Klerus und ein Zehntel der Ordensleute direkt betroffen. 407 deutsche Priester kamen in ein Konzentrationslager, 107 fanden dort den Tod, weitere 63 Priester wurden hingerichtet oder ermordet. Im besetzten Polen töteten die Nazis vier Bischöfe, 1996 Priester, 113 Mönche und 238 Nonnen. In den Konzentrationslagern kamen weitere 3642 Priester, 720 Ordensbrüder und 1117 Nonnen ums Leben. Die Besatzer schienen um jeden Preis entschlossen, die christliche Religion dort auszulöschen. Jeder Protest des Nuntius Orsenigo in Berlin blieb ungehört; das Konkordat, so erklärte man ihm im Außenministerium, gelte nur für das Altreich in den Grenzen von 1933, also ginge ihn auch nichts an, was in den Ostgebieten geschehe. Zumindest vermittelt das Vorgehen in Polen einen Eindruck davon, was in Deutschland ohne das Konkordat geschehen wäre. Doch auch so wurde die katholische Kirche im Dritten Reich zu einer Kirche der Märtyrer.

Einzelne mutige Bischöfe und Priester leisteten trotzdem Widerstand. Gleich nach Kriegsausbruch hatte Hitler einen seiner schrecklichsten Pläne verwirklicht. Im Reich wurde die Euthanasie legalisiert, was die Definition von „lebensunwertem Leben“ und die massenhafte Tötung Behinderter zur Folge hatte. Auf Veranlassung des Papstes dekretierte 1940 das *Heilige Offizium*, daß die Euthanasie gegen das Tötungsverbot des *Dekalogs* verstoße und daher mit dem christlichen Glauben unvereinbar sei. Trotzdem reagierten die deutschen Bischöfe zunächst zaghaft, mahnten lediglich vorsichtig in einem Hirtenbrief an, nie und unter keinen Umständen dürfe ein Mensch einen Unschuldigen töten. Nur einer von ihnen redete Klartext und handelte sich damit auf alle Zeiten den Ehrentitel *der Löwe von Münster* ein: der Pacelli-Freund Clemens August Graf von Galen. In drei feurigen Predigten, die fortan, illegal kopiert, ihren Weg durch das Reich machten, protestierte er gegen das Euthanasieprogramm, die Verschleppung und Ermordung Behinderter und die Praktiken der Gestapo. Pius XII. bezeichnete diese Predigten als „einen Trost und eine Genugtuung, wie Wir sie auf dem Leidensweg, den Wir mit den Katholiken Deutschlands gehen, schon lange nicht mehr empfunden haben.“ Galen selbst blieb von den Nazis unbehelligt, obwohl er jeden Tag damit rechnete, von der Gestapo verhaftet zu werden. Stattdessen wurden 24 Priester und 13 Ordensleute aus seiner Diözese in die Konzentrationslager gesteckt, zehn von ihnen starben im KZ. Er wußte, daß sie an seiner Stelle litten.

Der Krieg wurde zur Rechtfertigung für jede antikirchliche Schikane. Im Februar 1940 wurden die Weihbischöfe und Generalvikare fast aller Diözesen in das Berliner Reichssicherheitshauptamt vorgeladen, wo man ihnen erklärte, jede kritische Äußerung würde „im Krieg als ein Angriff gegen die geschlossene Front des deutschen Volkes und als Sabotageversuch am Wehrwillen des Volkes aufgefaßt werden“, worauf die Todesstrafe stand. Unter dem Vorwand des Krieges begann man ab 1940 damit, Klöster und Ordenshäuser zu beschlagnahmen. Über 300 von ihnen fielen dem *Klostersturm* zum Opfer, Mönche und Nonnen wurden einfach auf die Straße gesetzt. Auch hier war es nur der *Löwe von Münster*, der offen protestierte. Es wurden Glocken konfisziert, Gottesdienste, Wallfahrten und Prozessionen untersagt, kirchliche Feiertage gestrichen, konfessionelle Kindergärten geschlossen, das Schulgebet durch ein *nationalsozialistisches Leitwort* ersetzt: „Immer mehr muß das Volk den Kirchen und ihren

Organen, den Pfarrern, entbunden werden ... Niemals aber darf den Kirchen wieder ein Einfluß auf die Volksführung eingeräumt werden. Dieser muß restlos und endgültig gebrochen (und)... beseitigt werden", befahl Hitlers Sekretär Martin Bormann den Gauleitern. Hitler selbst plante für die Zeit nach dem *Endsieg* eine *Endlösung der Kirchenfrage:* „Ich würde im Vatikan einmarschieren und die ganze Gesellschaft herausholen. Ich würde dann sagen: ‚Verzeihung, ich habe mich geirrt!' – Aber sie wären weg." Seinem Leibarchitekten Albert Speer vertraute er an: „Wenn ich einmal meine anderen Fragen erledigt habe, werde ich mit der Kirche abrechnen. Hören und Sehen wird ihr vergehen." Wen er dabei besonders im Auge hatte, berichtete der spanische *Generalissimo* Francisco Franco nach einem Treffen mit Hitler: „Der Reichskanzler bezeichnete den Heiligen Vater als seinen persönlichen Feind." Den jungen Männern der Waffen-SS trichterte man damals schon ein: „Bevor nicht der Papst, dieser Verbrecher in Rom, bevor nicht alle Pfaffen aufgehängt sind, kann von einem Sieg keine Rede sein."

Trotzdem erdreistete sich Hitler, den Papst um eine Solidaritätsadresse zu bitten, als er im Juni 1941 Rußland überfiel. Würde er nicht einen Kreuzzug gegen den Bolschewismus führen? Der Vatikan ignorierte die Chuzpe des *Führers* zunächst. Erst als auch der Botschafter Italiens, Bernardo Attolico, anfragte, warum der Papst zwar den Bolschewismus verurteilt hätte, jetzt aber offenbar Deutschland und Italien seine Unterstützung im Kampf gegen das sowjetische Rußland versage, antwortete Monsignore Tardini, auf den Hitler-Stalin-Pakt anspielend: „Es steht außer Frage, daß derjenige, der in der Vergangenheit Freundschaftsverträge mit Rußland abgeschlossen hat, sein Verhalten erklären muß. Es ist offensichtlich, daß derjenige, der gestern noch erklärt hat, daß das Bündnis mit Rußland die Garantie für den Frieden im Osten sei und heute ... einen Kreuzzug führt, diese Veränderung seines Verhaltens erklären muß. Aber der Heilige Stuhl hat das nicht nötig." Auf eine erneute Nachfrage hin erklärte er: „Das Hakenkreuz ist nicht unbedingt das Kreuz des Kreuzzuges". Außerdem sei es schwierig, „die Irrtümer und Schrecken des Kommunismus zu verurteilen ... die Entgleisungen und Verfolgungen des Nazismus aber zu vergessen." Daher halte er „statt des Ausdruckes *Kreuzzug*" eher das Sprichwort „ein Teufel jagt den anderen" für angemessen.

„Nie hat Papst Pius XII. im Krieg Hitlers gegen Rußland einen Kreuzzug gegen den Bolschewismus gesehen", bestätigte auch der engste Vertraute des Papstes, sein Sekretär Pater Leiber. Als der deutschfreundliche Bischof Alois Hudal eine Messe für die in Rußland gefallenen Deutschen halten wollte, wurde ihm das von Pius XII. persönlich über Pater Leiber verboten: Schließlich sei das russische Volk gezwungen, einen Krieg zur Verteidigung der Heimat zu führen, weshalb man dort schon eher „von einem ‚heiligen Krieg' sprechen könne", wie dieser schrieb.

„Die kommunistische Gefahr besteht, im Augenblick aber ist die Gefahr durch die Nazis ernster", vertraute Pius XII. in diesen Tagen dem Rektor der *Gregoriana* und späteren Kardinal, P. Paolo Dezza SJ, an.

In seiner Weihnachtsansprache 1941 verurteilte er beide. Stattdessen plädierte er für eine auf Gerechtigkeit begründete Welt, in der es keinen Platz für Angriffe auf die Freiheit und Sicherheit anderer Nationen, die Unterdrückung von Minderheiten, den totalen Krieg, den hemmungslosen Rüstungswettlauf und die Verfolgung von Religion und Kirche gäbe. „Die Stimme von Pius XII. ist eine einsame Stimme im Schweigen und in der Dunkelheit, welche Europa an dieser Weihnacht umfangen. Er ist so ziemlich der einzige Regierende auf dem europäischen Kontinent, der es überhaupt wagt, seine Stimme zu erheben", kommentierte die *New York Times:* „Er ließ keinen Zweifel daran, daß die Ziele der Nazis mit seiner Auffassung vom Frieden Christi unvereinbar sind."

Doch auch von der Gegenseite kamen Anfragen. Als Roosevelt sich mit Stalin verbündete, versuchte er, dem Papst weiszumachen, daß in der UdSSR die Kirchen wieder geöffnet würden. Pius XII. wußte, wie die Sowjets nach ihrem Einmarsch im Ostteil Polens gewütet hatten, wie brutal auch sie gegen Priester und Ordensleute vorgegangen waren. Der Kommunismus war eine ebenso menschenverachtende atheistische Doktrin wie der Nationalsozialismus. Beide zerstörten die Grundrechte des Menschen, beide waren unversöhnliche Gegner der Kirche. Man konnte nicht mit dem einen Teufel paktieren, um den anderen zu verjagen.

Trotzdem wollte er katholische Amerikaner, die gegen Hitler in den Krieg zogen und damit de facto auch Verbündete Stalins waren, nicht in einen Gewissenskonflikt stürzen. So erklärte er, er verurteile zwar nach wie vor den Kommunismus, empfinde aber „für das russische Volk auch weiterhin nur väterliche Gefühle". Da es unrechtmäßig angegriffen wurde, dürfe man es auch unterstützen. Doch die Politiker sollten sich keiner Illusion hingeben. Sollte Rußland den Krieg gewinnen, würden Stalin und der Kommunismus zu ungeahnter Macht aufsteigen. Die Geschichte sollte zeigen, wie berechtigt seine Sorge war. Zunächst aber hatte er das Bündnis gegen Hitler abgesegnet.

Als der Krieg fast den gesamten Kontinent überzog, suchte der Papst Zuflucht bei der Gottesmutter von Fatima, die den drei Hirtenkindern Lucia, Jacinta und Francisco am Tag seiner Bischofsweihe erstmals erschienen war. In der Schublade seines Schreibtischs lag ein Brief, in dem ihm Lucia, die mittlerweile in einem Kloster im spanischen Tuy lebte, von einer Christusvision berichtete. In ihrer Klosterzelle sei ihr der Heiland erschienen und habe sie aufgefordert, für den Heiligen Vater zu beten, „so daß er nicht den Mut verliert unter der Bitterkeit, die ihn bedrückt". Sie solle ihm mitteilen, daß „die Heimsuchung andauern wird", daß „Krieg, Dürre und Verfolgungen meiner Kirche" über die gottlosen Nationen kämen, doch daß es eine Möglichkeit gäbe, ihr Leiden zu verkürzen. Er müsse nur die Welt und ganz besonders Rußland „dem Unbefleckten Herzen Mariens" weihen. Immer wieder las Pacelli diesen Brief und verglich ihn mit der Botschaft der Gottesmutter vom Juni 1917. Dort war schon der Zweite Weltkrieg angekündigt, war von den „Irrlehren" die Rede, die sich überall ausbreiten und zu Verfolgungen der Kirche führen würden. Doch der prophetische Text endet auch mit einer Verheißung: „Der Heilige Vater wird mir Rußland weihen, das sich bekehren wird, und der Welt wird eine Zeit des Friedens geschenkt werden."

Konnte es ein Zufall sein, daß all dies an jenem Tag begann, an dem Benedikt XV. ihm sein erstes Hirtenamt übertrug, ihn als Friedensstifter hinaus in die Welt sandte? Immer mehr festigte sich in Pius XII. die Überzeugung, daß diese Botschaft wirklich himmlischen Ursprungs war, sich auf sein Pontifikat bezog und er der Fatimapapst sei, das Werkzeug der göttlichen Vorsehung. Nach nichts sehnte er sich so sehr, wie der Menschheit den Frieden zu bringen. Vielleicht lieferte Maria, die er so inbrünstig verehrte, den Schlüssel dazu. Sollte sich Rußland bekehren und an der Seite Amerikas Hitler stoppen, bestünde wirklich wieder Hoffnung für die leidgeprüfte Menschheit.

In dieser dunkelsten Stunde der Geschichte, als die Frontlinie Hitlers von Leningrad bis Stalingrad am Don verlief und deutsche Truppen nur wenige Kilometer vor Moskau standen, siegte der Mystiker über den Diplomaten Pacelli. Der Papst beschloß, nicht nur Rußland, sondern die ganze Welt der Gottesmutter zu weihen.

Ausgerechnet in diesem Jahr, 1942, feierte die Kirche in Fatima den 25. Jahrestag der Erscheinungen. Im Februar wurde das Jubeljahr eröffnet, im April fand in Lissabon ein großer Marianischer Kongreß statt, an jedem Jahrestag der Erscheinungen versammelten sich bis zu 500000 Gläubige im Heiligtum von Fatima. Bis jetzt hatte der Papst zu ihrer großen Enttäuschung geschwiegen. Um so größer war ihre Freude, als er am 31. Oktober, zum offiziellen Abschluß der Feierlichkeiten, in einer Radiobotschaft ankündigte, die Konsekration vorzunehmen.

Als Zeitpunkt hatte er den 8. Dezember 1942 gewählt, das *Fest der Unbefleckten Empfängnis*. In Anwesenheit von 40 Kardinälen, zahlreichen Bischöfen, dem diplomatischen Korps und Gläubigen aus zahlreichen Ländern weihte er feierlich den ganzen Erdkreis der Gottesmutter. Auch Rußland wurde erwähnt, freilich durch einen diskreten, verschlüsselten Zusatz („... und insbesondere jene, die durch Irrtum und Zwietracht getrennt sind ... und unter denen keiner war, der nicht in seinem Haus deine heilige Ikone bewahrte, heute vielleicht verborgen und auf bessere Tage wartend“). Doch das war noch nicht, was die Gottesmutter wünschte, schrieb Lucia ihm kurze Zeit später. Nicht allein solle der Papst die Weltweihe vornehmen, sondern „gemeinsam mit den Bischöfen der gesamten Christenheit“. Trotzdem habe ihr Christus in einer neuen Erscheinung versprochen, „den Krieg bald zu beenden. Die Bekehrung Rußlands aber ist nicht für jetzt bestimmt.“

Man mag der Mystik der frommen Ordensschwester skeptisch gegenüberstehen, man mag die Theologie, die hinter ihrem Christusbild steht, in Frage stellen. Doch es bleibt eine beeindruckende Koinzidenz, daß unmittelbar nach der Ankündigung des Papstes, die Weltweihe vorzunehmen, die entscheidende Wende im 2. Weltkrieg eintrat. Am 3. November 1942 durchbrachen die Briten die deutschen Reihen bei El Alamein und fügten den Männern von *Wüstenfuchs* Rommel die erste schmerzhafte Niederlage des gesamten Krieges zu. Am 19. November startete die sowjetische Gegenoffensive an der Wolga und kesselte die 6. Armee bei Stalingrad ein. Zwei Monate später blieb den Deutschen nur die Kapitulation. 140 000 Soldaten ließen ihr Leben, 90 000 Deutsche wurden in die Kriegsgefangenschaft geführt. Von nun an befanden sich Hitlers Soldaten auf dem Rückzug. Ein Wunder? Der Papst war bereit, daran zu glauben. Am 4. Mai 1944 rief er das *Fest des Unbefleckten Herzens Mariens* ins Leben, um „das Angedenken an die Weihung der menschlichen Rasse", die er vorgenommen hatte, zu wahren.

Doch die Wende im 2. Weltkrieg bedeutete auch, daß der Krieg näher an Rom heranrückte. Schon im Sommer 1940 ließ Pius XII. Washington und London wissen, daß er im Fall einer Bombardierung der Ewigen Stadt öffentlich protestieren würde. Churchill erwiderte, ein solcher Protest würde nur als Eintreten zugunsten des faschistischen Italiens verstanden werden. Als im April 1941 einige Bomben im Vatikan einschlugen, wurden englische Flieger verdächtigt. Wahrscheinlich aber handelte es ich um eine Provokation der Faschisten.

Ende 1942, als sich die Wende im Krieg bereits abzeichnete, wandte sich der Papst über seinen Kardinalstaatssekretär erneut an die Alliierten. Der britische Botschafter Osborne teilte jedoch mit, daß sich England vorbehalte, militärische Ziele anzugreifen. Kardinalstaatssekretär Maglione wies darauf hin, daß es völlig unmöglich sei, ein Ziel in Rom zu bombardieren und nicht das historische Erbe der Stadt oder eine ihrer zahlreichen Kirchen zu gefährden. Auch Roosevelt versprach nur, die Vatikanstadt zu verschonen. Schließlich hatte zumindest Mussolini ein Einsehen. Am 12. Dezember 1942 gab er bekannt, daß eine Reihe von militärischen Kommandostellen von Rom in andere Städte verlegt wurden, um „unter allen Umständen" eine Bombardierung der Ewigen Stadt zu vermeiden. Er selbst und seine Regierung zögen ebenfalls um. „Jetzt wird er einen neuen *Marsch auf Rom* machen müssen, um wieder zurückzukehren", kommentierte Unterstaatssekretär Montini sarkastisch. Der *Duce* sollte seine Hauptstadt nie mehr wiedersehen. Pius XII. aber bemühte sich darum, daß Rom zur *offenen Stadt* erklärt wird.

Am 10. Juli 1943 erhielt der Papst von Roosevelt ein Telegramm. Die alliierten Truppen, Briten und Amerikaner, befanden sich erstmals auf italienischem Boden. Der Präsident versicherte, alle Kirchen zu schonen.

Neun Tage später strahlte die Sonne über Rom, der Himmel war klar und wolkenlos. Trotzdem lag eine Nervosität über der Stadt, so als würden die Menschen vorausahnen, daß Unheil naht. Plötzlich, es war gerade 11 Uhr morgens, erfüllte ein Summen die flirrende Luft, um allmählich immer lauter, immer bedrohlicher zu werden. Die Menschen erstarrten vor Entsetzen, als sie begriffen, was das bedeutete. In den nächsten vier Stunden griffen 500 alliierte Bomber die italienische Hauptstadt an. Ihr Ziel war der römische Verladebahnhof, waren die Bahneinrichtungen rund um *Tiburtina,* doch betroffen waren auch die umliegenden Stadtteile und Wohnviertel, darunter der Friedhof *Campo Verano* und, vor allem, die päpstliche Basilika *S. Lorenzo fuori le mura* aus dem 4. Jahrhundert, eine der fünf Hauptkirchen Roms. In ihr hatte Pius IX., der „Gefangene des Vatikans", seine letzte Ruhestätte gefunden.

Während die eisernen Todesvögel die Ewige Stadt heimsuchten, stand Pius XII. leichenblaß und wie erstarrt am weit geöffneten Fenster seines Arbeitszimmers. Seine Augen starrten in die Unendlichkeit, als er die nun zitternde Hand zum Segen erhob. Rom brannte! Exakt am selben Tag, an dem fast 1900 Jahre zuvor unter Kaiser Nero die Stadt durch ein Feuer verwüstet wurde, stiegen jetzt im Osten Roms Flammen auf. Dem Papst brach das Herz. In der Richtung des brennenden Stadtteils lag auch die Basilika *S. Maria Maggiore,* das bedeutendste Marienheiligtum der Stadt und der Welt, wo er am Ostermontag 1899 seine Primiz gefeiert hatte. Als er versuchte, dort anzurufen, war die Leitung tot. Doch zum Glück war sie verschont geblieben.

Kaum war der letzte der Bomber am Horizont verschwunden, hielt den Papst nichts mehr im Vatikan. Er ließ seinen Fahrer rufen, dann griff er sich alles Geld, das sich in der Verwaltungskasse des Päpstlichen Haushalts befand. Jede Warnung von Schwester Pascalina und Pater Leiber schlug er in den Wind. Er mußte in dieser schweren Stunde bei den Menschen sein. Zumindest gelang es Pascalina, Monsignore Montini zu erreichen, der den Heiligen Vater begleitete.

Der päpstliche Chauffeur dachte zunächst, es ginge nur in die Vatikanischen Gärten, und brachte ein eher altersschwaches Fahrzeug. Doch zum Wechseln des Wagens blieb jetzt keine Zeit. Während im Vatikan noch niemand wußte, daß der Papst gerade das Haus verlassen hatte, und der Kardinalstaatssekretär, als er das endlich erfuhr, fast einen Nervenzusammenbruch erlitt, war Pius XII. in seinem schwarzen Oldtimer bereits auf dem Weg zu den Opfern des Angriffs.

„*Il Santo Padre!* Der Heilige Vater!" war der erste, freudige Aufschrei einer verstörten Menschenmenge, die in den qualmenden Ruinen, zwischen immer noch einstürzenden Häusern, tränenverschmiert, schmutzig von Ruß und Staub, vom Lärm der Explosionen benommen, nach ihrer Habe suchte. Die Leute konnten es kaum glauben, als plötzlich der Papst mitten unter ihnen stand. Sie umringten den Wagen mit ihrem Hirten, der zu ihnen gekommen war, um Trost und Hilfe zu bringen. Sie hängten sich an das Trittbrett, stiegen auf den Kühler und das Dach, bis das überlastete alte Auto einfach seinen Geist aufgab. Der Papst stieg aus, mischte sich unter das Volk, segnete jeden einzelnen und verteilte alles Geld, das er mitgebracht hatte. Dann, als er vor dem eingestürzten Portico der arg mitgenommenen Basilika *S. Lorenzo* angekommen war, knieten er und die Menge nieder, um ein Gebet zu sprechen. Erst eine Stunde später, als sein Fahrer ein kleines Auto organisiert hatte, kehrte Pius XII. in blutbefleckten, schmutzigen Kleidern in den Vatikan zurück. Auf die Vorwürfe, die ihm Kardinal Maglione jetzt machte, antwortete er nur: „Ich werde es sofort wieder tun, sollte – was Gott verhüten möge – die Stadt noch einmal bombardiert werden." Als er an diesem Abend, wie immer nach dem Rosenkranz, von seinem Fenster aus die geliebte Stadt Rom segnete, liefen ihm Tränen über die Wangen. Noch einmal durchlitt er, was er an diesem Nachmittag erlebt und gesehen hatte.

Dann schrieb er an Roosevelt, den Mann, der sich einst als sein „Freund" bezeichnet hatte. Daß der Vatikan als neutraler Staat von Bombenangriffen verschont bliebe, verstehe sich wohl von selbst. Doch heute „haben es die Zerstörungsschwärme sogar gewagt, die Stadt zu verletzen, die zu allen Zeiten als Heiligtum der ganzen Welt gegolten hat" und deren Kulturdenkmäler ein Schatz seien, der doch der ganzen Menschheit gehöre. Der empörte Brief des Papstes markierte das Ende der Zweckfreundschaft zwischen ihm und dem Präsidenten. Auch die Alliierten, so hatte sich gezeigt, handelten aus unchristlicher Vergeltungssucht und entfernten sich von dem Ideal eines gerechten Friedens, wie ihn der Papst gefordert hatte. Das Leid der Flüchtlingsströme, der Opfer bombardierter Städte, deren Zerstörung keineswegs kriegsnotwendig war, klagen auch sie an. So schrieb er den künftigen Siegern ins Stammbuch: „Der Frieden kann nicht in der Demütigung der Besiegten bestehen, sondern beruht und befestigt sich allein im versöhnlichen Geist brüderlicher Eintracht, der die Leidenschaften und Haßgefühle zu mäßigen vermag." Doch Winston Churchill, der den Befehl dazu erteilt hatte, hielt es nicht für nötig, sich für das „Bombardement der Güterverladeplätze bei (sic!) Rom" zu entschuldigen.

Trotz aller päpstlicher Appelle erfolgte am 13. August 1943 ein zweiter Luftangriff von diesmal nur einer Stunde Länge. Schon kurz nach zwölf Uhr war Pius XII. wieder bei den Opfern. Er beugte sich über ein verblutendes kleines Mädchen, das, während er ihr Worte des Trostes zusprach, in seinen Armen starb. Ihr Blut hatte seine weiße Soutane befleckt und ließ die Menschen erschaudern, als er sich aufrichtete, um sie alle, mit weit ausgebreiteten Armen, zu segnen. In ihren Augen war er selbst zum Gekreuzigten geworden.

Einen Tag später meldete die Presse, daß Rom auf Bitten der italienischen Regierung, des Heiligen Stuhls und der Schweizer Regierung zur *offenen Stadt* erklärt worden sei und fortan von Bomberangriffen verschont bleiben werde. Zehntausende strömten auf den Petersplatz, um dem Papst ihre Dankbarkeit zu bekunden und ihn als *Defensor civitatis,* als „Verteidiger der Stadt", zu feiern.

Nach wie vor aber litt und bangte Pius XII. mit den Menschen. Eine geradezu rührende und ebenso charakteristische Solidaritätsbekundung schildert uns Schwester Pascalina in ihren Erinnerungen:

> „Es gab keine Kohlen, um zu heizen. Also wurde auch im Vatikan nicht geheizt, vor allem nicht in der Wohnung des Heiligen Vaters. Viele im Vatikan nahmen dies Pius XII. übel, er aber glaubte, diese Härte sich selber schuldig zu sein, denn er wollte mit gutem Beispiel vorangehen. Die großen Räume waren im Winter bitterkalt, besonders bei regnerischem Wetter. Trotzdem erlaubte er sich selber höchstens eine Wärmflasche oder ein Heizkissen für die Erwärmung der Hände, um schreiben zu können. Für die sehr kalten Tage verschafften wir uns einen elektrischen Ofen, den wir in Abwesenheit des Heiligen Vaters ohne sein Wissen im Privat-

appartement einschalteten, um wenigstens sein Arbeitszimmer ein wenig zu temperieren. Bei den großen Räumen war dies allerdings ganz unzureichend, zudem durften wir uns dabei nicht erwischen lassen. Der Heilige Vater litt wirklich unter der Kälte und hatte stark erfrorene Hände. Aber die Soldaten im Feld, die Ausgebombten, die Flüchtlinge, die vielen anderen – hatten die nicht noch vielmehr durchzustehen? Und so wollte es der Papst nicht besser haben als sie."

Am Ende des Krieges, so hielt Monsignore Tardini fest, wog er bei 1,82 Metern Körpergröße nur noch 57 Kilogramm. Wenn Constantin Costa-Gavras in seinem Skandalfilm *Amen* den Papst bei einem opulenten Dinner zeigt, während die Menschen in den Konzentrationslagern hungern, so ist das nicht nur geschmacklos, es ist rundherum erlogen.

Auch bei seinen regelmäßigen Audienzen für die Soldaten zeigte Pius XII. seine tiefe Menschlichkeit und sein durch und durch echtes, gefühltes Mitleid. Dabei machte er keinen Unterschied, ob es Deutsche, Italiener oder später Amerikaner, Briten und Franzosen waren. Er wußte, daß diese jungen Männer nur Befehlen folgten, die sie nicht zu verantworten hatten, was sie bald durchmachen würden und wieviele von ihnen nie mehr in die Heimat zurückzukehrten. „Er litt und bangte mit ihnen. Oft kam er von diesen Audienzen zurück, unfähig, eine Speise zu berühren, weil ihm die Soldaten, aber auch deren Mütter und Väter, Frauen und Kinder so leid taten", erinnert sich Schwester Pascalina. Vielen von ihnen nahm er sogar persönlich die Beichte ab.

Auf einer öffentlichen Audienz im Herbst 1941, an der neben anderen Pilgern auch deutsche Soldaten teilnahmen, empfing er einen jungen Mann, der ihn um Hilfe bat für eine Gruppe Juden, die in einem italienischen Internierungslager festgehalten wurden und zu verhungern drohten. Er sprach zuerst in gebrochenem Italienisch, doch der Papst forderte ihn auf, in seiner Muttersprache zu sprechen: „Sie sind doch auch Deutscher, nicht wahr?" Der junge Mann erwiderte, er sei in Deutschland geboren, aber Jude.

Nachdem der Papst ihm versprochen hatte, zu helfen, erklärte er dem jungen Mann auf Deutsch: „Ich weiß, was es bedeutet und ich hoffe, daß du immer stolz darauf sein wirst, ein Jude zu sein!" Dann wiederholte er diese Worte noch einmal, so laut, daß es jeder hören konnte: „Gott schütze dich, mein jüdischer Freund, und vergiß nie: Sei immer stolz darauf, ein Jude zu sein!"

Nach seiner eigenen Flucht schilderte der junge Mann diese Episode in der jüdischen Siedlerzeitung *The Palestine Post,* der heutigen *Jerusalem Post,* vom 28. April 1944. Den deutschen Soldaten wurde schließlich die Teilnahme an Papstaudienzen verboten. „Der gegenwärtige Papst (ist) ja klug genug, mit diesen Dingen eine offensichtliche Propaganda zu betreiben", kommentierte Dr. Goebbels.

XV. Gerechter unter den Völkern

In Hochhuths *Stellvertreter* reagiert der Papst mit emotionsloser Kälte auf die Nachricht von der Ermordung von Millionen Juden in den Todeslagern der Nazis. Er ist gerade einmal bereit, ein paar belanglose Worte zu diktieren, bevor er sich seinem Hauptanliegen zuwendet, den eingegangenen Schecks und den Aktienpaketen des Kirchenstaates. Um keinen Preis will er Hitler brüskieren, den er doch dringend braucht als Bollwerk gegen den Kommunismus.

Mit der historischen Wahrheit hat dieses Zerrbild rein gar nichts zu tun.

Das wußte niemand so gut wie der damalige „Innenminister" des Papstes, Monsignore Giovanni Battista Montini, der nur ein paar Monate nach der Uraufführung von Hochhuths Skandaldrama als Papst Paul VI. aus dem Konklave hervorging. So beauftragte er vier renommierte Historiker des Jesuitenordens, die Patres Pierre Blet, Angelo Martini, Robert Graham und Burkhart Schneider (sprich: einen Franzosen, einen Italiener, einen Amerikaner und einen Deutschen), mit der vollständigen Veröffentlichung aller Akten und Dokumente zu den Ereignissen im 2. Weltkrieg, die sich in den Vatikanarchiven befinden. Bereits nach einem Jahr lag der erste Band vor, im Jahre 1981 war die gesamte zwölfbändige Edition der *Actes et Documents du Saint-Siège relatifs à la Seconde Guerre mondiale,* 7664 Seiten stark, abgeschlossen. Wohl weil sie in der Diplomatensprache Französisch erschien (während die meist italienischsprachigen Dokumente in ihrer Originalsprache belassen sind), wurde sie von den meisten angloamerikanischen Autoren, darunter den Pius-Kritikern John Cornwell und Daniel Jonah Goldhagen, weitgehendst ignoriert. So faßte Blet 1997 die wichtigsten Fakten aus der Edition in seinem Buch *Papst Pius XII. und der Zweite Weltkrieg* zusammen, das in allen Weltsprachen, darunter auch auf Deutsch, erschien. Seitdem sind wir in der Lage, uns ein ziemlich genaues Bild vom Verhalten des Papstes angesichts der beiden größten Herausforderung seines Pontifikats – Krieg und Holocaust – zu machen. Es wird ergänzt durch die minutiösen Recherchen seriöser Historiker und die umfangreichen Interviews mit Zeitzeugen aus dem engsten Umfeld des Papstes im Rahmen des Seligsprechungsprozesses.

Das, was wir heute *Holocaust* – Brandopfer – nennen, im Nazi-Jargon als *Endlösung der Judenfrage* bezeichnet, nahm seinen Anfang im Sommer 1941 mit einem Befehl des *Führers* an den *Reichsführer der SS,* Heinrich Himmler. Damals begannen die ersten Massenerschießungen, während zuvor noch ernsthaft von Umsiedelungen zunächst nach Madagaskar, dann in ein Gebiet bei Lublin die Rede war. Details wurden am 20. Januar 1942 auf der sogenannten *Wannseekonferenz* von Vertretern der SS-Dienststellen, der Reichs- und der Parteikanzlei, des Innen- und Ostministeriums, des Justizministeriums und des Auswärtigen Amtes unter Vorsitz von Reinhard Heydrich geplant. Ganz Europa sollte auf der Suche nach Juden durchkämmt, über elf Millionen Menschen in Konzentrationslager geschafft und dort systematisch ermordet werden. Zehn Tage später, am 9. Jahrestag seiner Machtergreifung, konnte Hitler seinem Volk verkünden, „daß das Ergebnis dieses Krieges die Vernichtung des Judentums sein wird." Trotzdem wollte niemand so recht begreifen, daß damals der größte Massenmord der Geschichte begann.

Seine einzig für jedermann sichtbare Manifestation waren die Massendeportation von Juden aus dem Reich und den besetzten Gebieten. Am 9. März 1942 meldete Nuntius Giuseppe Burzio aus Pressburg (heute: Bratislava) in der Slowakei, 80000 Juden seien nach Polen transportiert worden. Etwa zeitgleich informierte Gerhard Riegner, der Vertreter des *Jüdischen Weltkongresses* in Genf, den Nuntius in Bern über Massaker an deportierten Juden im besetzten Polen. Es würde auch experimentiert, „mit Gas und Injektionen den Tod herbeizuführen". Doch auch Riegners Angaben waren noch vage; er räumte ein, daß sie größtenteils auf Gerüchten basierten. Einige Wochen später schrieb der Nuntius in Budapest, Angelo Rotta, die jüdischen Kreise in Ungarn seien sicher, daß die slowakischen Deportierten „zu einem großen Teil in den sicheren Tod gingen". Im Mai klagte Kardinal Innitzer aus Wien, daß es mittlerweile völlig unmöglich sei, den verfolgten Juden zu helfen; 20000 von ihnen seien bereits „in das Generalgouvernement (Polen) umgesiedelt" worden, darunter

1000 „nichtarische" Katholiken. Aus Berlin meldete Nuntius Orsenigo, daß auch hier die Deportationen begonnen hätten: „Die Lage der Juden ist von jeglicher gutgemeinter Intervention ausgeschlossen", das Auftreten der Kirche hätte jedesmal nur zu einer Verschärfung der Maßnahmen geführt. Ebenso sei es unmöglich, Informationen über das Schicksal der Deportierten zu erhalten. So komme es zu den „makabersten Mutmaßungen", wie Orsenigo glaubte, darunter „nur schwer kontrollierbare *Gerüchte* von katastrophalen Transporten und sogar von massenhaften Massakern an Juden". Am 12. Mai 1942 berichtete Pater Pirro Scavizzi, der als Militärgeistlicher des Malteserordens einen italienischen Lazarettzug durch die besetzten Gebiete Polens und der Sowjetunion begleitete, erstmals von „Massenhinrichtungen" von Juden. Erst im Herbst erfuhr er die ganze, schreckliche Wahrheit, meldete nach Rom: „Die Ausrottung der Juden durch Massentötungen ist fast total ... Man sagt, daß über zwei Millionen Juden getötet wurden."

Wir können in Scavizzi durchaus das historische Vorbild für den „Pater Riccardo" aus Hochhuths *Stellvertreter* sehen; wie dieser informierte er den Papst über die Schrecken des Holocaust, wie dieser wurde er im Oktober 1942 in Privataudienz empfangen. Doch während die Pius-Karikatur des Dramatikers uninteressiert und mit emotionsloser Kälte auf den Bericht des Paters Riccardo reagiert, schildert uns Pater Scavizzi einen ganz anderen Papst. Der sonst so beherrschte Pius XII., so der Pater, „weinte wie ein Kind", als er vom Schicksal der ermordeten Juden erfuhr, und beklagte, tief erschüttert, seine Ohnmacht. Scavizzi schrieb 1964, kurz vor seinem Tod:

> „(Pius XII.) hob seine Hände zum Himmel und sprach zu mir: ‚Sagen Sie allen, denen Sie es sagen können, daß der Papst für sie und mit ihnen ringt. Sagen Sie, daß ich mehrmals daran gedacht hatte, den Nationalsozialismus mit dem Bannstrahl zu belegen, vor der zivilen Welt seine Bestialität anzuklagen. Wir haben von den schlimmsten Folterdrohungen gehört, nicht hinsichtlich unserer Person, sondern hinsichtlich jener armen Söhne, die sich unter dem Naziregime befinden. Man hat uns über die verschiedenen Mittelsmänner die Bitte zukommen lassen, der Heilige Stuhl solle nur keine drastische Haltung einnehmen. Nachdem ich viele Trä-

nen vergossen und viel gebetet habe, hielt ich dafür, daß ein Protest meinerseits nicht nur keinem geholfen hätte, sondern vielmehr rasenden Zorn gegen die Juden heraufbeschworen und die Greueltaten nur noch um ein Vielfaches vermehrt hätte, da diese wehrlos ausgeliefert waren. Vielleicht hätte ich mir durch meinen Protest ein Lob der zivilisierten Welt eingehandelt, aber den armen Juden hätte es nur eine noch unerbittlichere Verfolgung gebracht, als jene, die sie sowieso schon zu erdulden haben.'"

„Die Judenmassaker haben grauenhaften Umfang und abscheuliche Formen erreicht, unglaubliche Morde werden jeden Tag begangen", notierte Monsignore Montini nach einem Gespräch mit dem aus Osteuropa zurückgekehrten Grafen Malvezzi vom Staatskonzern IRI. Kurz darauf übergab der Repräsentant Präsident Roosevelts, Myron Taylor, dem Staatssekretariat einen Bericht der *Jewish Agency for Palestine* über die Liquidierung des Warschauer Ghettos und die Einpferchung der Juden in Lager, die zu „Schlachthäusern" würden. In einem von Pater Blet auf „Ende 1942" datierten Bericht eines aus Berlin nach Rom gereisten Nuntiaturmitarbeiters war nicht nur von 3,5 Millionen Juden in den Händen der Deutschen und den beiden Ghettos in Lodz und Warschau die Rede, sondern erstmals auch von den Zuständen in den polnischen *Konzentrationslagern*. Dort würden die Juden „ein sehr hartes Leben führen; man gibt ihnen nur wenig zu essen; sie müssen außergewöhnlich schwere Arbeiten verrichten, was sehr schnell zu ihrem Tod führt." Trotzdem ließen auch diese Berichte das volle Ausmaß der Aktionen nur erahnen, zumal alle Zahlen auf reinen Spekulationen basierten. So glaubte man auch im Vatikan zunächst an Übertreibungen der alliierten Propaganda.

Schon im März 1942 hatten die deutschen Bischöfe in einem Hirtenbrief das „natürliche Recht" des Menschen auf Freiheit und Leben angemahnt und gegen die „Tötung Unschuldiger" protestiert. Im Sommer desselben Jahres plante auch der Papst, öffentlich gegen die Massendeportationen der Juden das Wort zu erheben. Doch dann kam alles ganz anders.

Als in den Niederlanden die Deportationen der Juden begannen, protestierten Vertreter aller Kirchen – Katholiken, Protestanten und Freikirchen – in einem Telegramm an Reichskommissar Arthur Seyß-

Inquart. Es enthielt den Satz: „Für die Christen jüdischen Ursprungs beten wir noch inständiger, weil sie völlig vom Leben der Kirche getrennt werden.“ Der Reichskommissar sagte zu, die „nichtarischen Christen“ zu verschonen, wenn sie vor 1941 konvertiert seien, verlangte aber im Gegenzug, daß sich die Kirchen aller öffentlichen Aktionen enthielten. Die Protestanten und Calvinisten stimmten dem zu. Nur der katholische Erzbischof von Utrecht, Johannes de Jong, ließ am 26. Juli 1942 einen Hirtenbrief verlesen, in dem er „das traurige Schicksal der Juden ... die Deportationen ... (von) unschuldigen Männern, Frauen und Kindern“ beim Namen nannte und zum Gebet für das „Volk Israel, das so bitter in Qual und Verfolgung geprüft wird“ aufrief.

Als Antwort ließ der deutsche Sicherheitsdienst am 2. August 1942 auch alle holländischen Katholiken jüdischer Abstammung festnehmen und deportieren – als „Gegenmaßnahme gegen den Hirtenbrief vom 26. Juli“, wie Seyß-Inquart ausdrücklich betonte: „Wenn sich der katholische Klerus nicht die Mühe macht, mit uns zu verhandeln, sind wir gezwungen, alle Katholiken von jüdischem Blut als unsere schlimmsten Feinde zu betrachten und müssen sie demgemäß nach dem Osten deportieren.“ Sogar die Klöster wurden auf der Suche nach „nichtarischen“ Mönchen und Nonnen durchkämmt. Das prominenteste Opfer dieser Vergeltungsmaßnahme war die Konvertitin Edith Stein, jetzt Karmeliterin Teresia Benedicta a Cruce, die nur eine Woche später in der Gaskammer von Auschwitz-Birkenau ermordet wurde. „Komm, wir gehen für unser Volk“ waren ihre letzten Worte. 1998 sprach sie Papst Johannes Paul II. heilig, ein Jahr später erklärte er sie zur Mitpatronin Europas.

Ein Jahr später faßte ein Bulletin des holländischen Kirchenrates zusammen: „Gegen die Kirche sind Repressalien ergriffen worden. Katholische Priester werden hart behandelt. Staatliche Subventionen, die der Kirche bewilligt worden waren, sind zurückgezogen und kirchliches Eigentum beschlagnahmt worden“. Die 9000 evangelischen „Nichtarier“ dagegen blieben – wie ihre Kirchen – unbehelligt.

Das Eintreffen der Nachricht aus Holland im Vatikan wurde zur Schlüsselszene für das künftige Verhalten Pius XII. angesichts des Holocaust. Schwester Pascalina, eine direkte Zeugin der Szene, erinnert sich:

„Man brachte die Morgenzeitungen in das Arbeitszimmer des Heiligen Vaters, der sich anschickte, zu den Audienzen zu gehen. Er las nur die Überschrift und wurde kreidebleich. Zurückgekehrt von den Audienzen – es war schon 13 Uhr und Zeit zum Mittagessen – kam der Heilige Vater, ehe er ins Speisezimmer ging, mit zwei großen, engbeschriebenen Bogen in der Hand in die Küche, wo die einzige Möglichkeit war, am offenen Feuer etwas zu verbrennen, und sagte: Ich möchte diese Bogen verbrennen, es ist mein Protest gegen die grauenhafte Judenverfolgung. Heute Abend sollte er im *Osservatore Romano* erscheinen. Aber wenn der Brief der holländischen Bischöfe 40000 Menschenleben kostete*, so würde mein Protest vielleicht 200000 kosten. Das darf und kann ich nicht verantworten. So ist es besser, in der Öffentlichkeit zu schweigen und für diese armen Menschen, wie bisher, in der Stille alles zu tun, was menschenmöglich ist.' – ‚Heiliger Vater', erlaubte ich mir einzuwenden, ‚ist es nicht schade, zu verbrennen, was Sie hier vorbereitet haben? Man könnte es vielleicht einmal brauchen' – ‚Auch ich habe daran gedacht', antwortete Pius XII., ‚aber wenn man, wie es heißt, auch hier eindringt und diese Blätter findet – und mein Protest hat einen viel schärferen Ton als der holländische –, was wird dann aus den Katholiken und Juden im deutschen Machtbereich? Nein, es ist besser, ihn zu vernichten.' – Der Heilige Vater wartete, bis die beiden großen Bogen vollständig verbrannt waren, und verließ erst dann die Küche."

Drei Zeugen, die Pater Gumpel SJ im Rahmen des Seligsprechungsprozesses unter Eid befragte, bestätigen diesen Bericht der päpstlichen Haushälterin: Die anwesende Köchin, Schwester Conrada Grabmair, Pater Leiber und Pater Hentrich. Schon 1964 veröffentlichte das italienische Nachrichtenmagazin *Vita* die Aussage einer „Person aus dem engsten Umfeld des Papstes", die das Zeugnis von Schwester Pascalina ergänzen könnte. Auch darin heißt es, Pius habe 1942 geplant, vor einer Gruppe deutscher Vatikanbesucher „die Grausamkeiten der Nationalsozialisten anzuprangern". Er verfaßte eine Rede, doch bevor

** Hier lag der Papst falsch; insgesamt wurden damals zwar 40000 Juden deportiert, die Zahl der katholischen „Nichtarier" aber lag bei einigen tausend. Die falsche Zahl stammte aus der ausländischen Presse.*

er sie hielt, las er sie dieser Vertrauensperson „mit vor Erregung und Empörung bebender Stimme" vor. Aber dann entschloß er sich, sie nicht zu halten, da „dieser Protest jede Maßnahme zur Rettung der Opfer des wahnsinnigen NS-Diktators zunichte gemacht hätte". Tatsächlich hatte Hitler schon 1939 vor dem Reichstag erklärt:

> „Es scheint im Ausland in gewissen Kreisen die Meinung zu bestehen, daß die besonders laute Bekundung einer Sympathie für Elemente, die in Deutschland mit dem Gesetze in Konflikt geraten sind, eine Erleichterung ihrer Situation mit sich bringen könnte. Vielleicht hat man die Hoffnung, durch gewisse publizistische Methoden auf die deutsche Staatsführung in diesem Sinne einen terroristischen Einfluß ausüben zu können. Die Meinung beruht auf einem kapitalen Irrtum: In der Unterstützung gewisser gegen den Staat gerichteter Unternehmen durch das Ausland ersehen wir die letzte Bestätigung ihres hochverräterischen Charakters! ... Diese Unterstützung scheint also nur für jene bestimmt zu sein, die das Deutsche Reich zu zerstören beabsichtigen. Wir werden aus diesem Grund in ihr in jedem einzelnen Fall nur einen zwingenden Anlaß zu einer Verschärfung unserer Maßnahmen sehen."

Wie berechtigt die Sorge des Papstes war, daß jeder Protest nur zu einer Verschlechterung der Situation für die Betroffenen führte, wurde ihm aus Polen bestätigt.

Als Pius XII. der erste Bericht von Pater Scavizzi über die Zustände in Polen vorlag, schickte er einen persönlichen Boten zu Adam Stefan Sapieha, dem Fürsterzbischof von Krakau. Monsignore Quirino Paganuzzi, der im Apostolischen Palast tätig war, sollte als Militärgeistlicher des Malteserordens einen der Lazarettzüge nach Polen begleiten, um dem Kardinal eine Geheimbotschaft des Papstes zu überbringen. Zusammen mit dem deutschen Militärgeistlichen Pater Joseph Kaul fuhr er am 14. August 1942 in einem Wagen der Wehrmacht zum Erzbischöflichen Palais. Die SS-Männer, die abkommandiert waren, um die Residenz des Erzbischofs zu bewachen, dachten sich nicht viel dabei, als Kaul, in Wehrmachtsuniform, schnittig aus dem Fahrzeug sprang. Ihm folgte Paganuzzi, der ein paar Flaschen Rotwein unter den Arm geklemmt hatte und Pakete mit der Aufschrift „Spaghetti" trug.

Mit einem breiten Grinsen, mit dem Finger auf den Chianti-Aufkleber zeigend, wurden sie ungehindert durchgelassen. Wer konnte schon ahnen, daß die Flaschen und Pasta-Pakete nur Tarnung waren, daß sich in ihnen die päpstlichen Dokumente befanden.

Als Erzbischof Sapieha den handschriftlichen Brief Pius XII. las, kamen ihm die Tränen. Dann öffnete er eines der Pakete, die ein bereits vervielfältigtes Dokument in polnischer Sprache enthielten, das der Erzbischof am nächsten Tag – Mariä Himmelfahrt – von den Kanzeln seiner Kirchen verlesen lassen sollte. Es war ein Brief des Papstes an die Polen, gleichermaßen eine Solidaritätserklärung und eine klare Absage an die Nazipropaganda. Wort für Wort studierte er den Text. Schließlich schlug er sich mit der Hand an den Kopf, ließ das Papier fallen und rief fast panisch: „Bei aller Liebe zu Gott, aber es ist mir absolut unmöglich, diesen Brief seiner Heiligkeit an meine Priester weiterzugeben und noch weniger kann ich ihn verlesen lassen. Wenn nur ein Exemplar in die Hände der SS gerät, rollen alle unsere Köpfe. Dann wäre die Kirche in Polen verloren. Weiß der Heilige Vater nicht, in welch schrecklicher Lage wir uns befinden? Das muß alles sofort verbrannt werden." Er ging zu einem kleinen Kachelofen, warf ein wenig Holz ins Feuer und den Brief wie die Flugblätter hinterher. Dann wandte er sich an den sichtlich verwirrten Paganuzzi: „Danken Sie dem Heiligen Vater ganz herzlich, lieber Monsignore. Niemand ist dankbarer als ich für seine Anteilnahme. Doch es ist nicht nötig, daß er seine Liebe und sein Mitgefühl nach außen zeigt, denn das würde nur unser Leiden verstärken."

Dann kam der Kardinal auf die Zustände im Krakauer Ghetto zu sprechen: „Das schlimmste ist, daß wir diesen Unglücklichen nicht helfen konnten, daß sie von der Außenwelt abgeschnitten sind. Sie sterben ohne ein Wort des Trostes. Um ihre Tage nicht zu verkürzen, dürfen wir nichts sagen. Wir erleben die Tragödie dieser Unglücklichen und niemand würde ihnen lieber helfen als wir Polen; doch es ist einfach unmöglich. Zwischen Juden und Polen gibt es keinen Unterschied. Die Nazis haben uns unser Brot und unsere Freiheit geraubt. Lassen Sie uns zumindest unser Leben retten und die Hoffnung, das Ende unseres Golgota zu erleben."

Zweieinhalb Monate später, am 28. Oktober 1942, schrieb Sapieha noch einmal persönlich an den Papst und spielte auf diese Episode an:

„Es quält uns sehr, daß wir den Brief Eurer Heiligkeit nicht an unsere Gläubigen weitergeben können, doch er würde als Vorwand für weitere Verfolgungen dienen und es gab bereits genug Opfer, denen vorgeworfen wurde, mit dem Heiligen Stuhl zu kommunizieren."

Auch diese Worte bekräftigten Pius XII. in seinem weiteren Verhalten. So schrieb er am 30. April 1943 an den Berliner Bischof Konrad von Preysing, seinen alten Freund aus Münchener Tagen, auf seine Erfahrung mit Erzbischof Sapieha anspielend:

> „...was Uns seit Jahr und Tag an Unmenschlichkeiten zu Ohren kommt ... wirkt geradezu lähmend und schauererregend. Den an Ort und Stelle tätigen Oberhirten überlassen Wir es, abzuwägen, ob und bis zu welchem Grade die Gefahr von Vergeltungsmaßnahmen und Druckmitteln im Falle bischöflicher Kundgebungen sowie andere vielleicht durch die Länge und Psychologie des Krieges verursachten Umstände es ratsam erscheinen lassen, trotz der angeführten Beweggründe, *ad maiora mala vitanda* (um Schlimmeres zu verhüten) Zurückhaltung zu üben. Hier liegt einer der Gründe, warum Wir selber Uns in Unseren Kundgebungen Beschränkung auferlegen; die Erfahrung, die Wir im Jahre 1942 mit päpstlichen, von Uns aus für die Weitergabe an die Gläubigen freigestellten Schriftstücken gemacht haben, rechtfertigt, soweit Wir sehen, Unsere Haltung."

Am 2. Juni 1943, seinem Namenstag, sprach er wie jedes Jahr vor dem Kardinalskollegium. Auch diese Rede wurde u.a. im *Osservatore Romano* veröffentlicht. Darin erwähnte Pius XII.

> „die zahlreichen Bitten derjenigen, die sich mit angsterfülltem Herzen flehend an Uns wenden. Es sind dies diejenigen, die wegen ihrer Nationalität oder wegen ihrer Rasse von größerem Unheil und schwereren Schmerzen gequält werden und die manchmal sogar, ohne eigenes Verschulden, zur Ausrottung bestimmt sind ...
> Jedes Wort, das darüber von Uns an die zuständigen Behörden gerichtet wird, jede öffentliche Anspielung, muß mit allergrößtem Ernst erwogen und gewichtet werden, im eigenen Interesse derjenigen, die leiden, damit ihre Lage nicht noch schwerer und unerträg-

licher gemacht wird als vorher, auch nicht durch Unachtsamkeit, ohne es zu wollen."

Was der Papst darunter verstand, zeigte er, als er in seiner Weihnachtsansprache 1942 öffentlich das Schicksal der deportierten Juden anprangerte:

„Dieses Gelöbnis (den Frieden zu schaffen) schuldet die Menschheit den Hunderttausenden, die ohne eigene Schuld, manchmal nur wegen ihrer Volkszugehörigkeit oder Abstammung, dem Tode geweiht oder einer fortschreitenden Verelendung preisgegeben sind."

Seine Worte, so kurz und prägnant sie auch waren, ließen die Welt aufhorchen und wurden verstanden. So schrieb die *New York Times:*

„In dieser Weihnacht ist er (der Papst) mehr denn je die einsame aufbegehrende Stimme im Schweigen eines Kontinents ... Papst Pius drückt sich so leidenschaftlich aus wie jeder Regierende an unserer Seite, indem er ausführt, daß diejenigen, die an einer neuen Weltordnung bauen wollen, für die freie Wahl einer Regierung und der Religion eintreten müßten. Sie müßten sich dagegen wehren, daß der Staat aus Individuen eine Herde mache, über die er dann verfüge wie über leblose Dinge."

Auch in Berlin hatte man die Rede verstanden, wie der Bericht des *SS-Sicherheitsdienstes* vom selben Tag zeigt: „Hier spricht er deutlich zugunsten der Juden ... Er beschuldigt das deutsche Volk, Ungerechtigkeiten gegenüber den Juden zu begehen, und macht sich zum Sprecher der jüdischen Kriegsverbrecher." Außenminister von Ribbentrop befahl seinem Vatikanbotschafter von Bergen, dem Papst als Reaktion auf die Weihnachtsansprache mit Vergeltungsmaßnahmen zu drohen. Wie Bergen später nach Berlin berichtete, hörte ihm Pius XII. zunächst aufmerksam zu. Dann erwiderte er, ohne mit der Wimper zu zucken, es kümmere ihn nicht, was ihm zustoßen werde. Doch käme es zu einem Konflikt zwischen der Kirche und dem deutschen Staat, so würde der Staat den Kürzeren ziehen. „Der Papst ist so wenig durch Drohungen zu beeinflussen wie wir selbst", schloß der Gesandte seinen Bericht.

Doch seine Kritiker werfen Pius XII. nicht nur vor, in dieser Weihnachtsansprache nicht konkret genug geworden zu sein. Gleich am selben Tag, so behauptet Rolf Hochhuth, habe er in einer Geheimrede vor dem Kardinalskollegium von den Tränen Jesu gesprochen „beim Anblick Jerusalems, das seiner Einladung und seiner Gnade mit starrer Verblendung und hartnäckiger Verleugnung entgegentrat, die es auf dem Weg der Schuld bis hin zum Gottesmord geführt hat". War das nicht eindeutig antisemitisch? Nein, es war eine Kritik an den gottesfernen Kriegstreibern und Mördern seiner Zeit, sprich: den Nazis, sagen seine Verteidiger. Allerdings ist nicht einmal sicher, ob diese Worte überhaupt je ausgesprochen wurden. Denn im Originalmanuskript der Rede, von Pius XII. selbst mit der Schreibmaschine geschrieben und handschriftlich korrigiert, fehlt die Stelle. Sie findet sich erstmals in einer posthum, nämlich 1960, veröffentlichten Redensammlung, abgegrenzt vom vorherigen Text durch drei Sterne. Wer auch immer sie weshalb auch immer dort eingefügt hat – als Beweis, daß der Pacelli-Papst „ein genuin schlechter Mensch war" (Hochhuth zum *Spiegel)* dient sie damit kaum. Wären es nämlich wirklich seine Worte gewesen, hätten sie nur bedeutet, daß er den Holocaust, die grausame Ermordung der Juden, mit dem *Gottesmord,* der Kreuzigung Jesu, gleichsetzte. Hier wie da reagierte die Welt „mit starrer Verblendung und hartnäckiger Verleugnung". Vielleicht hätte er dann gerade deshalb auf diese drastische Anklage verzichtet, weil der Begriff des *Gottesmordes* theologisch vorbelastet und antijudaistisch besetzt war.

Doch was hätte er tun können, um das Morden zu stoppen? Nichts, so sind sich alle seriösen Historiker einig, hätte Erfolg gehabt. Ein flammender Appell an die Deutschen? Kein Hirtenbrief in Friedenszeiten, nicht einmal die Enzyklika *Mit brennender Sorge,* die immerhin noch in den Kirchen verlesen werden konnte, hatte etwas bewirkt. Jetzt war Krieg, alle Informationskanäle wurden von den Nazis kontrolliert. Zudem ist die Vorstellung, die deutschen Katholiken hätten wie ein Mann hinter dem Papst gestanden und sich von ihrem *Führer* abgewendet, geradezu naiv. Eine Mehrheit bewunderte Hitler und folgte ihm aus voller Überzeugung. Was in Polen wirklich geschah, wollte niemand wissen. Berichte über Greueltaten wurden pauschal als *Feindpropaganda* abgetan. Als die Juden deportiert wurden, hieß es, sie würden in die besetzten Gebiete umgesiedelt. Ein Volk, das schon die

Nürnberger Rassengesetze unwidersprochen ließ, obwohl der Rassismus in zwei Enzykliken und dem *Syllabus* von 1938 als unchristlich verurteilt worden war, kümmerte sich auch jetzt nicht um ihr Schicksal. Wer im NS-Staat etwas zu sagen hatte, hatte mit der Kirche längst gebrochen. Ein jeder Aufruf zur Rebellion hätte eine Aufkündigung des Konkordats, eine Zerschlagung der katholischen Hierarchie und eine Vernichtung des religiösen Lebens im katholischen Deutschland zur Folge gehabt. Unzählige Priester und Ordensleute hätten im KZ das Martyrium erlitten – doch nicht ein einziger Jude wäre dadurch gerettet worden. Ein öffentlicher Protest des Papstes wäre nichts weiter gewesen als wirkungsloser Theaterdonner, eine Pilatusgeste vor den Augen der Nachwelt und ein feiger Verrat an all denen, deren einzige Hoffnung er war, Juden wie Christen. „Jeder Propagandaversuch der katholischen Kirche gegen Hitlers Reich wäre nicht nur provozierter Selbstmord gewesen, sondern hätte die Ermordung einer großen Zahl von Juden und Priestern ausgelöst", stellte auch der Vertreter der USA beim *Nürnberger Kriegsverbrecherprozeß,* Robert Kempner, fest. Wie wenig spekulativ diese Aussage war, hatte sich 1944 gezeigt, als Churchill und Roosevelt „Vergeltung für die deutschen Schlächtereien" androhten und warnten, die Verantwortlichen eines Tages zur Rechenschaft zu ziehen. „Unglücklicherweise ließen sich die Deutschen, überzeugt, daß ihr Marsch zur Weltherrschaft von keiner Macht der Welt aufgehalten werden könne, nicht nur nicht von diesen Warnungen abschrecken, sondern sie beschleunigten sogar das Tempo des Mordens und brachten dessen Technik zu einer gräßlichen Perfektion", erklärte dazu der Generalsekretär des *Jüdischen Weltkongresses,* Gerhart Riegner. So räumte auch der amerikanische Diplomat Harold Tittmann, der eigentlich im August 1943 den Auftrag hatte, den Papst zu einer öffentlichen Stellungnahme gegen Hitler und den Holocaust zu bewegen, in seinen privaten Memoiren ein: „Ganz persönlich kann ich nicht anders als mir einzugestehen, daß der Heilige Vater den besseren Weg gewählt hat, als er sich entschied, nicht offen zu sprechen und dadurch viele Leben zu retten. Wer kann sagen, was die Nazis getan hätten, wenn ihre grenzenlose Raserei durch eine öffentliche Anprangerung seitens des Heiligen Stuhls noch heftiger entfacht worden wäre?"

Pius XII. wollte nicht, daß andere für ein paar schön gesagte Worte mit ihrem Blut bezahlen mußten. Oder, wie es Giovanni Battista

Montini, damals Kardinalerzbischof von Mailand und kurz darauf Papst Paul VI., 1963 anläßlich der Uraufführung des *Stellvertreters* ausdrückte: „Hätte Pius XII. Hitler öffentlich verurteilt, könnte Hochhuth den Papst in einem anderen Bühnenstück anklagen, um einer großen theatralischen Geste wegen den sicheren Tod so vieler verschuldet zu haben." Eben das zu verhindern war sein einziges Motiv, wie er Pater Pirro Scavizzi im Oktober 1942 erklärte:

> „Ich habe wiederholt erwogen, die Nazis zu exkommunizieren, um vor der Welt die Bestialität des Judenmordes anzuprangern. Doch nach vielen Tränen und Gebeten kam ich zu der Einsicht, daß ein Protest nicht den Verfolgten nicht helfen würde, sondern daß er das Los der Juden noch verschlimmern könnte."

Statt Hitler zu exkommunizieren und die Wut der braunen Bestie gegen die Kirche zu lenken, versuchte Pius XII. es noch einmal mit einem direkten Appell. Bis dahin schon hatten seine Eingaben beim Auswärtigen Amt, so Joachim von Ribbentrop während der Nürnberger Kriegsverbrecherprozesse, „ganze Registraturen füllen können". Als Anfang 1943 die Berichte noch konkreter wurden, als Lager benannt („spezielle Todeslager in der Nähe von Lublin und bei Brest-Litovsk") und die Tötungsmethode („dort werden die Juden mit Giftgas umgebracht", erfuhr der slowakische Nuntius) bekannt wurden, wagte er einen letzten diplomatischen Vorstoß. Am 21. Juni 1943 schickte der Papst seinen Nuntius auf den Obersalzberg, um mit Hitler persönlich zu sprechen. Orsenigo, ein paar Tage später:

> „In allerhöchstem Auftrag bin ich vor einigen Tagen nach Berchtesgaden geflogen. Ich wurde vom Führer und Kanzler Hitler empfangen, aber sobald ich das Thema Juden und Judentum … angeschnitten hatte, drehte sich Hitler ab, ging ans Fenster und trommelte mit den Fingern gegen die Scheibe. Sie können sich vorstellen, wie peinlich es mir war, im Rücken meines Gesprächspartners mein Vorhaben vorzutragen. Ich tat es trotzdem. Dann drehte sich Hitler plötzlich um, ging an einen Tisch, wo ein Glas Wasser stand, faßte es und schleuderte

es wütend zu Boden. Mit dieser hochdiplomatischen … Geste durfte ich meine Mission als beendet und gleichzeitig leider als abgelehnt betrachten."

Nichts, rein gar nichts außer der totalen Niederlage hätte den braunen Diktator von seinen Plänen abbringen können. So schrieb auch der Historiker Prof. Guido Knopp 1997 im *Focus:* „Hitler wußte 1943, daß sein erstes Ziel, der *Lebensraum im Osten,* nicht mehr zu erreichen war. Gegenüber wenigen Vertrauten, etwa Jodl, sprach er das auch aus. Wenn schon seine erste Wahnidee nicht mehr erreichbar war, so wollte er die zweite doch vollenden: die Auslöschung der Juden. Daran hätte Hitler sich nicht hindern lassen, am wenigsten vom Papst." Ganz ähnlich sieht es Schwester Pascalina, sich auf Pius XII. und seine Sicht der Dinge berufend:

> „Für Hitler waren die Juden *unser Unglück* und der *Weltfeind Nr. 1,* wie es einem die nationalsozialistischen Publikationen immer wieder entgegenschrieen. Die Vernichtung der Juden war eines der Hauptkriegsziele Hitlers, das er … nach jedem Protest nur mit einem um so brutaleren Zynismus zu verwirklichen gesonnen war. Die Verfolgten selbst beschworen den Heiligen Vater immer und immer wieder, ihnen nur im Geheimen zu helfen."

Es gab nur zwei Antworten auf den Holocaust: Die Alliierten mußten den Krieg so schnell wie möglich gewinnen – weshalb Pius XII., wenn auch mit einigem Unbehagen, sogar einer Partnerschaft der USA mit Rußland grünes Licht gab. Bis dies der Fall sein würde, galt es aber, zu retten, was zu retten war. Das Ergebnis dieser päpstlichen Überlegung war die größte Geheimaktion des Vatikans in der Kirchengeschichte. So konnte der israelische Diplomat, Historiker und Theologe Pinchas Lapide 1967 in seiner exzellenten Dokumentation *Rom und die Juden* nach der Auswertung der Archive von *Yad Vashem,* der *Memorial-Behörde Israels,* der *Zionistischen Zentralarchive* und der *Allgemeinen Archive für jüdische Geschichte* in Jerusalem feststellen, daß „Pius XII., der Heilige Stuhl, die vatikanischen Nuntiaturen und die gesamte katholische Kirche zwischen 700000 und 850000 Juden vor dem sicheren Tod bewahrt" haben. Papst Pius XII. redete vielleicht nicht viel über den Völkermord, doch er handelte entschieden.

Dabei lohnt es sich, den Umfang dieser einmaligen, länderumspannenden Hilfsaktion zumindest andeutungsweise darzustellen:

Frankreich

Nach der Besetzung des Nordens durch Deutschland blieb von Frankreich eine Südzone, die unter der *Vichy-Regierung* Marschall Pétains die relative Freiheit eines Satellitenstaates genoß. Als die ersten Deportationen zunächst staatenloser Juden im August 1942 angeordnet wurden, protestierte Erzbischof Saliège von Toulouse in einem Hirtenbrief: „Daß die Mitglieder einer Familie getrennt und wie Vieh zu unbekannten Bestimmungsorten verschickt werden können, ist ein trauriges, unserer Zeit vorbehaltenes Schauspiel ... Juden sind Männer, Juden sind Frauen ... sie gehören zur Menschheit. Sie sind unsere Brüder. Ein Christ kann das nicht vergessen." In 400 Kirchen wurde dieses Dokument mutigen christlichen Widerstandes verlesen, vom BBC gesendet, in unzähligen Kopien in Frankreich verteilt. „Saliège wurde ein Nationalheld", kommentierte anerkennend der *Osservatore Romano,* der auf Anweisung des Papstes seinen Protest gleich zweimal abdruckte. Auch *Radio Vatikan* verlas ihn mit ausführlicher Kommentierung. Um ein Haar wäre der 75jährige Erzbischof von der *Gestapo* verhaftet worden. Stattdessen ließ Eichmann ungeachtet aller kirchlichen Proteste die Massenverhaftungen und Deportationen fortsetzen. Als Kardinal Gerlier, der Erzbischof von Lyon, dazu aufrief, Juden zu verstecken, wurden über 120 seiner Gemeindepriester verhaftet und in Konzentrationslager gebracht. Der Jesuitenobere Chaillet hatte über 200 jüdische Kinder in verschiedenen Ordenshäusern und kirchlichen Heimen verborgen; bis Kriegsende soll er über 1800 Juden gerettet haben. „Priester, Mitglieder der religiösen Orden und Laien wetteiferten miteinander, Asyl zu geben und retteten damit ... Zehntausenden von Juden das Leben", notiert der jüdische Historiker Léon Poliakov.

Als trotzdem im September 1942 auch die Vichy-Regierung mit den „massenhaften Festnahmen und Abtransporten von Juden des besetzten Frankreichs nach Schlesien und in Teile Rußlands" begann, protestierte Pius XII. persönlich. „Der Heilige Vater bittet Sie, diese unmenschlichen Verhaftungen schutzloser Menschen zu beenden ... er kann sie nicht billigen", übermittelte Nuntius Valerio Valeri an Marschall Pétain. Am 9. Oktober hatte die Weltpresse von der „streng vertraulichen" Intervention erfahren und berichtet. Goebbels reagierte, indem er zehn Millionen Flugblätter verteilen ließ, in denen Pius XII. als „projüdischer Papst" bezeichnet wird. Dann erteilten die Nazis strikten Befehl, „den Vatikanprotest bei Marschall Pétain zugunsten der Juden" nicht in den Medien zu erwähnen. Außenminister Laval erklärte, stellvertretend für den Marschall, „er lasse sich nicht vom Heiligen Stuhl beeinflussen". Die Deportationen wurden fortgesetzt.

Das aber schien die französischen Katholiken nur noch mehr anzuspornen, heimlich Widerstand zu leisten. Der Kapuzinerpater Benoît verwandelte mit außergewöhnlichem Organisationstalent sein Kloster in Marseille in eine Hilfsagentur. Im Keller druckte er Hunderte falscher Pässe und Taufscheine, im ersten Stock koordinierte er die Schmuggelrouten, auf denen jüdische Flüchtlinge zweimal wöchentlich nach Spanien und in die Schweiz gebracht wurden. Nachdem die Deutschen Marseille besetzt hatten, setzte er mit der finanziellen Unterstützung eines jüdisch-italienischen Millionärs seine Arbeit von Nizza aus fort. Als Mussolini von dem Netzwerk erfuhr, legte er beim Vatikan Beschwerde ein. Pater Benoît wurde nach Rom zitiert, doch als er Pius XII. von seinen Plänen erzählte, 50 000 Juden aus Südfrankreich nach Nordafrika zu bringen, hatte er ihn auf seiner Seite. Der Papst erklärte sich spontan bereit, den Pater auf jede nur denkbare Weise zu unterstützen, und stellte insgesamt rund 4 Millionen Dollar an Hilfsmitteln zur Verfügung. Erst die Besetzung Nizzas durch die Deutschen machte Pater Benoît einen Strich durch die Rechnung. Also nutzte er den guten Draht des Papstes nach Spanien, um für 2600 Juden Einreisepapiere zu besorgen. Als die Gestapo ihm auf die Schliche kam, setzte er sich in den Vatikan ab. Vom Keller des Kapuzinerkollegs aus leitete er die DELAREM, die *Hilfsgesellschaft jüdischer Emigranten.* Seine Schützlinge nannten ihn nur „Le Père des Juifs" – den *Judenpater.* Noch zehn Jahre, nachdem er in *Yad Vashem* als *Gerechter unter den Völkern* geehrt wurde, pries er Pius XII. für alles, was der Papst zugunsten der Juden unternommen hatte.

Dank mutiger Katholiken wie Pater Benoît überlebten drei Viertel der französischen Juden, über 200 000 Menschen, die deutsche Besatzung.

Doch die Geschichte hatte ein Nachspiel. Im Dezember 2004 behauptete die linksliberale Mailänder Tageszeitung *Corriere della Sera,* der Vatikan habe sich geweigert, viele der während der deutschen Besatzung versteckten jüdischen Kindern ihren Angehörigen wieder zurückzugeben. Als Beweis zitierte die Zeitung ein Dokument aus dem Jahre 1946, angeblich eine Anweisung des Heiligen Offiziums an den damaligen Nuntius in Paris, Monsignore Angelo Roncalli, den späteren Papst Johannes XXIII. Es sei in einem französischen Archiv entdeckt worden. Wörtlich soll es darin heißen: „Kinder, die getauft wurden, dürfen nicht Einrichtungen anvertraut werden, die ihre christliche Erziehung nicht garantieren können." Kinder, deren Familien den Holocaust überlebten, sollten zurückgegeben werden, „solange sie nicht getauft wurden". Diese Entscheidung, so das „Dokument", sei von Papst Pius XII. persönlich bestätigt worden.

Als die renommierte *New York Times* eine Kopie der Anweisung erbat, zeigten sich ihre Journalisten enttäuscht. Sie war weder unterzeichnet noch auf Briefpapier des Vatikans geschrieben. Zudem korrespondierte der Heilige Stuhl mit seinen Nuntiaturen auf Italienisch. Schließlich stellte sich heraus, daß es sich bei dem Dokument bloß um eine ziemlich schlechte und zudem verfälschende Zusammenfassung einer tatsächlichen Instruktion des Staatssekretariats an Roncalli handelte, die ein unerfahrener Nuntiaturmitarbeiter in ein unbeholfenes Französisch übersetzt hatte. Tatsächlich lautete die Anweisung an die französischen Bischöfe, die Kinder sofort zurückzugeben, wenn sich die Eltern oder Angehörige meldeten. Vorsichtiger sollte man bei Organisationen sein, die vielleicht vorschnell handelten oder über keine zureichende Infrastruktur zur Unterbringung und Erziehung von Waisenkindern verfügten. Das gelte auch und besonders für jene Kinder, die trotz des ausdrücklichen Verbots der Kirche von übereifrigen Nonnen oder Pflegeeltern getauft worden seien; hier solle jeder Fall besonders sorgsam geprüft werden. Wenn Kinder jedoch in einer Familie groß geworden seien, die sie jetzt für ihre eigene hielten, und wenn es keine überlebende Verwandtschaft gebe, dann, und nur dann, solle abgewartet werden, bis sie zwölf Jahre alt und reif für eine eigene Entscheidung seien. So bestätigte der jüdische Beauftragte für die Rückführung der jüdischen Waisenkinder, Dr. Leon Kubowitzky, am 7. Februar 1964 in Tel Aviv: „Ich darf jetzt erklären, daß ich kaum von einem einzigen Fall weiß, in dem sich katholische Institutionen weigerten, jüdische Kinder zurückzuschicken."

Slowakei

Seit 1939 ein Satellitenstaat Hitlers, übernahm die Slowakei am 9. September 1941 die *Nürnberger Rassengesetze.* Zwei Tage später protestierte der päpstliche Nuntius, Monsignore Burzio, gegen „die Ungerechtigkeit dieser Erlasse, die auch die Rechte der Kirche verletzen". Das vatikanische Staatssekretariat überreichte dem Gesandten der Slowakei kurz darauf eine offizielle Protestnote des Papstes. Brisanterweise war Staatspräsident Tiso ein katholischer Priester, der zwar Verständnis für die Reaktion des Vatikans zeigte, sich aber zunächst nicht gegen Ministerpräsident Tuka und Innenminister Mach durchsetzen konnte. Als im März 1942 mit den Deportationen begonnen wurde, behauptete Tuka, eine solche „Umsiedelung" würde er nicht als unchristlich oder unmenschlich empfinden. Daraufhin reagierte der Vatikan mit einer zweiten Protestnote an die slowakische Regierung, die mit der Feststellung endet: „Es ist nicht richtig, anzunehmen, daß deportierte Juden zum Arbeitsdienst geschickt würden; die Wahrheit ist vielmehr, daß sie vernichtet werden." Eine Woche später wurde auf Anregung aus Rom in allen Kirchen des Landes ein Hirtenbrief der slowakischen Bischöfe verlesen, der die Deportationen verurteilte. Die Regierung verwehrte sich gegen eine solche „Einmischung des Vatikans in die slowakische Judenpolitik". Trotzdem führte der Protest dazu, daß die Deportationen zunächst aufgeschoben wurden. Um so größer war das Entsetzen, als kurz darauf 10000 slowakische Mädchen und Frauen im Alter zwischen 17 und 25 Jahren in die Todeslager geschickt wurden.

Wieder reagierte Pius XII., ließ den slowakischen Gesandten zu sich bestellen und redete auf ihn ein. Gleichzeitig versuchte der Nuntius, an die priesterlichen Gefühle des Präsidenten zu appellieren. Tiso versprach, etwas zu unternehmen. Doch erst im Mai traf eine Antwort seiner Regierung ein, in der es hieß, die slowakischen Juden würden rund um Lublin in Polen angesiedelt, ihre Familien blieben vereint, sie stünden „auch weiter unter dem Schutz des Reiches ... (und) werden menschlich behandelt". Als der Episkopat im Februar 1943 erneut protestierte, bescheinigte ihm Tuka, er hätte „selten solchen Eifer für die Interessen seines eigenen Volkes bezeugt wie er jetzt für die Interessen der Juden an den Tag legt". Dabei hatte sich sogar der damalige Apostolische Delegat in Istanbul, Monsignore Angelo Roncalli (der spätere Papst Johannes XXIII.) eingeschaltet, um positiv auf die slowakische Regierung und unterstützend auf den Episkopat einzuwirken. Weitere Deportationen blieben zunächst aus. Als die Nazis Anfang 1944 dann doch wieder „Eisenbahnladungen von Arbeitskräften" für Auschwitz anforderten, führte eine vierte Intervention des Heiligen Stuhls dazu, daß die slowakische Regierung ihnen eine Absage erteilte.

Die Situation änderte sich jedoch schlagartig, als im August 1944 nach einer Revolte deutsche Truppen die Kontrolle im Land übernahmen. Trotz aller Proteste des Vatikans war es Präsident Tiso nun nicht mehr möglich, die Gestapo davon abzuhalten, 13 000 Juden festzunehmen und in die Todeslager zu schicken. Dabei waren die Deutschen auch in mehrere Klöster eingedrungen, in denen Juden versteckt gehalten wurden. „Die ernste Nachricht hat dem Heiligen Vater großen Schmerz zugefügt ... Er empfand tiefen Kummer über die Leiden zahlreicher Personen, die ihnen wider alle Grundsätze der Menschlichkeit und Gerechtigkeit auferlegt werden, allein um ihrer Abstammung willen ... Der Heilige Vater appelliert an Ihre Würde und Ihr priesterliche Gewissen" hieß es jetzt in einem Telegramm an Tiso aus dem Vatikan, dessen Entwurf Pius XII. handschriftlich korrigiert hatte. Vergebens, denn de facto war der Präsident längst entmachtet. Trotzdem gelang es 25 000 Juden, sich in Kirchen, Klöstern, Bauernhäusern oder in den Wäldern zu verstecken. Und das muß, so der jüdische Historiker Léon Poliakov, „dem Druck zugeschrieben werden, den der Vatikan auf Msgr. Tiso, das Haupt des slowakischen Marionettenstaates, ausübte".

Rumänien

Obwohl das Land überwiegend orthodox ist, bestanden diplomatische Beziehungen und sogar ein Konkordat zwischen der rumänischen Regierung und dem Heiligen Stuhl. Schon 1941 vereinbarte der Nuntius in Bukarest, Andrea Cassulo, daß zum Katholizismus konvertierte Juden von den Rassengesetzen ausgenommen würden, die auf Druck der

Deutschen eingeführt worden waren. So verbreitete sich bald das Gerücht, der Heilige Stuhl habe angesichts der Gefahr, in der sie sich befanden, angeordnet, massenhaft Juden zu taufen. Jedenfalls monierte der rumänische Gesandte 1942 im Staatssekretariat die ungewöhnlich hohe Zahl der Konvertiten. Trotzdem blieben die Neugetauften unbehelligt, während die Juden in das unwirtliche Transnistrien deportiert wurden. Erst eine Intervention des Vatikans stoppte die Deportationen. Um das Leiden der Umgesiedelten zu lindern, schickte Pius XII. größere Geldbeträge, die Cassulo sogar persönlich überbringen konnte. Sie stammten aus seiner eigenen Tasche, wie sein Privatsekretär, Pater Leiber, notierte: „Der Papst nahm zu dieser Zeit sehr eindeutig Stellung für die Juden. Er gab sein gesamtes Privatvermögen zu ihren Gunsten aus, das er als ein Pacelli selbst von seiner Familie geerbt hatte." So begriffen die Verbannten, daß sie nicht vergessen waren. Als 1944 doch ein Zugriff der Deutschen drohte, vereinbarte Cassulo mit der rumänischen Regierung die Ausreise von 4000 Waisenkindern samt 500 Begleitpersonen nach Palästina. Er mietete sogar mit Geldern aus dem Vatikan ein Schiff, die *Tari,* auf der die Juden in mehreren Fahrten von Constanza am Schwarzen Meer aus evakuiert wurden; weitere Schiffe stellte bald die rumänische Regierung zur Verfügung. Als die *Rote Armee* im August 1944 in Rumänien einmarschierte, endete für 250 000 Juden die Zeit der Verfolgung. Der engagierte Nuntius Cassulo wurde später in *Yad Vashem* mit dem Titel *Gerechter unter den Völkern* geehrt. Sein Auftraggeber, Pius XII., wartet noch immer auf seine Rehabilitation.

Juden aus dem gesamten Balkangebiet, die es schafften, Istanbul zu erreichen, hatten dort in der Residenz des Päpstlichen Delegaten eine Anlaufstelle. Roncalli versorgte sie nicht nur mit den Papieren, die sie brauchten, er stand auch mit der *Jewish Agency* in Kontakt, die, falls gewünscht, ihre Weiterreise nach Palästina organisieren konnte. Als ihm 1957 Pinchas Lapide als israelischer Konsul in Italien für seine unschätzbare Hilfe bei der Rettung Tausender Juden dankte, erwiderte der damalige Kardinal-Patriarch von Venedig: „In all diesen schmerzlichen Dingen habe ich mich an den Heiligen Stuhl gewendet, und später führte ich einfach die Anweisungen des Papstes aus: zuerst und vor allem Menschenleben zu retten."

Ungarn

Etwa 800000 Juden lebten in Ungarn trotz der *Rassengesetze* relativ unbehelligt, bevor die Deutschen im März 1944 im Land die Kontrolle übernahmen. Es dauerte nicht lange, da setzten die ersten Deportationen nach Auschwitz ein. Sofort protestierte der Apostolische Nuntius in Budapest, Angelo Rotta, bei Ministerpräsident Döme Sztojay. Dabei drohte er in Rücksprache mit dem Vatikan auch eine öffentliche Stellungnahme des Papstes an. Monsignore Tardini hatte ihn im Auftrag von Pius XII. ausdrücklich angewiesen, „alles ihm Mögliche zu tun, um das Leid so vieler Unglücklicher zu lindern". Sztojay antwortete auf die Protestnote, er würde dem Reich lediglich Arbeitskräfte liefern. Rotta ließ sich davon nicht täuschen. Dann sei es doch merkwürdig, schrieb er zurück, daß auch Alte, Frauen und Kinder abtransportiert würden: „Wenn man an die ungarischen Arbeiter denkt, die sich der Arbeit wegen nach Deutschland begeben, die ihre Familien nicht mitnehmen dürfen, dann ist man doch sehr erstaunt, daß nur den Juden dieser große Gefallen zugestanden wird." Doch erst als Pius XII. persönlich an den Reichsverweser Niklós Horthy de Nagybanya telegraphierte und ihn bat, „so vielen Unglücklichen nur aufgrund ihrer Nationalität oder Rasse noch schlimmeres Leid und schlimmere Schmerzen zu ersparen", befahl dieser, die Judendeportationen zu stoppen.

Das wiederum erfuhr man bald in Berlin. Unverzüglich wies Außenminister von Ribbentrop den Reichsbevollmächtigen in Budapest, Edmund Veesenmayer, an, „der ungarischen Regierung mitzuteilen, daß es nicht opportun ist, auf die ausländischen Angebote zugunsten der dortigen Juden einzugehen". Die handfeste Drohung zeigt, daß Hitler die Intervention des Papstes in keiner Weise respektierte. Dennoch widersetzte sich Sztojay dem Befehl aus Berlin, „da die ungarische Regierung mit Telegrammen ... vom Papst überschüttet werde; der Nuntius spreche jeden Tag mehrmals vor". Als Eichmann trotzdem hinter dem Rücken der Regierung einen Judentransport organisierte, wurde der Zug auf Befehl Horthys kurz vor der österreichischen Grenze gestoppt. Es war der letzte Versuch einer Deportation für die nächsten dreieinhalb Monate.

Dann, am 15. Oktober 1944, wurde Horthy von den Deutschen verhaftet, seine Regierung gestürzt; die faschistische *Pfeilkreuz*-Partei unter dem *Nationsführer* Ferenc Szálasi übernahm die Regierung von Hitlers Gnaden. Zwar versprach Szálasi, die Juden nicht zu deportieren, sondern sie zu Arbeiten in Ungarn einzusetzen, doch Rotta traute ihm nicht. So schickte Pius XII. am 26. Oktober 1944 einen Appell an den Kardinalprimas von Ungarn, der in allen Kirchen des Landes verlesen werden sollte. Darin beklagte der Papst die Verfolgungen und Grausamkeiten, denen Menschen wegen ihrer Religion, Rasse oder Überzeugung ausgesetzt seien und forderte die Bischöfe und Gläubigen auf, „ihre Hilfsanstrengungen für alle Opfer des Krieges zu verdoppeln, ohne Rücksicht auf ihre Rasse". Handschriftliche Anweisungen des Papstes, „alles zu geben, um Juden zu retten", gingen an Nuntius Rotta. Was folgte, war eine einzigartige Welle der Hilfe und Solidarität. Nachdem die Regierung zugesichert hatte, ausländische Pässe und Schutzbriefe zu respektieren, gab der Nuntius, Hand in Hand mit dem Roten Kreuz, Hunderte von Blanko-Schutzbriefen aus. Als ihn ein Rotkreuzmitarbeiter darauf hinwies, daß es doch gefälschte Papiere seien, erwiderte der Nuntius: „Was Sie machen, mein Sohn, ist dem Herrn wohlgefällig, denn Sie retten damit unschuldige Menschen. Ich erteile Ihnen im voraus die Absolution. Setzen Sie Ihre Arbeit zur Ehre Gottes fort." Nach Schätzungen des jüdischen Historikers Raul Hilberg wurden rund 20000 Pässe von Rotta ausgegeben, mit deren Hilfe Juden und „katholische Nichtarier" vor Ende des Jahres Ungarn verlassen konnten. Als die Nuntiatur halb ausgebombt war, fragte er beim Papst nach, was er jetzt tun solle. Die Antwort lautete: „Wenn es noch möglich ist, Hilfe zu leisten, bleiben Sie!" Schon im Vorfeld hatte er eng mit dem Botschafter Schwedens zusammengearbeitet. Jetzt half er dem schwedischen Gesandtschaftssekretär Raoul Wallenberg, zwischen 25000 und 60000 Juden zu retten. Zwischen November 1944 und Februar 1945, als die Budapester Juden den Pfeilkreuzlern auf Gedeih und Verderb ausgeliefert waren, versteckte er über 200 von ihnen in der Nuntiatur. Die Priester der Hauptstadt wies er an, das gleiche zu tun. „Man darf sagen, daß es im Herbst und Winter 1944 kaum eine katholische Anstalt in Budapest gab, wo Verfolgte nicht Obdach gefunden hätten", stellte der ungarische Historiker Jenö Levai, ein Jude, in seinem Buch mit dem bezeichnenden Titel *Ungarische Juden und das Papsttum: Papst Pius XII. schwieg nicht – Berichte, Dokumente und Aufzeichnungen aus Kirchen- und Staatsarchiven* fest. Im Krankenhaus der hl. Elisabeth wurden 100 Juden so erfolgreich als Patienten getarnt, daß sie drei Razzien der Pfeilkreuzler überstanden. Der Jesuitenpater Jakob Reile verwandelte sein Kloster sogar mit Hilfe eines falschen Schildes und 100 gestohlener Uniformen in eine „Polizeiwache", um 150 Juden zu verstecken. Die Karmeliterinnen kleideten, ernährten und versteckten trotz strenger Klausur 330 Juden. Als Eichmann, weil keine Züge mehr zur Verfügung standen, 22000 unterernährte und erschöpfte Juden auf den berüchtigten Todesmarsch in Richtung Österreich schickte, organisierte Rotta, als er von der Greueltat erfuhr, einen Hilfskonvoi mit der Rotkreuzflagge und den päpstlichen Insignien, voll beladen mit Lebensmitteln und Medikamenten sowie 2000 päpstlichen Schutzbriefen. Auf diese Weise konnten zumindest 2000 der Unglücklichen gerettet werden. Mehr als 100000 Budapester Juden – 200000 im ganzen Land – überlebten die Schreckenszeit Dank dem Einsatz des päpstlichen Nuntius.

Als der *Spiegel* Hochhuth mit Lapides Zahl von 700000 bis 860000 durch die Diplomatie Pius XII. geretteten Juden konfrontierte, behauptete der Dramatiker lakonisch: „Lapide belegt seine Zahl nicht."

Offenbar hat er das Buch des israelischen Diplomaten und jüdischen Theologen nicht gelesen, denn dort wird jede einzelne Zahl erklärt, die Gesamtdarstellung zudem durch 500 Fußnoten belegt. Wir können es gerne nachrechnen:

Anzahl der durch kirchliche Intervention geretteten Juden in Europa

1941–1945 (nach Lapide):

Frankreich:	200000	Slowakei:	25000	Balkan:	12000
Rumänien:	250000	Ungarn:	200000	Italien:	55000
Holland:	25000	Belgien:	65000	Polen:	15–50000

Gesamt: 847000 – 882000

Im selben Zeitraum taten die Weltmächte fast gar nichts, um Juden vor dem Holocaust zu retten. Eine ganze Reihe von Staaten, einschließlich der Schweiz und der USA, verweigerte jüdischen Flüchtlingen sogar die Einreise und schickte sie nach Deutschland zurück, auf den Weg in die Gaskammern. Obwohl alliierte Flugzeuge schon im August 1944 das Konzentrationslager Auschwitz überflogen, obwohl sie detailliert photographierten, wie die Schornsteine der Krematorien rauchten, hielten sie es nicht für nötig, die Bahnlinie zu bombardieren, die von den Todestransporten benutzt wurde. Der Papst mag geschwiegen haben, um handeln zu können, die Welt aber schwieg, um ihr Nichthandeln zu legitimieren.

So eindrucksvoll die obengenannten Zahlen sind, so eindeutig sind die zahlreichen Danksagungen jüdischer Persönlichkeiten und Organisationen aus der Nachkriegszeit. Ein paar Beispiele entzerren das Papstbild der Prä-Hochhuth-Ära:

Schon 1943 schrieb Chaim Weizmann, der Israels erster Präsident werden sollte: „Der Heilige Stuhl bietet seine mächtige Hilfe überall an, wo es ihm möglich ist, das Los meiner verfolgten Religionsgenossen zu lindern.“

1944 erklärte der Israelische Oberrabbiner Isaak Herzog: „Das Volk von Israel wird nie vergessen, was Seine Heiligkeit für unsere unglücklichen Brüder und Schwestern in dieser höchst tragischen Stunde unserer Geschichte tut. Das ist ein lebendiges Zeugnis der göttlichen Vorsehung in dieser Welt.“

Am 21. September 1945 dankte der Generalsekretär des *Jüdischen Weltkongresses*, Dr. Leon Kubowitzky, dem Papst für „die Rettung von Juden vor faschistischer und nationalsozialistischer Verfolgung … (und) das, was sich die Kirche zu tun bemüht und tatsächlich für unser verfolgtes Volk getan hat“ und überreichte eine Spende in Höhe von 20 000 Dollar.

Am 29. November 1945 empfing Pius XII., wie der *Osservatore Romano* meldete, siebzig „Repräsentanten jüdischer Flüchtlinge, die aus den Konzentrationslagern in Deutschland stammen ... und dem Heiligen Vater persönlich danken wollten für die Großzügigkeit, die er gegenüber den Verfolgten der schrecklichen Zeit des Nazifaschismus demonstriert hat.“

Nach dem Ende des Krieges, wurde Mosche Scharett – der spätere zweite Ministerpräsident Israels – von Papst Pius XII. empfangen. Scharett: „Ich sagte ihm, daß es im Namen der jüdischen Öffentlichkeit meine erste Pflicht sei, ihm und durch ihn der katholischen Kirche für alles zu danken, was sie in den verschiedenen Ländern getan hat, um die Juden zu retten."

Auch Dr. Raffael Cantoni, Präsident der *Union Jüdischer Gemeinden in Italien* (vergleichbar mit dem *Zentralrat der Juden in Deutschland),* stellte fest: „Sechs Millionen meiner Religionsgenossen wurden von den Nazis ermordet, doch es hätte noch viel mehr Opfer gegeben ohne die wirksamen Interventionen Pius' XII." Den 17. April 1955 erklärten Italiens Juden zum *Tag der Dankbarkeit* für die Hilfe des Papstes. Am 26. Mai 1955 kam eigens das *Israelische Philharmonieorchester* in den Apostolischen Palast, um für den Papst Beethoven zu spielen – als ausdrückliches Zeichen der Dankbarkeit des Staates Israel für all das, was Pius XII. für die verfolgten Juden getan hatte.

Wer von so vielen Juden gelobt wird, kann kein Antisemit gewesen sein. Wie dieses Buch zeigt, war Pius XII. ein Freund des Judentums von Kindheit an, was ironischerweise von den Nazis klar erkannt wurde. Trotzdem behauptet Cornwell, sein Verhalten gäbe „Pacellis langwährende antijüdische Einstellung zu erkennen und deutet darauf hin, daß das Schicksal der Juden ihn moralisch nicht wirklich oder nicht tief genug empörte". Doch hätte er alles aufs Spiel gesetzt, um Menschen zu helfen, die ihm gleichgültig sind? Als Pius XII. im Herbst 1945 einen Freund des Oberrabbiners Herzog empfing, gestand er: „Das einzige, was ich bedaure, ist, daß ich nicht eine größere Zahl von Juden retten konnte."

Der jüdische Talmud lehrt: „Wer auch nur ein einziges Leben rettet, rettet die ganze Welt." Oskar Schindler war ein Held, weil es ihm gelang, 1200 Juden vor den Gaskammern von Auschwitz zu retten. Doch er mußte hilflos zusehen, wie Millionen andere getötet wurden. Auch Pius XII. konnte den Holocaust nicht verhindern; er hätte ihn nie verhindern können, gleich, was er versucht hätte. Aber es gelang ihm, direkt und indirekt, 850 000 Juden vor den Nazis in Sicherheit zu bringen. Viele, die in *Yad Vashem,* der Holocaust-Gedenkstätte bei Jerusalem, mit dem Titel *Gerechter unter den Völkern* geehrt wurden, weil sie Juden retteten, handelten in Zusammenarbeit mit ihm oder sogar ausdrücklich auf Anweisung dieses Papstes. „Es ist an der Zeit", schreibt der jüdische Historiker und Politologe Rabbi Prof. Dr. David G. Dalin von der Universität von Naples, Florida, „daß auch Pius XII. als *Gerechter unter den Völkern* anerkannt wird." Er hätte den Titel wie kein anderer verdient.

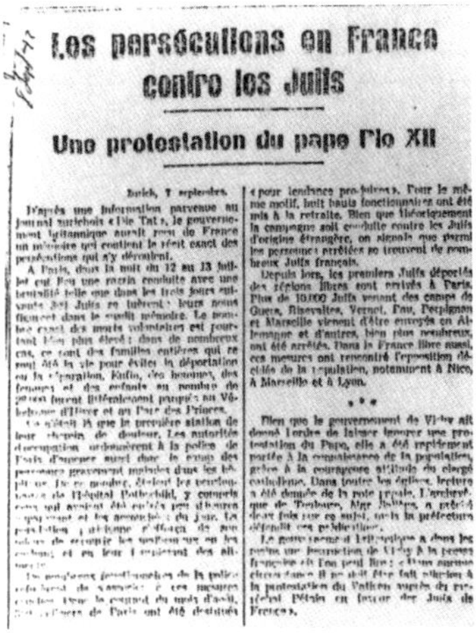

Les persécutions en France contre les Juifs

Une protestation du pape Pie XII

„Papst Pius XII. protestiert gegen die Verfolgung der Juden in Frankreich" – Bericht der Genfer „La Tribune" vom 18.9.1942.

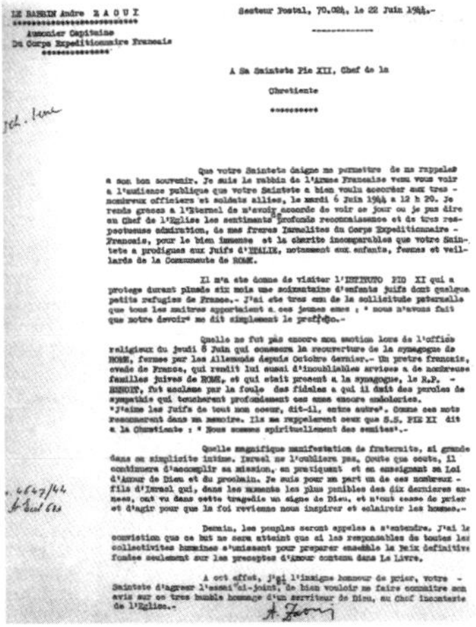

LE RABBIN André ZAOUI
Aumonier Capitaine
Du Corps Expeditionnaire Francais

Secteur Postal, 70.024, le 22 Juin 1944.-

A Sa Saintete Pie XII, Chef de la Chretiente

Que votre Saintete daigne me permettre de me rappeler a son bon souvenir. Je suis le rabbin de l'Armee Francaise venu vous voir a l'audience publique que votre Saintete a bien voulu accorder aux tres nombreux officiers et soldats allies, le mardi 6 Juin 1944 a 12 h 20. Je rends graces a l'Eternel de m'avoir accorde de voir ce jour ou je pus dire au Chef de l'Eglise les sentiments de profonde reconnaissance et de tres respectueuse admiration, de mes freres Israelites du Corps Expeditionnaire Francais, pour le bien immense et la charite incomparables que votre Saintete a prodigues aux Juifs d'ITALIE, notamment aux enfants, femmes et veillards de la Communaute de ROME.

Il m'a ete donne de visiter l'INSTITUTO PIO XI qui a protege durant plus de six mois une soixantaine d'enfants juifs dont quelque petits refugies de France.- J'ai ete tres emu de la sollicitude paternelle que tous les maitres apportaient a ces jeunes ames ; " nous n'avons fait que notre devoir" me dit simplement le preffeto.-

Quelle ne fut pas encore mon emotion lors de l'office religieux du jeudi 8 Juin qui consacra la reouverture de la synagogue de ROME, fermee par les Allemands depuis Octobre dernier.- Un pretre francais, evade de France, qui rendit lui aussi d'inoubliables services a de nombreuses familles juives de ROME, et qui etait present a la synagogue, le R.P. BENOIT, fut acclame par la foule des fideles a qui il dit des paroles de sympathie qui toucherent profondement ces ames encore endolories. "J'aime les Juifs de tout mon coeur, dit-il, entre autre". Comme ces mots resonnerent dans ma memoire. Ils me rappelerent ceux que S.S. PIE XI dit a la Chretiente : " Nous sommes spirituellement des semites".-

Quelle magnifique manifestation de fraternite, si grande dans sa simplicite intime. Israel ne l'oubliera pas. Coute que coute, il continuera d'accomplir sa mission, en pratiquant et en enseignant sa Loi d'Amour de Dieu et du prochain. Je suis pour ma part un de ces nombreux fils d'Israel qui, dans les moments les plus penibles des dix dernieres annees, ont vu dans cette tragedie un signe de Dieu, et n'ont cesse de prier et d'agir pour que la foi revienne nous inspirer et eclaircir les hommes.-

Demain, les peuples seront appeles a s'entendre. J'ai la conviction que ce but ne sera atteint que si les responsables de toutes les collectivites humaines s'unissent pour preparer ensemble la Paix definitive fondee seulement sur les preceptes d'Amour contenu dans La Livre.

A cet effet, j'ai l'insigne honneur de prier, votre Saintete d'agreer l'essai ci-joint, de bien vouloir me faire connaitre son avis sur ce tres humble hommage d'un serviteur de Dieu, au Chef incontesté de l'Eglise.-

A. Zaoui

Der französische Rabbi André dankt Pius XII. für „diese großartige Manifestation der Brüderlichkeit", seine Hilfe für die verfolgten Juden.

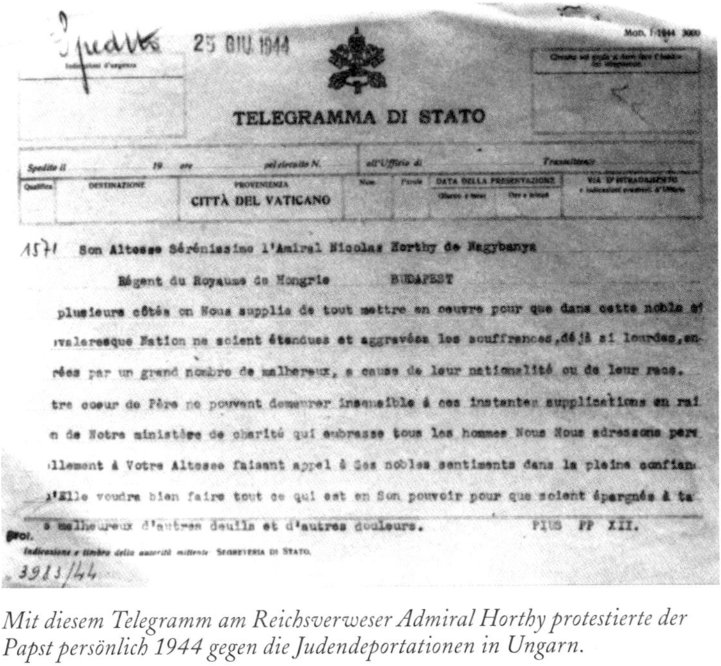

25 GIU 1944

TELEGRAMMA DI STATO

PROVENIENZA: CITTÀ DEL VATICANO

Son Altesse Sérénissime l'Amiral Nicolas Horthy de Nagybanya

Régent du Royaume de Hongrie BUDAPEST

plusieurs côtés on Nous supplie de tout mettre en oeuvre pour que dans cette noble et valeresque Nation ne soient étendues et aggravées les souffrances, déjà si lourdes, endurées par un grand nombre de malheureux, à cause de leur nationalité ou de leur race. Notre coeur de Père ne pouvant demeurer insensible à ces instantes supplications en raison de Notre ministère de charité qui embrasse tous les hommes Nous Nous adressons personnellement à Votre Altesse faisant appel à Ses nobles sentiments dans la pleine confiance qu'Elle voudra bien faire tout ce qui est en Son pouvoir pour que soient épargnés à tant de malheureux d'autres deuils et d'autres douleurs.

PIUS PP XII.

Indicazione e timbro della autorità mittente: SEGRETERIA DI STATO

Mit diesem Telegramm am Reichsverweser Admiral Horthy protestierte der Papst persönlich 1944 gegen die Judendeportationen in Ungarn.

XVI. Unter den Fenstern des Papstes

Am 9. September 1943 erhielt der SS-Obergruppenführer Karl Wolff, ein enger Vertrauter Heinrich Himmlers und jetzt *Höchster SS- und Polizeiführer* im besetzten Italien, von Adolf Hitler persönlich seinen schwersten Befehl. Er sollte den Vatikan besetzten und den Papst verschleppen lassen.

Der Hintergrund des Geheimbefehls war der Sturz Mussolinis. Am 25. Juli 1943, nachdem die Alliierten auf Sizilien gelandet waren und unaufhaltsam Richtung Norden vorrückten, wurde der bereits auffällig gealterte und nahezu senile *Duce* vor den *Großen Faschistischen Rat* geladen und mit 19 zu 8 Stimmen aus dem Amt gewählt. Der Rat beschloß seine Selbstauflösung, die Wiederherstellung der konstitutionellen Monarchie, die Unterstellung der Streitkräfte unter das Kommando des Königs und Neuwahlen für ein demokratisches Parlament. Marschall Pietro Badoglio, der ehemalige Gouverneur von Libyen, sollte eine Übergangsregierung bilden. Mussolini aber wurde im Krankenwagen ins Gefängnis gebracht. Während Badoglio die Verhandlungen mit den Alliierten aufnahm, versteckte man den *Duce* in Gran Sasso, einem Skiort hoch in den Bergen des Appenin.

Hitler tobte wie ein Wahnsinniger, als er von dem italienischen Putsch erfuhr. Für ihn war klar, daß der Vatikan dabei seine Hände im Spiel hatte. Sofort befahl er, „Mussolini zu befreien, den Papst und den König zu liquidieren". Das jedenfalls sagte Generalmajor Erwin Lahousen, damals Offizier der Abwehr, vor dem Nürnberger Gerichtshof aus. Er gehörte dem *geheimen Deutschland,* dem Verschwörerkreis um Admiral Canaris, an, der noch immer auf den geeigneten Moment für einen Staatsstreich wartete. General Oster hatte ihm in Beisein von Admiral Canaris über den Befehl unterrichtet. Sofort warnte man den Vatikan. Da sich König Viktor Emanuel III. zusammen mit Badoglio zu den Alliierten nach Brindisi absetzte, hatte sich die zweite Todesdrohung des *Führers* schnell erledigt.

„War es die Absicht, den Papst zu entführen oder welche Aktion sollte gegen ihn unternommen werden?", fragte ungläubig der Untersuchungsrichter in Nürnberg, „Nein, sie wollten ihn töten", war sich General Lahousen sicher. Bei der Lagebesprechung Hitlers mit seinen Generälen an jenem 25. Juli 1943 enthüllte der Diktator weitere Einzelheiten seines Plans:

> „Ich gehe in den Vatikan sofort hinein. Glauben Sie, daß mich der Vatikan geniert? Der wird sofort gepackt. Da ist vor allem das gesamte Diplomatische Korps drin. Das ist mir wurscht. Das Pack ist da, das ganze Schweinepack holen wir heraus ... Was ist schon ... Dann entschuldigen wir uns hinterher, das kann uns egal sein. Wir führen dort einen Krieg ... Ja, da werden wir Dokumente kriegen, da holen wir was heraus an Verrat."

Sollte der Papst dabei „auf der Flucht" erschossen werden, wie eine unbestätigte Quelle behauptet? Jedenfalls zitiert die italienische Tageszeitung *Il Giornale* vom 5. Juli 1998 einen unlängst entdeckten Brief des Faschistenführers Paolo Porta aus Como an seinen Kollegen Vincenzo Costa in Mailand, datiert auf den 26. September 1944. Porta hatte von einem hohen SS-Offizier Details über einen Attentatsplan mit dem Codenamen *Operation Rabat-Fohn* erfahren, den Himmler und *Gestapo*-Chef Heinrich Müller auf Befehl Hitlers ausgearbeitet hätten. Männer der 8. SS-Kavallerie-Division *Florian Geyer* sollten, als italienische Partisanen verkleidet, in den Apostolischen Palast eindringen, alle Mitglieder der Kurie töten und den Papst als Geisel nehmen. Deutsche Truppen der Panzerdivision *Hermann Goering* würden daraufhin den Vatikan stürmen, „um den Papst zu befreien". Würde der Papst nicht bei den Kämpfen ums Leben kommen oder von den Partisanen „auf der Flucht erschossen" werden, würde man ihn „zu seinem Schutz" nach Deutschland bringen. Die ganze Welt gäbe dann den Italienern die Schuld, die Deutschen aber würden als Helden gefeiert. Wenn man schließlich im Vatikan genügend belastende Dokumente „gefunden" habe, könne die Kirche der Verschwörung angeklagt und mit Massendeportationen katholischer Geistlicher begonnen werden. Die Aktion würde anlaufen, wenn der Papst es wage, öffentlich „zugunsten der Juden zu protestieren". Soweit, wie gesagt, Porta in seinem Brief.

Allerdings sprachen sich Dr. Goebbels und Ribbentrop ausdrücklich gegen „solche Maßnahmen“ aus, die sie für „außerordentlich verhängnisvoll in Bezug auf die Weltwirkung“ (so Goebbels in seinen Tagebüchern) hielten. Auch Hitlers Plan, den Vatikan zu bombardieren, um einen Vorwand für ein Räumungskommando zu haben, wurde schnell wieder aufgegeben. „Unser Volk blickt über vieles hinweg“, will Ribbentrop geantwortet haben, „doch wenn wir den Vatikan angreifen, werden wir mit Sicherheit einen Bürgerkrieg in Deutschland haben, und das nur eine Stunde nach dem Abwurf der ersten Bombe“.

Es schien, als habe sich der Choleriker Hitler daraufhin wieder beruhigt.

Daß dem nicht so war, mußte Wolff erfahren, als er auf Befehl Hitlers von Italien nach Ostpreußen geflogen wurde, um „wegen eines wichtigen Geheimauftrages“ beim *Führer* persönlich in der *Wolfsschanze* vorzusprechen. Nachdem er Hitler unter vier Augen in seinem Büro über die Lage in Italien und die bevorstehende Besetzung Roms Bericht erstattet hatte, kam der *Führer* auf sein eigentliches Anliegen zu sprechen. Obwohl es über die Geheimbesprechung keine zeitgenössischen Aufzeichnungen gibt, wurde ihr Wortlaut später von Wolff fast vollständig rekonstruiert und niedergeschrieben. Als der SS-Mann am 28. März 1972 von einem kirchlichen Untersuchungsrichter des Erzbistums München dazu befragt wurde, beeidete er, „die reine Wahrheit gesagt zu haben“. Heute befindet sich das Protokoll in den Akten des Seligsprechungsprozesses in München und Rom. Da mir eine Kopie vorliegt, bin ich erstmals in der Lage, es im Originalwortlaut zu zitieren.

„(Hitler): Ich habe noch einen besonderen Auftrag für Sie, Wolff, den ich seiner weltweiten Bedeutung wegen Ihnen nur persönlich erteilen will. Ich mache es Ihnen zur Pflicht, mit niemandem darüber zu sprechen, bevor ich es Ihnen erlaube, mit Ausnahme des *Reichsführers-SS* (Himmler), den ich bereits eingeweiht habe. Haben Sie mich verstanden?

(Wolff): Zu Befehl, mein Führer!

(Hitler): Ich wünsche, daß Sie mit Ihren Truppen im Rahmen der deutschen Gegenmaßnahmen gegen diesen unerhörten *Badoglio*-

Verrat baldmöglichst den Vatikan und die Vatikanstadt besetzen, die einmaligen Archive und Kunstschätze des Vatikans sicherstellen und den Papst (Pius XII.) nebst der Kurie ‚zu seinem Schutz' nach Norden verbringen, damit er nicht in alliierte Hände fallen oder unter deren politischen Druck und Einfluß geraten kann. Je nach der politischen und militärischen Entwicklung werde ich den Papst möglichst in Deutschland oder im neutralen Liechtenstein unterbringen lassen. Bis wann können Sie diese Aktion frühestens durchführen?"

Wolff stockte der Atem, doch er ließ sich nichts anmerken. So versuchte er, zunächst Zeit zu gewinnen. Momentan sei er damit beschäftigt, in Südtirol neue SS-Verbände aus dem Boden zu stampfen, zudem müßten bei der Bergung der Kunstschätze und des Vatikanarchivs „erfahrene Spezialisten" eingesetzt werden, die mindestens Latein und Griechisch „in Wort und Schrift" beherrschten. Daher könne die Aktion frühestens in 4–6 Wochen anlaufen, unter Umständen noch später.

„Hitler (ungeduldig): „Das erscheint mir zu lange! Beschleunigen Sie die unbedingt notwendigen Vorbereitungen nach Möglichkeit und berichten Sie mir persönlich unter 4 Augen etwa alle 2 Wochen über den Fortschritt und Stand der Angelegenheit. Am liebsten hätte ich den Vatikan *sofort* (Hervorhebung im Original) angepackt und ausgeräumt."

Wolff enthielt sich weiterer Einwände, um, wie er schreibt, seiner Dienstenthebung zu entgehen: „Denn im Hintergrund warteten bereits genügend andere hohe, ehrgeizige SS-Führer sehnsüchtig darauf, sich durch möglichst schneidige und skrupellose Durchführung eines derartigen Sonderauftrages die Anerkennung Hitlers nebst Auszeichnung und Beförderung verdienen zu können."

Also meldete er sich alle zwei Wochen … und ließ Zeit vergehen. Denn Wolff wußte, wie viele ranghohe Offiziere, daß Hitlers Krieg nicht mehr zu gewinnen war. Weder wollte er seinen Namen „mit dem politischen und historischen Makel einer mir befohlenen Verschleppung des Vatikans in Unehre bringen", noch sich den letzten

Ausweg verbauen. Denn wenn es eine Möglichkeit gab, mit den Alliierten in Kontakt zu kommen und einmal einen Waffenstillstand zu vereinbaren, dann, so ahnte Wolff, ging das nur über den Vatikan.

Doch er wußte auch, daß er Hitler nicht ewig hinhalten konnte. Also begab er sich Anfang Dezember 1943 ins *Führerhauptquartier Wolfsschanze,* um dem Diktator seinen Plan gründlich auszureden:

Der Faschismus sei tot. Kein einziger Faschist hatte Mussolini geholfen, der am 12. September von der SS befreit, zuerst zu Hitler und dann nach Saló am Gardasee, sprich: in den von Wolff kontrollierten Norden Italiens gebracht wurde. Die Italiener seien kriegsmüde. Die einzige Autorität, die es im Lande noch gebe und die von allen respektiert werde, sei die katholische Kirche. Daher habe sich in den letzten Monaten eine „Politik der leichten Hand" bewährt: Wolff erwies der Geistlichkeit den einen oder anderen Gefallen, der Klerus rief zum Gehorsam gegenüber der deutschen Obrigkeit auf. Angesichts der geringen Truppenstärke, die ihm zur Verfügung stehe, sei dies der einzige Weg, die besetzten Gebiete ruhig zu halten. Zwar sei er jetzt in der Lage und jederzeit bereit, Hitlers Befehl ausführen, doch der *Führer* möge die Folgen bedenken:

> „Wolff: „Meiner Beurteilung nach würde eine Besetzung des Vatikans und Verschleppung des Papstes sowohl bei den deutschen Katholiken in der Heimat und an der Front als auch bei allen Katholiken in der übrigen Welt und bei den neutralen Staaten zu äußerst negativen Rückwirkungen für uns führen, die in keinem Verhältnis zu dem vorübergehenden Vorteil der Ausschaltung des Vatikans aus der Politik und der Erbeutung der vatikanischen Archive und Kunstschätze stehen."

Das musste auch Hitler einsehen und damit war der Plan zunächst vom Tisch. Und doch läßt er erahnen, in welcher Gefahr sich Pius XII. während der deutschen Besatzung befand.

Der Papst wußte das, doch er ließ sich davon nicht einschüchtern. Schon am 4. August 1943 hatte er, bereits von den Männern der *deutschen Militäropposition* alarmiert, das Kardinalskollegium zusammengerufen und vor einem möglichen Schlag gegen den Vatikan gewarnt. Die Leiter der Kongregationen (Kurien-Ministerien) sollten für den Fall einer raschen Evakuierung stets einen gepackten Koffer bereithalten. Die Bewaffnung der *Schweizer Garde* wurde verstärkt, gleichzeitig aber der Befehl ausgegeben, im Fall eines deutschen Angriffs keinen Widerstand zu leisten. Wahrscheinlich wollte man jeden Vorwand für ein Blutvergießen vermeiden, bei dem, wie es Hitlers Plan war, auch der Papst bedroht wäre. Im ganzen Vatikan wurden wichtige Dokumente versteckt, speziell die Korrespondenz mit den Alliierten. Schwester Pascalina erinnert sich:

> „Pius XII. wußte sehr gut, wer der Meistgesuchte war. Er fürchtete nicht, daß die Häscher, wenn sie in seine Privatgemächer eindringen würden, Wertsachen finden könnten – diese existierten ja nur in der Phantasie der Zeitungsschreiber. Die Papiere allerdings mußten in Sicherheit gebracht werden, und man fand ein ausgezeichnetes Versteck für sie. Tagelang dauerten die Bergungsarbeiten, ohne Hilfe von außen und ohne daß jemand etwas merkte. Alles schien in Frieden und Ordnung zu sein. Man hätte meinen können, es berühre den Heiligen Vater nicht, daß die Stimmen immer lauter wurden, die ihn von Rom weghaben und nach Deutschland deportieren wollten, wo, wie es hieß, schon alles vorbereitet war für seine Unterbringung. Er ließ nur sehr deutlich wissen, daß er nie und nimmer freiwillig gehen und nur der Gewalt weichen würde, selbst wenn es ihn das Leben kosten sollte. Die Römer wußten, daß sie auf Pius XII. bauen konnten und daß nur durch ihn allein das Schrecklichste abgewendet werden konnte."

In der Schublade seines Schreibtisches deponierte er seine Rücktrittserklärung: den Deutschen würde nicht der Papst, sondern nur der Kardinal Pacelli in die Hände fallen.

So lagen bleierne Angst und Unsicherheit in der Luft, als die Deutschen am 10. September 1943 Rom besetzten. Drei Tage lang blieben die Pforten des Petersdomes geschlossen. Die Menschen verriegelten ihre Häuser und Geschäfte. Die Straßen waren fast menschenleer. Nur wer etwas Dringendes zu erledigen hatte, huschte aus dem Haus, um so schnell wie möglich wieder dorthin zurückzukehren. Alles blickte voller Sorge und Hoffnung auf den Vatikan, der jetzt nicht nur an Hitlerdeutschland grenzte, sondern sogar völlig umzingelt war.

Eine breite weiße Linie, von den Deutschen auf das Pflaster des Petersplatzes gepinselt, markierte die Grenze. Sie wurde bei Tag und bei Nacht von Soldaten der Wehrmacht bewacht. Als die Presse schrieb, der Papst sei jetzt ein Gefangener der Deutschen, kündigte US-Präsident Roosevelt an, er werde Rom, den Vatikan und den Papst befreien. Pius XII. aber wollte jede Eskalation vermeiden, die Gegenmaßnahmen der deutschen Besatzer provoziert hätten. So ließ er, freilich nach langem Zögern, im *Osservatore Romano* eine Erklärung der deutschen Regierung veröffentlichen, in der es hieß, das Reich werde wie bisher die Souveränität und Integrität des Vatikans respektieren. Der neue deutsche Vatikanbotschafter Ernst Freiherr von Weizsäcker, der Diego von Bergen im Juni 1943 abgelöst hatte, zeichnete verantwortlich für diese Garantie. Der Vater des späteren Bundespräsidenten war Berufsdiplomat, kein überzeugter Nationalsozialist. Seine Beziehung zu Außenminister von Ribbentrop war merklich abgekühlt, als er von den Naziverbrechen in Osteuropa erfuhr. Sein Kollege Albrecht von Kessel, der mit der *Militäropposition* in Kontakt stand, überzeugte ihn, sich um den Posten des damals 70jährigen von Bergen zu bewerben. Als Weizsäcker die Zusage erhielt, ließ sich auch Kessel an die Vatikanbotschaft versetzen. Von Anfang an setzten beide auf eine Verbesserung der Beziehungen zum Heiligen Stuhl, während in ihren Berichten nach Berlin meist das stand, was das Regime gerne hören wollte. Schon einen Tag vor dem deutschen Einmarsch sprach Weizsäcker beim Staatssekretariat wegen der Gerüchte vor, der Heilige Stuhl habe am *Badoglio-Verrat* und der anschließenden Unterzeichnung eines Waffenstillstandes mit den Alliierten mitgewirkt. Noch am selben Tag erschien im *Osservatore Romano* ein Dementi. Damit entfiel der Vorwand für eine Besetzung des Vatikans.

Der Heilige Stuhl nutzte die Verhandlungsbereitschaft von Männern wie Weizsäcker, Kessel und Wolff, um Menschenleben zu retten.

Mitte September hieß es, die Deutschen würden 6000 Geiseln nehmen, nachdem angeblich sechs beim Widerstand gegen den Einmarsch verletzte deutsche Soldaten in einem römischen Krankenhaus ermordet worden waren. Kardinalstaatssekretär Maglione bat Weizsäcker, gegen diese Maßnahme zu intervenieren. Der Botschafter meinte, es sei ihm unmöglich, hier zu helfen. Würde sich der Vatikan nicht „aus dieser Sache heraushalten", könne das „schwere Konsequenzen haben": „Jetzt kümmert sich Berlin nicht um den Heiligen Stuhl. Es würde aber ziemlich gefährlich werden, wenn es anfinge, dies zu tun." Schließlich aber versprach er, sich persönlich und in eigenem Namen um die Angelegenheit zu kümmern. Das Ergebnis war, daß 6000 junge Italiener nicht als Geiseln genommen, sondern „nur" zum Arbeitsdienst eingezogen wurden. Weizsäcker behauptete fortan, er habe den deutschen Oberkommandierenden in Italien, Feldmarschall Albert Kesselring, persönlich von der Geiselnahme abgebracht. Tatsächlich aber hatte sich herausgestellt, daß die Gerüchte um eine Ermordung der sechs deutschen Soldaten falsch gewesen waren.

Schon am 17. September 1943, mit einer Note, die den Titel *Befürchtete Maßnahmen gegen die Juden Italiens* trug, hatte der Papst die jüdische Gemeinde Roms vor möglichen Aktionen der Besatzungsmacht gewarnt. Man empfahl speziell den Juden, die gerade aus Frankreich nach Rom geflüchtet waren, dringendst die Stadt zu verlassen. Tatsächlich hatte Himmler einen Tag zuvor befohlen, alle Juden aus den von den Deutschen besetzten Gebieten Italiens – man schätzte, daß es um die 56 000 waren – zu deportieren und, so wörtlich: „zu liquidieren". Obersturmbannführer Herbert Kappler, der SS- und SD-Kommandant in Rom, erhielt den Auftrag, die 8000 Juden Roms festzunehmen und auf den Weg in ein Konzentrationslager zu schicken. Doch als er Kesselring um Unterstützung bat, erhielt er zunächst eine Absage: Die deutschen Sicherheitskräfte in Rom reichten für eine Razzia nicht aus.

Stattdessen schmiedete Kappler einen diabolischen Plan, um sie in Sicherheit zu wägen. Am 26. September bestellte er die beiden Vorsitzenden der jüdischen Gemeinde, Ugo Foá und Dante Almansi, in seine Residenz in der Villa Wolkonsky. Dort teilte er ihnen mit, daß Deportationen geplant seien. Allerdings hätten sie die Chance, sich freizukaufen. Wenn es ihnen gelänge, in den nächsten 24 Stunden 50 Kilogramm Gold bei ihm abzuliefern, würden sie unbehelligt bleiben. Doch trotz größter Anstrengungen schafften sie es nur, 35 Kilogramm zusammenzubekommen. Also wandte sich der Oberrabbiner von Rom, Israel Zolli, hilfesuchend an den Papst. Sofort sagte Pius XII. zu, den Juden das Gold zu leihen, und gab Anweisung, das Nötige in die Wege zu leiten. Kurz darauf vermerkte der Commendatore Ing. Bernadino Nogara, Chef des vatikanischen Schatzamtes,

Rabbi Zolli habe ihm mitgeteilt, die päpstliche Hilfeleistung würde nun doch nicht gebraucht; die fehlenden 15 Kilo seien bereits von „katholischen Gemeinden“ zur Verfügung gestellt worden. Doch obwohl das Gold pünktlich abgeliefert wurde, und obwohl sich sogar Kappler jetzt gegen die Deportation aussprach, reagierte Berlin nur mit einer Bestätigung des Deportationsbefehls. Am 11. Oktober trafen 300 bewaffnete SS-Männer in Rom ein, bereit, jederzeit zuzuschlagen.

Doch auch der Papst war nicht untätig geblieben. Pius XII. wußte, daß die Nazis geradezu pathologisch wortbrüchig waren. Oberrabbiner Israel Zolli erinnert sich:

> „Der Heilige Vater sandte ein Handschreiben an die Äbte und Bischöfe, in dem er sie anwies, die Klausur in den Klöstern und Konventen aufzuheben, damit sie Zufluchtsstätten für die Juden werden konnten. Ich weiß von einem Nonnenkloster, in dem die Nonnen auf dem Kellerboden schliefen, während sie ihre Betten jüdischen Flüchtlingen zur Verfügung stellten … Kein Held in der Geschichte hat ein solches Heer befehligt: ein Heer von Priestern arbeitet in großen und kleinen Städten, um Brot für die Verfolgten und Pässe für die Flüchtlinge zu beschaffen. Nonnen gehen in Feldküchen, um weiblichen Flüchtlingen Gastfreundschaft gewähren zu können. Ordensobere gehen nachts aus, um deutsche Soldaten aufzuhalten, die Opfer suchen … Alle folgten Pius XII. mit der Inbrunst jener Nächstenliebe, die den Tod nicht fürchtet.“

Zolli selbst fand mit Frau und Kindern bei einer katholischen Familie Unterschlupf, bevor man ihn aus Sicherheitsgründen im Vatikan wohnen ließ. Nicht aus Dankbarkeit, wie er immer betonte, aber wohl doch beeindruckt von der Kraft christlicher Nächstenliebe konvertierte er 1945 zum katholischen Glauben und nahm als Taufnamen des Vornamen des Papstes an, Eugenio.

Bischof Alois Hudal, Rektor des deutschen Priesterkollegs *Santa Maria dell' Anima* und einer der wenigen Freunde der Nazis in Rom, hatte beim Stadtkommandanten General Rainer Stahel 500 Schutzausweise für Klöster und kirchliche Anstalten beschafft mit der Aufschrift: „Bekanntmachung! Dieses Gebäude dient religiösen Zwecken und gehört dem Vatikanstaat. Haussuchungen und Beschlagnahmungen sind verboten. Der Deutsche Kommandant General Stahel". Damit war es möglich, dort Juden zu verstecken. Pinchas Lapide, der als Konsul Israels in Italien recherchieren konnte, schrieb:

> „In Rom sahen wir eine Liste von 155 Konventen und Klöstern – italienischen, französischen, spanischen, englischen, amerikanischen und auch deutschen –, überwiegend exterritorialer Besitz des Vatikans aufgrund der Lateranverträge, … die in Rom während der ganzen deutschen Besatzungszeit etwa 5000 Juden Obdach gewährten. Einmal fanden nicht weniger als 3000 Juden in der Sommerresidenz des Papstes in Castel Gandolfo Unterkunft; 60 lebten neun Monate lang in der Jesuitenuniversität Gregoriana; und ein halbes Dutzend schliefen im Keller des Päpstlichen Bibelinstitutes, dessen Rektor damals Augustin Bea war (der Beichtvater des Papstes) … Die (päpstliche) Palastgarde, die im Jahr 1942 eine Stärke von 300 Mann besaß, war bis Dezember 1943 auf 4000 Mann angewachsen – alle besaßen den wertvollen Vatikanausweis –, von denen mindestens 400 Juden waren; von diesen waren wiederum 240 innerhalb der Vatikangebäude untergebracht."

Lapides Zahlen werden durch Michael Tagliacozzo bestätigt, der heute als einer der renommiertesten Holocaust-Forscher Israels gilt. Tagliacozzo stammt selbst aus Rom und überlebte dank päpstlicher Hilfe die Zeit der Verfolgung. In seiner 1975 veröffentlichten Studie gab er die Zahl der auf dem Gelände des Vatikans versteckten Juden mit 477 an, „während weitere 4238 in den zahlreichen Klöstern und Konventen Roms Zuflucht fanden". Um die Versorgung der Vatikan-Flüchtlinge mit Milch zu garantieren, wurde im Innenhof des *Heiligen Offiziums* sogar eine Kuh gehalten.

Die Rettungsaktion des Papstes brach mit allen Regeln des Katholizismus. Die meisten Klöster standen unter strenger Klausur. Besucher durften sich nur in bestimmten Räumen aufhalten, nicht einmal Familienangehörige hatten Zutritt zum Lebensraum der Mönche oder Nonnen. Zudem herrschte strikte Geschlechtertrennung. Jetzt kam die Anweisung aus dem *Apostolischen Palast,* Ehepaare und Familien nicht auseinanderzureißen. Tagliacozzo: „Ich kannte selbst eine jüdische Familie, die Frau und Kinder in einem Klausurkonvent in der Via Garibaldi verstecken wollte. Die Nonnen sagten, daß sie gerne Mutter und Tochter aufnähmen, aber sich nicht um den kleinen Jungen kümmern könnten. Doch als sie die Anweisung des Papstes erhielten, der die Klausur ihres Klosters aufhob, versteckten sie auch den Jungen." Für die nächsten Monate galten nur die Regeln der Nächstenliebe. Nonnen lernten, *koscher* zu kochen, während in Klostersälen *Schabat*feiern abgehalten wurden. Michael Tagliacozzo überlebte diese Monate zusammen mit 200 weiteren Flüchtlingen im renommierten *Päpstlichen Priesterseminar* in Rom auf dem Gelände des Laterans, das unter Leitung des späteren Kardinals Pietro Palazzini stand. Nicht nur, daß der Monsignore den ausgehungerten jungen Juden erst einmal durchfütterte, er „bat mich auch inständig, ihn in die jüdischen Speisegesetze einzuweisen, damit er die religiösen Gefühle der Flüchtlinge nicht verletzt". Monsignore Patrick Carroll-Abbing, der von Pius XII. persönlich Instruktionen erhielt, erinnert sich: „Der Papst erklärte mir explizit: ‚Pater, machen Sie alles, was nötig ist, damit sie (die jüdischen Flüchtlinge) ihre Religion auch weiterhin nach den heiligen Riten des jüdischen Glaubens praktizieren können.'"

John Cornwell ist diese päpstliche Hilfsaktion gerade einmal zehn Zeilen wert. Er führt sie auch nicht auf die Initiative des Papstes zurück, sondern tut sie als die „übliche italienische Gastfreundschaft" ab. Im Gegenteil, er klagt an: „Zu seiner ewigen Schande und zur Schande der katholischen Kirche brachte Pacelli es nicht über sich, die Juden von Rom als Schutzbefohlene seiner römischen Herde anzusehen."

Die Zeugnisse der Geretteten sprechen eine andere Sprache. Und als würden sie nicht genügen, präsentierte die italienische Historikerin Maria Franca Mellano auf einer Pressekonferenz in Rom am 19. April 2007 ein von Pius XII. unterzeichnetes Bulletin des vatikanischen Staatssekretariats, das Klöster, religiöse Institutionen und sogar die Verwaltung der römischen Katakomben anwies, für die von den Nazis verfolgten Juden ihre Tore zu öffnen. Doch wem auch das als Beweis nicht ausreichte, der hätte in Rom nur in der Via Tasso, unweit des Laterans, das ehemalige römische Hauptquartier der SS besuchen brauchen. Dort war bis vor kurzem eine Tafel von 1946 zu sehen, gestiftet von den Juden, die Pius XII. für ihre Rettung dankten:

„Der Rat der italienischen jüdischen Gemeinden ... drückt Seiner Heiligkeit die allertiefste Dankbarkeit aller Juden aus für die menschliche Brüderlichkeit der Kirche in den Jahren der Verfolgung ... Viele Male erduldeten Priester Gefängnis und KZ und opferten sogar ihr Leben, um Juden zu helfen ... Die Juden werden sich immer daran erinnern, was die Kirche auf Anweisung des Papstes in dieser schrecklichen Zeit für sie getan hat.“

Leider wird diese Tafel heute, warum auch immer, nicht mehr gezeigt. Doch sogar Rolf Hochhuth wunderte sich, „dass gerade die Juden in Rom der Meinung sind, der Papst habe sehr viel für sie getan.“

Zahlreiche Juden waren auch unter den 12000 Flüchtlingen, für die Pius XII. seine Sommerresidenz Castel Gandolfo öffnen ließ. Sie schliefen in den Gärten, wuschen sich in den Zierbrunnen und ernährten sich von selbstgezogenem Gemüse und dem päpstlichen Bauernhof. Die Gebäude waren Frauen und Kindern vorbehalten und die Schlafzimmer für Schwangere reserviert. Vielleicht 40 Kinder erblickten das Licht der Welt im Bett des Papstes.

Als der Morgen des 16. Oktober 1943 über Rom dämmerte, zeigte sich, daß die Nazis ein weiteres Versprechen gebrochen hatten. Es war ein Samstag, ein regnerischer Herbsttag, und er sollte als *Blut-Schabat* in die 2000jährige Geschichte der Juden Roms eingehen. Die Sonne war noch nicht aufgegangen, als um 5.30 Uhr 300 SS-Männer, mit Maschinengewehren bewaffnet, in die Häuser des ehemaligen jüdischen Ghettos am Tiberufer eindrangen. Mit Hilfe vorbereiteter Listen durchkämmten sie der Reihe nach die Wohnungen und trieben alle Bewohner, die sie finden konnten, auf die Straße. Die Opfer der Razzia, genau 1259 Personen, wurden in das *Collegio Militare* auf dem gegenüberliegenden *Lungotevere* gebracht. Von dort aus karrte man sie zum *Tiburtinischen Bahnhof*, wo bereits Viehwaggons der Eisenbahn auf sie warteten. Ihr Ziel sollte eigentlich das KZ Mauthausen bei Linz sein. Tatsächlich aber fuhr der Zug nach Auschwitz.

Noch während der Aktion informierte eine Freundin die römische Prinzessin Enza Pignatelli-Aragona über die Verhaftungen, die wiederum sofort den Papst unterrichten wollte. Das erwies sich als ziemlich schwieriges Unterfangen, denn die Deutschen hatten alle Straßen gesperrt. Schließlich rief sie einen Bekannten in der Deutschen Botschaft an und bat ihn unter einem Vorwand, sie in einem der Botschaftswagen zum Vatikan zu fahren. Dort wurde sie sofort zu Pius

XII. vorgelassen, der gerade in der Privatkapelle seines Appartements betete. Kaum hatte sie ihm von der Razzia erzählt, griff der hagere, hochgewachsene Mann in der weißen Soutane zum Telefon. Mit erregter Stimme und (wie sich Prinzessin Pignatelli erinnerte) Tränen in den Augen wies er Kardinalstaatssekretär Maglione an, unverzüglich nach Botschafter von Weizsäcker zu rufen. Der Deutsche hatte nur eine Frage: „Wie wird der Heilige Stuhl reagieren, wenn die Dinge so weitergehen?“ Maglione antwortete: „Der Heilige Stuhl möchte nicht gezwungen sein, vor die Notwendigkeit gestellt zu werden, ein Wort der Mißbilligung sagen zu müssen.“ „Will der Papst denn alles riskieren?“, erwiderte Weizsäcker, „weiß er nicht, daß der Befehl zu der Aktion von sehr weit oben kam?“. „Wenn der Heilige Vater gezwungen ist, zu protestieren, wird er sich in Bezug auf die Konsequenzen ganz der göttlichen Vorsehung überlassen“, meinte Maglione ruhig. Schließlich versprach der Botschafter, sich selbst um die Sache zu kümmern.

Das aber genügte dem Papst nicht. Kaum hatte ihm sein Staatssekretär Bericht erstattet, schickte er seinen Neffen Carlo Pacelli zu Bischof Hudal in die Anima. Der wiederum schrieb an General Stahel und bat um sofortige Einstellung der Verhaftungen: „Ich fürchte mit Recht, daß der Papst sonst öffentlich dagegen Stellung nehmen wird, was der schon vorhandenen deutschfeindlichen Stimmung als Waffe dienen wird.“

Noch am selben Tag sprach Weizsäcker ein zweites Mal im Vatikan vor, diesmal um auch Monsignore Montini vor einem öffentlichen Protest des Vatikans zu warnen. Ein solcher würde nur zu weiteren Deportationen führen. Am nächsten Tag schrieb er an Ribbentrop. Der Brief Hudals stelle eine Reaktion des Vatikans auf die Verhaftungen dar. Die Kurie sei besonders bestürzt, weil sich die Aktion quasi „unter den Fenstern des Papstes“ abgespielt habe. Bei ähnlichen Aktionen in Frankreich hätten die Bischöfe öffentlich Stellung genommen, jetzt könnte der Papst dasselbe tun. Das würde nicht nur die Feindpropaganda im Ausland ausnutzen, es würde auch die „guten Beziehungen“ zum Vatikan nachhaltig stören. Von seinem Gespräch mit Maglione erwähnte er nichts.

Während Ribbentrop nicht antwortete, meldete General Stahel am 17. Oktober Bischof Hudal: „Himmler gab Order, daß mit Rücksicht auf den besonderen Charakter Roms diese Verhaftungen sofort einzustellen sind." Tatsächlich aber war es wohl eher die Sorge, es könne in Rom zu Unruhen kommen, die ihn die Aktion abblasen ließ. Kurz zuvor war Neapel mit Hilfe Aufständischer an die Alliierten gefallen, und das wollte man in der Hauptstadt vermeiden. General Stahel bezahlte einen hohen Preis für seine Intervention. Nur zwei Monate später wurde er überraschend an die Ostfront versetzt. Er geriet in sowjetische Kriegsgefangenschaft und starb in einem Gefangenenlager in Sibirien. Am Schicksal der bereits Festgenommenen allerdings konnte die päpstliche Intervention nur wenig ändern, obwohl zumindest 252 Personen wieder freigelassen wurden. Die anderen aber wurden nicht, wie es im ursprünglichen Befehl hieß, „nach Mauthausen als Geiseln gebracht"; ihre Fahrt endete in Auschwitz. Doch das erfuhr man in Rom erst zwei Wochen später. 1961 stellte der israelische Generalstaatsanwalt Gideon Hausner fest, dass es Adolf Eichmann war, der den Befehl dazu gegeben hatte, „als der Papst persönlich, um den Juden Roms zu helfen, intervenierte". Der britische Gesandte Osborne hielt in seinem Geheimbericht fest: „Gleich nachdem er über die Verhaftungen der Juden in Rom informiert worden war, berief der Kardinalstaatssekretär den Botschafter Deutschlands ein und formulierte eine Art Protest. Der Botschafter griff sofort ein..." Nur John Cornwell, der offenbar Weizsäckers Taktik nicht durchschaute, behauptet sinnigerweise, erst der deutsche Botschafter habe „den Kardinal zu einem Protest gegen die Deportationen bewegen" wollen. Tatsächlich aber war beiden klar, dass ein öffentlicher Protest des Papstes nur zu einer Eskalation geführt hätte, die keiner beteiligten Partei etwas nutzen konnte.

Immerhin wusste jetzt jeder, wie ernst die Lage auch in Rom war. Für den Papst konnte das nur bedeuten, seine Maßnahmen zu intensivieren. Im *Osservatore Romano* erschien am 25./26. Oktober 1943 unter dem Titel „Die Fürsorge des Heiligen Vaters" in gewohnt kryptischer Sprache die Meldung, der „eindringliche und mitleiderregende Widerhall des Unglücks" so vieler Unschuldiger, das „Anwachsen so vieler Leiden", habe die „umfängliche väterliche Hilfstätigkeit des Papstes noch vermehrt; sie kennt keine Grenzen, weder der Nationalität noch der Rasse". Im Klartext hieß das: Die Hilfs- und Rettungsaktion für die Juden ging weiter! Noch am selben Tag ging eine entsprechende Anweisung auch an die Klausurklöster. „In dieser schlimmen Situation wünschte der Heilige Vater, seine Söhne, auch die Juden, zu retten und wies an, dass die Konvente den Verfolgten Zuflucht und Gastfreundschaft gewähren", protokollierten die Augustinerinnen des Klosters SS. Quattri Coronati in Rom in ihrem Jahrbuch.

Die Nazis mögen gewusst haben, dass der Vatikan Juden versteckte. Sie ließen es zu, denn sie hatten damit den Papst in der Hand. Hitler konnte jederzeit den Befehl geben, die Klöster zu stürmen und die Flüchtlinge, zusammen mit ihren Helfern, mit Hunderten Priestern und Ordensleuten, in die Todeslager zu schicken. Er konnte sogar den Vatikan besetzen, den Papst ermorden lassen, das Herzzentrum der Kirche ausschalten und danach eine blutige Katholikenverfolgung beginnen. Neun Monate lang war Pius XII. eine Geisel Hitlers. Doch der Diktator mußte seine Kräfte auf den „Endsieg" konzentrieren, sich die „Abrechnung" mit der Kirche für später verwahren. Währenddessen befanden sich die deutschen Truppen in ganz Europa auf dem Rückzug, bröckelten selbst in höchsten Nazikreisen die Loyalitäten. Hitlers Männer in Italien waren in erster Linie autoritätshörige Opportunisten, und sie ahnten, wer von beiden überdauern würde, der *Führer* oder der Papst. Zumindest taten sie alles, um es sich mit keinem der beiden zu verderben. Nur deshalb gelang es Pius XII., immerhin über 85 % der römischen Juden, etwa 7000 Menschen sowie einen Großteil der nach Rom geströmten jüdischen Flüchtlinge, zu retten.

XVII. Architekt Europas

Er kam nachmittags, und um jedes Aufsehen zu vermeiden, trug er Zivil; einen viel zu kleinen Anzug, den er sich ausgeliehen hatte. Niemand sollte mitbekommen, daß SS-Obergruppenführer Karl Wolff, der Mann, dem Hitler befohlen hatte, den Papst zu entführen, jetzt auf dem Weg zu einer Geheimaudienz bei Pius XII. war. Doch er hatte ein wichtiges Anliegen. Angesichts der „gänzlich verworrenen deutschen Außenpolitik“, sprich: des unsicheren Kriegsausganges, setzte er auf eine Vermittlertätigkeit des Papstes. Pius XII. sollte eruieren, unter welchen Bedingungen die Westmächte zu einem Separatfrieden bereit wären.

Dem vorausgegangen war ein vertrauliches Gespräch mit Ernst von Weizsäcker. Auch der deutsche Vatikanbotschafter wußte, daß der Krieg militärisch nicht mehr zu gewinnen war und daraus Konsequenzen gezogen werden mußten. Es galt, einen ehrenvollen Ausweg aus Krieg und Niederlage zu finden. So arrangierte Weizsäcker zunächst ein Treffen mit dem Leiter des *Germanicums,* des deutschen Priesterseminars im Vatikan, dem Jesuiten Ivo Zeiger, in der deutschen Botschaft. Pater Zeiger nahm, obwohl er gerade einem der ranghöchsten SS-Offiziere gegenübersaß, kein Blatt vor den Mund. Er nannte die Verfolgung der Juden, die Greueltaten in den Lagern, die „schrecklichen Maßnahmen“ hinter den Fronten und die Verfolgung der Geistlichen insbesondere in Polen unverblümt beim Namen. Wolff schluckte – und gestand ein: „Ja, diese Dinge sind traurig.“ Doch er wolle es anders machen. Als „höchstverantwortlicher deutscher Polizeichef in Italien“ habe er die Absicht, „alle unnötigen Härten gegenüber dem Heiligen Stuhl, der Kirche und sonstigen Einrichtungen zu vermeiden“. Dann kam er auf den Punkt. Wäre es Pater Zeiger möglich, für ihn eine Audienz beim Papst zu arrangieren?

Der Jesuit war noch nicht überzeugt. Zuerst verlangte er eine eindeutige Geste guten Willens. Er erzählte Wolff von einem Karthäuserprior in Slowenien, der, weil er Partisanen versteckt hatte, verhaftet worden war und jetzt auf seine Hinrichtung wartete. Nach ein paar Tagen war der Mann frei. Im Vatikan entschied man sich, Wolff im Auge zu behalten.

Ein paar Monate später ergab sich eine neue Möglichkeit. Die Witwe des Inhabers der Fiat-Werke, Gräfin Agnelli, geborene Prinzessin Bourbon-Parma, war wegen unvorsichtiger politischer Äußerungen am Telefon von der faschistischen Polizei verhaftet worden. Ein Bekannter bat Wolff, ihre Freilassung zu bewirken, was er tat. Als sie sich bei ihm persönlich bedankte, bat Wolff sie ihrerseits um einen Gefallen. Er hatte gehört, daß sie über beste Kontakte zum höheren Klerus verfüge und würde sie bitten, für ihn eine Papstaudienz zu arrangieren. Sie wurde ihm am Nachmittag des 10. Mai 1944 gewährt.

Um in den Vatikan geführt zu werden, sollte sich Wolff im Kloster der Salvatorianer an der *Via della Conciliazione,* Mussolinis Verbindungsstraße zwischen Rom und dem Vatikan, einfinden. Dort begrüßte ihn der Generalobere des Ordens, Pater Dr. Pankratius Pfeiffer, der in den letzten Monaten als Verbindungsmann zwischen dem Heiligen Stuhl und der deutschen Besatzungsmacht aktiv geworden war. Wolff konnte nicht ahnen, daß Pater Pfeiffer später als *römischer Schindler* oder *Engel von Rom* in die Geschichte eingehen würde. Allein im Dachboden seines Ordenshauses hatte er 100 Juden versteckt. Mit dem deutschen Kommandanten Kurt Mälzer, der wie er aus Bayern stammte und katholisch war, konnte er besonders gut. So gelang es ihm immer wieder, Menschen freizubekommen, die sich bereits im Gewahrsam der Besatzer befanden, darunter nicht nur Juden, sondern auch Kommunisten und Royalisten. Obwohl bald auch römische Familien bei ihm vorstellig wurden, um Eingaben zugunsten ihrer gefangenen Angehörigen zu erbitten, gehen 90 % der später auch als *Pfeiffers Liste* bekannt gewordenen Initiativen auf direkte Order des Papstes zurück. Heute ist eine kleine Seitenstraße der *via della Conciliazione* nach dem engagierten Pater benannt.

Doch es gab auch Mißerfolge. Der tragischste ereignete sich im März 1943. Kommunistische Partisanen hatten ein Bombenattentat auf 156 Angehörige des Polizeiregiments *Bozen* verübt, als dieses gerade auf der Via Rasella unterwegs war. 33 Angehörige der Einheit kamen dabei ums Leben. Als Hitler von dem Attentat erfuhr, bekam er einen seiner gefürchteten Wutanfälle. Für jeden der getöteten Deutschen sollten 100 Italiener erschossen werden. General Kesselring gelang es, die Quote auf 1:10 zu drücken; Kappler behauptete, er hätte in seinen Gefängnissen genügend Todeskandidaten. Als der Vatikan von der Vergeltungsmaßnahme erfuhr, wurde wieder Pater Pfeiffer eingeschaltet. Doch diesmal bemühte er sich vergeblich, bei General Mälzer vorgelassen zu werden. Innerhalb von 24 Stunden nach dem Attentat hatte Kappler bereits 335 Männer – darunter 70 Juden – in den *Ardeatinischen Höhlen* nahe der antiken *Via Appia* erschießen lassen. Als der *Osservatore Romano* das Vorgehen der Deutschen zu kritisieren wagte, protestierten Weizsäcker und Kesselring heftig. Obwohl Wolff nicht direkt beteiligt war, war er als Vorgesetzter Kapplers zumindest mitverantwortlich.

An diesem Nachmittag aber hoffte Pfeiffer auf das Gute im Menschen. Er wies Wolff an, den Petersplatz zu überqueren, er selber würde einen anderen Weg nehmen, damit die beiden Männer nicht zusammen gesehen werden. Minuten später trafen sie sich an der Bronzepforte, dem offiziellen Eingang zum Apostolischen Palast. Die Schweizergardisten ließen sie schnell passieren. Noch auf der *Scala Regia,* der mächtigen Marmortreppe zu den Gemächern des Papstes, brachte Pfeiffer dem SS-Mann „ein besonders Anliegen Seiner Heiligkeit" vor. Es ging um Giuliano Vasalli, den Sohn eines bekannten Rechtsgelehrten aus Bologna, der wegen linksgerichteter Aktivitäten verhaftet wurde und dem jetzt die Todesstrafe drohte. Wolff versprach, sich um seine Freilassung zu kümmern – was er dann auch tatsächlich tat –, doch er warnte, der Vatikan könne aus dieser Ecke keinen Dank erwarten. „Man muß eine gute Sache um ihrer selbst willen tun", lautete die Antwort des Paters.

Dann öffnete sich die Tür zur Privatbibliothek des Papstes. Wolff, groß, blond, breitschultrig, von Hitler mal als „Musterbeispiel eines Ariers" bezeichnet, begrüßte Pius XII. mit einer knappen Verbeugung. Die Audienz dauerte eine ganze Stunde. „Ich habe schon viel von Ihnen gehört", eröffnete der Papst auf Deutsch das Gespräch, „ich freue mich, Sie endlich kennenzulernen." Nach einigen allgemeinen Worten über die Lage der Kirche in Deutschland kam Wolff auf sein eigentliches Anliegen zu sprechen. Wie der SS-Mann in seinem am 28. März 1972 beeideten Protokoll festhielt:

> „Ich habe ihm dann meiner großen Sorge Ausdruck verliehen (sic!), daß sich meiner Auffassung nach die politischen und militärischen Kräfte in einem sinnlosen Krieg zwischen Deutschland und den Westmächten verbraucht und das Land in das Chaos stürzen würde, während die eigentliche Auseinandersetzung mit dem Osten bliebe und uns in einem total geschwächten Zustand hinterlasse."

Daher bat er den Papst, „mit den Westmächten Verbindung aufzunehmen zum Zweck der vorzeitigen Beendigung dieses sinnlos gewordenen Krieges", allerdings unter ehrenhaften Bedingungen. Um dieses Ziel zu erreichen, sei auch er bereit, sein Leben und das seiner Familie aufs Spiel zu setzen, was der Fall sei, falls Hitler von den Plänen erführe. Die Antwort des Pontifex war vielversprechend. Pius XII. versprach, „konkrete Friedensfühler auszustrecken". Doch er räumte ein,

> „die Hauptschwierigkeit bestünde darin, daß auf Seiten der Alliierten nicht nur eine antinationalsozialistische, sondern teilweise auch eine antideutsche Einstellung, auch im Sinn eines Vorurteils, bestehe, die zunächst überwunden werden müsse, was Zeit beanspruche."

In etwa vier Wochen wäre er vielleicht in der Lage, einen Kontakt mit Vertretern der Westmächte herzustellen. Er würde Wolff dann eine Nachricht über Pater Pfeiffer zukommen lassen. Schließlich entließ er den SS-Mann mit den Worten: „Sie tun einen schweren Gang, General Wolff. Darf ich Ihnen auf diesem gefährlichen, lebensgefährlichen Gang für Sie und Ihre Familienangehörigen meinen Segen mitgeben?" Wolff, der nicht ganz aus seiner Haut konnte, dankte ihm auf seine Weise. Als er den Raum verließ, drehte er sich noch einmal um und machte, wie er es gewohnt war, den Hitlergruß. Pius XII. schmunzelte amüsiert. „Der Arm ist ihm halt so herausgerutscht", kommentierte Pater Pfeiffer, der den seltsamen Audienzbesucher bereits vor der Tür erwartete.

Wolff sollte den Papst nie mehr wiedersehen. Kurz nach der Audienz mußte er zur Kur nach Karlsbad. Als er wieder in Italien war, hatten die Alliierten Rom bereits befreit. Doch auch jetzt suchte der SS-Führer den Kontakt zu den Amerikanern, traf sich im März mit Allen Welsh Dulles, dem Chef des US-Geheimdienstes OSS (später: CIA) in Bern. Am 29. April, noch einen Tag vor Hitlers Selbstmord, unterzeichnete er als Kommandant der Südfront die Kapitulationsurkunde. Hitlers Plan zur Schaffung einer „Alpenfestung" war damit gescheitert.

Kein Zweifel, daß auch Wolff ein Naziverbrecher war. Er war mitverantwortlich für den Abtransport der Warschauer Juden in das Todeslager Treblinka, für die Verschleppung der römischen Juden und für die Geiselerschießung in den Ardeatinischen Höhlen. Und trotzdem scheint er einen Funken Anstands – oder war es nur Opportunismus? – in sich getragen zu haben, den die Begegnung mit dem Papst wohl zu neuem Leben erweckte.

Doch noch etwas ganz anderes zeigt die ungewöhnliche Geschichte dieser Audienz: Pius XII. war noch immer bereit, eine Verschwörung gegen Hitler zu unterstützen, solange sie einem schnellen Frieden diente und das Morden an so vielen Unschuldigen beendete.

Dabei war die Gefahr für ihn noch längst nicht gebannt. Erst am 6. November 1943 gegen 21 Uhr waren vier Bomben über dem Vatikangelände abgeworfen worden, kanadische Munition, doch die Hintermänner sind bis heute im Dunkeln. Augenzeugen erinnern sich nur, ein einzelnes, kleines Flugzeug gesehen zu haben. Steckten die Deutschen dahinter, wollten sie Pius XII. wissen lassen, daß er im Vatikan nicht mehr sicher war, während sie ihm nach wie vor ihren „Schutz" anboten? Während die Alliierten immer näher auf Rom zu rückten, verdichteten sich noch einmal die Gerüchte um eine geplante Entführung des Papstes. Am 5. Februar 1944 ließ Pius XII. Weizsäcker zu sich bestellen. Er weigere sich nicht nur, Rom zu verlassen, was immer auch geschehen möge, er protestiere auch „wegen des unqualifizierten Gewaltaktes … der nicht gegen Unsere bescheidene Person, sondern gegen den Stellvertreter Christi geplant ist". Den Kurienkardinälen erklärte er ein paar Tage später, seinem Biografen Nazareno Padellaro zufolge:

> „Vielleicht hat uns die Göttliche Vorsehung eine überaus schmerzliche Aufgabe vorbehalten. Wir nehmen sie mit Gleichmut und Stärke entgegen. *Fiat voluntas Dei* (Es geschehe der Wille Gottes). Es ist wohl überflüssig, zu erwähnen, daß, was immer auch geschehen mag, Wir niemals den Apostolischen Stuhl und um so weniger Unser geliebtes Rom verlassen werden. Wir werden nur der Gewalt weichen."

Den Kardinälen dagegen stünde es jederzeit frei, sich in Sicherheit zu bringen. Doch auch sie blieben.

Wieder fielen Bomben. Montecassino, das Mutterkloster des Benediktinerordens, wurde ebenso aus der Luft angegriffen wie die päpstliche Enklave von Castel Gandolfo. Viele der Verfolgten, die dort Zuflucht gefunden haben, kamen dabei ums Leben. In Rom gab es bei einem Angriff auf den Stadtteil Ostiense etwa 500 Tote, die Glasfenster der uralten Basilika *S. Paolo fuori le Mura* gingen zu Bruch. Erst als der Papst am 12. März 1944, seinem Krönungstag, einen flammenden Appell gegen die alliierten Bombardierungen richtete, die „die schon so zermarterte Stadt Rom am lebendigen Leibe zerfleischten", wurden die Todesflüge eingestellt. Mit Hilfe Weizsäckers gelang es Pius XII., General Kesselring zum Abzug der deutschen Truppen aus Rom zu bewegen. Auch der Nachschub wurde um die Stadt herumgeleitet. Obwohl die Tiberbrücken seit Februar vermint waren, wurde auf eine Sprengung oder jede weitere Zerstörung der Infrastruktur verzichtet. Rom war damit wieder eine *offene Stadt* – und wurde fortan nicht mehr in die Kampfhandlungen mit einbezogen.

Am Abend des 4. Juni 1944 zogen die Alliierten in die Ewige Stadt ein. Die befürchtete Schlacht um Rom war ausgeblieben. Am nächsten Nachmittag, als sie begriffen, was ihnen erspart geblieben war, versammelten sich Zehntausende auf dem Petersplatz. Zu Fuß oder auf Lastwagen kamen die Menschen, viele auf Krücken. Unter ihnen waren Tausende, die erst jetzt aus den Verstecken, in denen sie die letzten neun Monate verbracht hatten, aus Dachböden und finsteren Kellern, herausgekrochen kamen. Sie alle wußten, daß sie ihr Leben dem Mann verdankten, den sie nun auf der Loggia des Petersdomes erwarteten. Ein unbeschreiblicher Jubel brach aus, als Pius XII., der *Defensor civitatis,* endlich erschien und sie segnete.

Jetzt wurden auch im Vatikan die Koffer gepackt. Die Diplomaten, die hinter den Mauern des Kirchenstaates Zuflucht gefunden hatten, konnten in ihre Botschaften zurückkehren. Die Botschafter Deutschlands, Vichy-Frankreichs, Japans, Finnlands, der Slowakei, Ungarns, Kroatiens und Rumäniens übernahmen jetzt ihre provisorischen Unterkünfte.

In den folgenden Monaten konzentrierte Pius XII. seine Aktivitäten auf drei Ziele: möglichst schnell den Frieden herbeizuführen, die Grundlagen für eine gerechte Nachkriegsordnung zu schaffen und den Kriegsopfern zu helfen.

Schon in seiner Weihnachtsansprache am 24. Dezember 1943 hatte er sich an die Regierenden gewandt, sie zu einem gerechten Frieden aufgefordert und vor Machtdemonstrationen und Vergeltungsmaßnahmen gewarnt. Auch wer selbst unter „den Schlägen der Widerwärtigkeiten und Ungerechtigkeiten" leide, dürfe doch „morgen jenen Frieden nicht beflecken und Unrecht mit Unrecht vergelten oder vielleicht noch eine größere Ungerechtigkeit begehen".

Unmittelbar vor dem Einmarsch der Alliierten, am 2. Juni 1944, sprach er sich noch deutlicher gegen einen „vollständigen Sieg" auf der einen und eine „völlige Zerstörung" auf der anderen Seite aus. Ein „zweites Versailles" sei um jeden Preis zu vermeiden, denn ein Rachefrieden würde den Gegner nur zum „Mut der Verzweiflung" bringen und „giftige Keime" für neue Konflikte legen. Dem Konzept einer „Kollektivschuld" des deutschen Volkes erteilte er eine klare Absage. Deutlich unterschied er zwischen dem deutschen Volk und den Verantwortlichen für die Kriegsverbrechen, die, und nur die allein, bestraft werden müßten. Die Deutschen waren für ihn kein Volk von Mördern, sondern nur irregeleitete Schafe, die es zur Herde zurückzuführen galt.

Das war auch eine klare Absage an die Politik der Alliierten, die seit der Konferenz von Casablanca im Januar 1943 von Deutschland kompromißlos die bedingungslose Kapitulation verlangten. Der Papst dagegen war nur bereit, als Vermittler eines Kompromißfriedens aktiv zu werden. Darin stimmte er mit den Männern des deutschen Widerstandes völlig überein, deren Ziel ein sofortiger Waffenstillstand und die Wiederherstellung der Grenzen von 1938 war. Ein starkes und gleichzeitig freies Deutschland war Pius XII. lieber als ein Vordringen der Roten Armee bis an die Elbe. Hätte sich dieser Plan durchgesetzt, wären Millionen Deutschen Flucht und Vertreibung und der ganzen Welt ein jahrzehntelanger, milliardenverschlingender kalter Krieg erspart geblieben. Doch mit Hitlers brutalem Schlag gegen die Verschwörer des 20. Juli 1944, das *geheime Deutschland,* schwand auch diese Hoffnung. Ein Frieden mit Putschisten aus den Reihen des Regimes, etwa mit Heinrich Himmler oder Joachim von Ribbentrop als neuem Staatsoberhaupt, war auch für den Vatikan indiskutabel.

So gab Pius XII. nach dem 20. Juli seinen Widerstand gegen die *Casablanca-Formel,* das *Unconditional Surrender,* auf. Beim Treffen mit Churchill im August 1944 spielte das Thema keine Rolle mehr. Er war mit den Alliierten versöhnt und hoffte, wie diese, auf eine möglichst schnelle Kapitulation des Reiches. Doch er wies sie auch darauf hin, daß es in Deutschland nach wie vor oppositionelle Kräfte gab, mit denen ein neuer, stabiler Staat aufgebaut werden könne. Er kritisierte ihre antideutsche Haltung, denn er kannte das Land und sein Volk nur zu gut und war deshalb von seiner schnellen Regenerationsfähigkeit überzeugt. Er war sicher, die Deutschen könnten wieder ein respektiertes Mitglied der Völkergemeinschaft werden, sobald sie einer Politik der Aggression und der Eroberung abschworen und zu demokratischen Strukturen zurückkehrten.

So atmete man auch im Vatikan auf, als der deutsche Rundfunk den Tod Hitlers meldete. „Er ist gestürzt, der große Drache, die alte Schlange, die Teufel oder Satan heißt und die ganze Welt verführt" (Offb 12,9), mag mancher gedacht haben. Am Tag nach der Kapitulation, am 9. Mai 1945, sprach Pius XII. über Radio Vatikan ein Gnadengebet um Beendigung der Prüfungen und ein Fürbittgebet für die Millionen Toten. Dann mahnte er die Völker: „Der Krieg hat ein ganzes Chaos von Ruinen angehäuft, von materiellen und sittlichen Ruinen, wie die Welt sie im Lauf ihrer ganzen Geschichte noch nie kennengelernt hat. Nun geht es darum, die Welt wiederaufzubauen."

Der Papst selbst leistete dazu den ersten Beitrag. Seit 1943, als in Italien durch die Frontlinien Versorgungsengpässe entstanden und die unzähligen vor den Nazis versteckten Flüchtlinge versorgt werden mußten, war das Päpstliche Hilfswerk wieder aktiv. Noch vor der deutschen Besatzung hatte der Vatikan im Auftrag des Papstes in großen Mengen Lebensmittel aufgekauft und eingelagert. Als die Deutschen die Stadt kontrollierten, organisierte Pater Pfeiffer für die Pacelli-Neffen die Genehmigung, mit einem guten Dutzend Lastwagen die Klöster und Flüchtlingsunterkünfte zu versorgen. Nachmittags fuhr man ins Umland, um zusätzlich Mehl und Milch einzukaufen. Damit die Lastwagen nicht von den Alliierten für deutsche Truppentransporte gehalten wurden, hatte man sie in den Farben des Vatikans gelb-weiß angestrichen und mit der deutlich lesbaren Aufschrift VATICANO versehen. Sie wurden trotzdem bombardiert oder mit Maschinengewehren beschossen; ein Fahrer verlor auf diese Weise sein Leben.

Als Anfang 1944 Hunger in der Stadt herrschte und es schon zu Plünderungen von Bäckereien kam, ließ der Papst im Vatikan eine Großbäckerei einrichten. Gleichzeitig kauften seine Mitarbeiter in Genua Lebensmittel an. Da keine Züge mehr fuhren, erwarb man gleich ein ganzes Schiff, um die kostbare Fracht nach Civitavecchia, den Hafen Roms, zu bringen. Schwester Pascalina koordinierte das Hilfswerk im Auftrag Pius' XII. Nicht selten setzte sich die resolute Nonne selbst ans Steuer eines Lastwagens, um im Schutze der Nacht die Klöster, in denen sich Flüchtlinge (darunter Tausende Juden) versteckt hielten, mit Lebensmitteln zu versorgen. Sie erinnerte sich:

> „Als die Not und das Elend in der so sehr unter dem Krieg und den Luftangriffen leidenden Bevölkerung immer ärger wurde und der Heilige Vater sah, daß die ihm zu Gebote stehenden Mittel bei weitem nicht mehr ausreichten, in dem Maße zu helfen, wie er es gerne getan hätte und es notwendig gewesen wäre, erkundigte er sich, ob nicht Wertgegenstände vorhanden seien, die verkauft werden könnten. Auch wollte er aus den Tiaren und Mitren die kostbaren Steine nehmen und sie durch wertlose ersetzen lassen. Man rief einen Juwelier, der die Sachen schätzen sollte, aber der Ertrag wäre so niedrig gewesen, daß der Heilige Vater einsah, daß dies nichts genützt hätte. Da dachte er an die Schätze der Museen und die Statuen der Galerien. Es bedurfte der ganzen Überredungskunst einiger Sachverständiger, um ihn davon abzuhalten, diese Kostbarkeiten herzugeben."

Dieses Zeugnis bestätigte der Neffe des Papstes, Fürst Carlo Pacelli, unter Eid durch ein weiteres Detail. Als im Vatikan die Geldmittel knapp wurden, hatte ihn Pius XII. beauftragt, Käufer für einige der wertvollsten Gemälde aus den vatikanischen Museen, darunter Raphaels „Verklärung Christi", zu suchen. Erst als eine großzügige Spende aus den USA eintraf, wurde die Aktion abgeblasen.

Pinchas Lapide schätzt, daß allein in der zweiten Hälfte des Jahres 1944 das Päpstliche Hilfswerk Lebensmittel und Kleidung im Gegenwert von über einer Million Dollar (was damals eine Menge Geld war) an über 90000 bedürftige Zivilisten in den Ordenshäusern, Hospitälern, Kliniken und Heimen lieferte. Zusätzlich wurden zu Weihnachten über 12000 Pakete mit Liebesgaben an die Kinder Roms verteilt. Einige hundert von ihnen durften sich ihr Geschenk beim Papst persönlich abholen.

Kaum war der Krieg vorbei, wurde das Hilfswerk des Papstes im zerstörten Deutschland aktiv. Diesmal leisteten amerikanische Heereslastwagen, die dem Vatikan zur Verfügung gestellt wurden, die Arbeit, später auch die Bahnwaggons amerikanischer Nachschubzüge. Bis zum Jahre 1951 gelangten auf diese Weise 950 Waggons mit über 10 000 Tonnen Hilfsgütern im Wert von über neun Millionen Dollar in die vier Besatzungszonen, davon 70 % Lebensmittel, 25 % Bekleidung und 5 % Medikamente. Was das konkret bedeutete, listete Konstantin von Bayern auf: „Geliefert wurden im einzelnen 1811,640 Tonnen Öl und Fett, 1450,560 Tonnen kondensierte Milch, 1798,65 Tonnen Mehl, 2 690 300 Meter Baumwolle, 1 990 556 neue und 3 913 823 gebrauchte Bekleidungsstücke, 4 014 195 neue und 5 366 581 gebrauchte Paar Schuhe." Wieder hatte Schwester Pascalina, die jetzt das *Privatmagazin Seiner Heiligkeit* mit seinen 40 Hilfskräften leitete, ihr beachtliches Organisationstalent unter Beweis gestellt.

Eine ganz andere Hilfsaktion dagegen fand das Mißfallen des Papstes.

Nach dem Krieg bemühten sich der Vatikan und das Internationale Kreuz, den Hunderttausenden Kriegsflüchtlingen, die alles verloren hatten, neue Papiere auszustellen. Natürlich war es völlig unmöglich, die Angaben der Antragsteller zu überprüfen. In Deutschland wurde aus den Kriegsruinen langsam erst eine Infrastruktur wieder aufgebaut, ganz Osteuropa war von den Sowjets besetzt. Für ehemalige Nazis und Kriegsverbrecher war es ein leichtes, sich auf diesem Weg eine neue Identität zu verschaffen und ins Ausland, speziell nach Südamerika, abzusetzen. Die Wege der Flüchtlinge führten dabei meist über Italien. Der Osten war ihnen verbaut, im Westen saßen die Siegermächte; niemand hätte sie ausreisen lassen. Die Alpen aber ließen sich auch zu Fuß überqueren. Klöster gaben seit jeher katholischen Reisenden Unterschlupf, und bald existierte speziell bei ehemaligen SS-Angehörigen eine ganze Liste besonders gastfreundlicher Ordensbrüder, die nicht so genau nach der Herkunft ihrer Gäste fragten oder gerne jede rührselige Geschichte glaubten. Das Ziel dieser „Klosterroute", auch „Rattenlinie" genannt, war meist Genua, der damalige Haupthafen für Reisen nach Südamerika. Doch für viele führte der Weg dorthin zunächst über Rom. Dort, so sprach sich bald herum, gab es einen Bischof, der für ehemalige Nazis ein offenes Herz hatte.

Bischof Alois Hudal, gebürtiger Österreicher, war gewiß zu Recht die umstrittenste Figur im kirchlichen Rom dieser Zeit. Der Direktor der *Anima* war das beste Beispiel dafür, daß selbst ein theologisch hochgebildeter Katholik den Versuchungen des Nationalsozialismus erliegen konnte. Aber auch sein krankhafter Ehrgeiz, seine Selbstüberschätzung, sein Opportunismus und seine Profilierungssucht, später gefolgt von einer beträchtlichen Portion Starrsinn, trugen ihren Teil dazu bei. Nach der Machtergreifung Hitlers glaubte Hudal sich zum Vermittler zwischen deutscher Nation und römischer Kirche berufen. Er sympathisierte mit den Nazis, doch er konnte unmöglich ihre kirchenfeindlichen und antisemitischen Haßtiraden übersehen. So wurde er zweigleisig aktiv. Einerseits beriet er das *Heilige Offizium* bei der Verurteilung von Rosenbergs Nazikatechismus *Der Mythus des 20. Jahrhunderts* und der Erstellung des *Syllabus* gegen Rassismus und Totalitarismus, andererseits wurde er mit seinem 1936 erschienenen Buch *Die Grundlagen des Nationalsozialismus* zum „Hoftheologen der Partei". Das Buch, das er Hitler als „dem Siegfried deutscher Größe" widmete, plädierte für eine Christianisierung der NS-Ideologie. Nur mit ihrer Hilfe könne „die gesamte abendländische Kultur den Kampf gegen den Ostbolschewismus" aufnehmen. Um sich zumindest halbwegs zu rechtfertigen, behauptete Hudal, zwei Flügel der NSDAP ausgemacht zu haben: einen „linken", um Rosenberg und einen rechten um konservativ-national gesinnte Männer wie Papen. Hitler lobte ihn zunächst, verlieh ihm die goldene Ehrennadel der Partei und dachte zeitweise daran, ihn zum deutschen Gegenpapst zu krönen. Doch kaum hatte jemand es gelesen, verboten die Nazis das Buch, das fortan nur noch (wohl nicht ganz zu Unrecht) als Anbiederungs- und Unterwanderungsversuch galt.

Im Vatikan löste sein Erscheinen einen Skandal aus. In Sperrschrift distanzierte sich der *Osservatore Romano* von dem Machwerk und fast wäre es auf dem *Index der verbotenen Bücher* gelandet, hätte nicht Hudals Bischofswürde und Vorgeschichte als Berater des Heiligen Offiziums das verhindert. Fortan war Hudal im Apostolischen Palast zur *persona non grata* geworden. Pius XI. verbot ihm, den Anschluß Österreichs ans Reich in der *Anima* mit einer Festmesse zu feiern, Pius XII. entzog der *Anima* sogar das päpstliche Protektorat. Als Hudal ihm trotzdem eine Weihnachtskarte schickte, lautete die Adressaufschrift des vorgedruckten Antwortschreibens *Al Collegio ariano dell'Anima* (An das arische Kolleg der *Anima).*

Nur einmal, während der deutschen Besetzung Roms, als es darum ging, Juden zu retten, bediente sich auch Pius XII. der guten Beziehungen des *braunen Bischofs* zu den Nazis.

Doch schon als er sich nach der Befreiung Roms anbot, „im Namen des Papstes“ die deutschen und österreichischen Kriegsgefangenen in ihren Lagern zu besuchen, erhielt Hudal eine erneute Abfuhr. Im Auftrag Pius XII. teilte ihm Monsignore Montini mit, daß er dies gefälligst in seinem eigenen Namen machen solle. Einzig sein Angebot, als Anlaufstelle für österreichische Flüchtlinge zu fungieren, wurde angenommen; schließlich war er der einzige österreichische Bischof in Rom. Doch eben in dieser Stellung avancierte er zum Fluchthelfer für seine deutschen Gesinnungsgenossen. Gemeinsam mit dem kroatischen Priester und Theologen Krunoslav Draganovic besorgte er für Nazis und Angehörige der rechtsextremistischen kroatischen Ustascha-Miliz Visa für Argentinien. In seinen eigenen, posthum erschienen Memoiren *Römische Tagebücher* gibt er unumwunden zu:

> „All diese Erfahrungen haben mich schließlich veranlaßt, nach 1945 meine ganze karitative Arbeit in erster Linie den früheren Angehörigen des NS und Faschismus, besonders den sogenannten *Kriegsverbrechern* zu weihen, die von Kommunisten und *christlichen* Demokraten verfolgt wurden, oft mit Mitteln, deren Methoden sich nur wenig von manchen ihrer Gegner von gestern unterschieden haben; obwohl diese Angeklagten vielfach persönlich ganz schuldlos, nur die durchführenden Organe der Befehle ihrer übergeordneten Stellen und so das Sühneopfer für große Fehlentwicklungen des Systems waren. Hier zu helfen, manchen zu retten, ohne opportunistische und berechnende Rücksichten, selbstlos und tapfer, war in diesen Zeiten die selbstverständliche Forderung eines wahren Christentums, das keinen Talmudhaß, sondern nur Liebe, Güte und Verzeihung kennt und Schlußurteile über die Handlungen des eigentlichen Menschen nicht politischen Parteien, sondern einem ewigen Richter überläßt, der allein die Herzen, Beweggründe und letzten Absichten überprüfen kann. Über diese letzte geleistete Hilfe, die mir bald an der römischen Kurie den Titel eines *nazistischen, faschistischen Bischofs* eintrug – *troppo tedesco* (zu sehr deutsch) –, bin ich schließlich als untragbar für die Vatikanpolitik gefallen.“

Das war noch vorsichtig formuliert. Als er 1949 eine Pilgergruppe zu einer Papstaudienz begleitete, teilte ihm ein päpstlicher Kammerdiener mit, seine Anwesenheit im Apostolischen Palast sei unerwünscht. 1950 wurde sein österreichisches Flüchtlingsbüro geschlossen, 1951 wurde er gezwungen, mit Wirkung ab Juli 1952 als Direktor der *Anima* zurückzutreten. Die letzten elf Jahre seines Lebens verbrachte er als verbitterter alter Mann in seiner Villa in Grottaferrata bei Rom, wo er schließlich auch Rolf Hochhuth empfing, um sich an seinem Widersacher zu rächen. Daß der Dramatiker schließlich dem Pacelli-Papst eine Argumentation in den Mund legte, die viel besser zu Hudal gepaßt hätte, wurde zur großen Ironie dieser Geschichte.

Doch die Aktionen des *braunen Bischofs* lieferten den Stoff für noch eine weitere *Schwarze Legende,* nämlich jene, der Papst selbst habe Naziverbrechern zur Flucht verholfen, um sie als Kämpfer gegen den Kommunismus in Südamerika einzusetzen. Wie der deutsche Historiker und Diplomat Heinz Schneppen in seiner exzellenten Studie *Odessa und das Vierte Reich* nachwies, war es die STASI, die als erste die Fakten von Hudals Fluchthilfen mit Gerüchten um eine geheime *Organisation der ehemaligen SS-Angehörigen* (ODESSA) verband. Prominenteste Promoter dieser fiktiven Konstruktion waren der Nazi-Jäger Simon Wiesenthal und der Romanautor Frederick Forsyth. Doch selbst Wiesenthal mußte einräumen: „Es gibt keinen Hinweis darauf, daß Pius XII. etwas davon wußte oder gar anordnete." Tatsächlich hatte der Papst sogar den amerikanischen Jesuitenpater Edmund Walsh autorisiert, auf der Anklägerseite an den Nürnberger Kriegsverbrecherprozessen teilzunehmen. Und obwohl es fast Tradition ist, daß der Vatikan gegen die Vollstreckung von Todesurteilen protestiert, hier, im Fall der verurteilten Nazis, tat er es nicht.

Im Gegenteil: Am 2. Juni 1945, seinem Namenstag, rechnete Pius XII. vor dem Kardinalskollegium selbst mit den Nazis ab. Ihre verbrecherische Ideologie verurteilte er in eindeutiger Schärfe, als er erklärte: „Während des Krieges haben Wir nicht aufgehört, besonders in unseren Botschaften, entsprechend den unvergänglichen Erfordernissen und Regeln der Menschlichkeit und des christlichen Glaubens, Uns der unheilvollen und gnadenlosen Anwendung nationalsozialistischer Doktrinen entgegenzustellen, die dazu führte, dass unter Anwendung der raffiniertesten wissenschaftlichen Methoden oft völlig unschuldige Menschen und Völker gequält und vernichtet wurden." Von Gnade für die Vertreter des Regimes war auch hier keine Rede.

Stattdessen zeichnete Pius XII. beim ersten Konsistorium seines Pontifikats am 18. Februar 1946 speziell jene Bischöfe und Erzbischöfe mit dem Kardinalshut aus, die sich im Widerstand gegen die Nazis bewährt hatten. Darunter war natürlich der leidgeprüfte Erzbischof Sapieha aus Krakau, aber auch Erzbischof de Jong aus Utrecht, der ungarische Erzbischof Mindszenty, der während der deutschen Besetzung seines Landes im Gefängnis einsaß, Erzbischof Stepinac aus Zagreb und die Franzosen Saliège, Roques und de Julleville. Zugleich internationalisierte er das Kardinalskollegium durch fünf Nord- und sechs Südamerikaner sowie je einen Afrikaner (den ersten farbigen Kardinal in der Kirchengeschichte!), Chinesen und Australier. Zum ersten Mal in der Kirchengeschichte hatten jetzt Nichtitaliener die Mehrheit, spiegelte sich im *Senat der Kirche* ihre Universalität wider. Die eigentliche Sensation dieses Konsistoriums aber war, daß auch drei Deutsche in den Kardinalsrang erhoben wurden, eben jene, die am mutigsten Hitler getrotzt hatten: Konrad von Preysing, Josef Frings und, natürlich, Clemens August von Galen. Als Pius XII. dem hünenhaften Westfalen den roten Hut auf das Haupt setzte, sagte er drei Worte: „Gott segne Deutschland!" Mit keiner Geste hätte er besser zeigen können, daß er an die Überwindung des nationalsozialistischen Wahns und die Rückkehr Deutschlands in die Völkerfamilie glaubte.

XVIII. Mit Leib und Seele

Als Pius XII. am 2. Juni 1948, seinem Namenstag, zum ersten Mal das *Heilige Jahr* 1950 ankündigte, zeichneten sich die beiden neuen Welten, die in Europa nach den Schrecken des Krieges entstehen sollten, bereits in ihren Grundzügen ab. Damals wurden Fundamente gelegt, die sich in den nächsten vier Jahrzehnten nur erhärteten. Allmählich senkte sich der Eiserne Vorhang hinab, der den Kontinent bis zu seinem spektakulären Fall im Herbst 1989 in West und Ost, in Freiheit und Unterdrückung, spaltete. Pius XII. mußte die Teilung, diese tragischste Folge eines wahnsinnigen Krieges, als gegeben hinnehmen. Es brach ihm fast das Herz, daß traditionell katholische, kirchentreue Nationen wie Polen, Ungarn, die Slowakei und Kroatien jetzt unter kommunistischer Zwangsherrschaft standen. So tat er alles, bis hin zur Entsendung von Untergrundbischöfen nach Rußland, um die Christen jenseits des Eisernen Vorhangs zu unterstützen. Noch wichtiger aber war ihm, den gerade befreiten Westen vor einem weiteren Vormarsch der Kommunisten zu schützen, hier demokratische Systeme zu etablieren und die Staaten zu versöhnen, auf daß sie vereint als Bollwerk der Demokratie, Freiheit und Menschenrechte das christliche Erbe der alten Welt bewahrten.

Sein Hauptaugenmerk galt dabei zwei Ländern, Deutschland und Italien.

Schon 1946 hatte er den deutschstämmigen Bischof von Fargo/USA, Aloisius Muench, zum „Apostolischen Visitator" für Deutschland berufen. Das war insofern ein genialer Schachzug, weil Muench gleichzeitig Berater des amerikanischen Militärgouverneurs und Oberbefehlshabers in Deutschland war; die enge Zusammenarbeit mit den Besatzungstruppen war also garantiert. Muenchs wichtigste kirchenpolitische Aufgabe lag darin, die Fortgeltung des Reichskonkordats von 1933 zunächst in den Besatzungszonen, dann in der neugegründeten Bundesrepublik Deutschland zu sichern. Die Besatzer konsultierten die Bischöfe, wenn es darum ging, zuverlässige Personen für öffentliche Ämter zu finden, die keine braune Vergangenheit hatten. Erst 1950 wurde Muench in Amt und Würde eines Nuntius versetzt. Sein Vorgänger, Cesare Orsenigo, hatte die Nuntiatur in Berlin im Februar 1945 angesichts der anrückenden Sowjets gegen den Willen des Papstes aufgegeben und verstarb kurz darauf. Muench war offiziell auch für die Katholiken im Osten Deutschlands zuständig, da die Einrichtung einer eigenen Nuntiatur in Ostberlin einer Anerkennung der DDR gleichgekommen wäre und daher in der Bundesrepublik unerwünscht war.

Auch in Italien setzte sich der Papst schon 1944 für den Aufbau demokratischer Strukturen auf christlicher Grundlage ein; er schien sie autoritären Strukturen – vielleicht mit Ausnahme einer dezidiert christlichen Monarchie – vorzuziehen. Nur vier Tage, bevor die Italiener am 2. Juni 1946 über die politische Zukunft ihres Landes abstimmten, erklärte Pius XII. in einem Interview mit der Jesuitenzeitschrift *Civiltá Cattolica* erneut, daß er keine Bedenken gegen eine republikanische Staatsform habe. Als Beispiel dafür, wie gut die Zusammenarbeit der Kirche mit Parlamenten und Parteien funktionieren könnte, nannte er die Weimarer Republik: „Und wenn das in Deutschland möglich war, dann könnte es auch bei uns passieren, die wir eine der deutschen ähnliche Tradition haben." Damit nahm er vielen Gläubigen, vor allem aber den meisten Bischöfen, die Angst vor der Demokratie. Das einzige, was er wirklich fürchtete, war ein Wahlsieg der Kommunisten, die sich längst als die eigentlichen Befreier des Landes feiern ließen. Dabei setzte Pius XII. ganz auf die von Alcide de Gasperi gegründete *Democrazia Cristiana* (DC). Unterstützt wurde sie von der Massenbewegung der *Katholischen Aktion*, die in jedem Dorf katholische Wahlvereine gründete, um für die neue Partei Mitglieder zu werben. Als die ersten Parlamentswahlen in Italien im April 1948 anstanden, stellte der Papst selber Unsummen für den Wahlkampf zur Verfügung, Geld, das vor dem Krieg in den USA angelegt worden war und jetzt wieder zur Verfügung stand. Alle Christen waren aufgerufen, zur Wahlurne zu gehen, während eine Stimme für die Kommunisten zur *Todsünde* erklärt wurde. Schließlich siegte die DC mit 48,5 % der Stimmen; sie sollte für die nächsten 35 Jahre maßgeblich die italienische Politik mitbestimmen. Mitglieder der kommunistischen Partei dagegen wurden – wie vor 1933 schon die Nazis – fortan für exkommuniziert erklärt. Ein Verbot der KP dagegen lehnte der Papst ausdrücklich ab; es stünde nicht in Einklang mit demokratischen Prinzipien.

So sollte das *Heilige Jahr* 1950 zuallererst zu einem großen Fest der Versöhnung eines Kontinentes werden, der noch allzu deutlich die Narben des Krieges auf seinem Antlitz trug. „Laß das *Heilige Jahr* für alle ein Jahr der Reinigung und Heiligung, der Verinnerlichung und der Sühne werden", hieß es im offiziellen Gebet des Papstes, „das Jahr der großen Rückkehr und des großen Verzeihens." Im Mittelpunkt stünden Gebet und Wirken für den Frieden. Aber es war auch der Triumph einer Kirche, die wieder einmal bewiesen hatte, daß „die Mächte der Unterwelt sie nicht überwältigen werden" (Mt 16,18), ganz wie der Sohn Gottes es einst verheißen hatte. Jetzt pilgerten auch Tausende von Deutschen nach Rom, um den Papst zu sehen. Um das möglich zu machen, hatten die drei Westmächte erstmals auf Antrag von Bundeskanzler Dr. Konrad Adenauer die strengen Reisebestimmungen gelockert. Für die meisten Rompilger war es die erste Auslandsreise überhaupt. Tief beeindruckt berichteten sie später daheim von dem Charisma des schmalen, hochgewachsenen Papstes, der sie oft nur mit einfachen Worten und Gesten fesselte und schon etwas Überirdische an sich hatte. Das *Heilige Jahr*, das mit dem Weihnachtsfest 1949 begann und am 13. Oktober 1951 auf ausdrücklichen Wunsch des Papstes in Fatima endete, war ein Jahr der Superlative für Rom. Über 3,1 Millionen registrierte Pilger zählte das *Römische Pilgerbüro*, tatsächlich aber waren es an die fünf Millionen. Allein zur Heiligsprechung der kleinen Maria Goretti am 24. Juni kamen über 500000 Gläubige. Das 16jährige, tiefgläubige Mädchen wurde von einem Vergewaltiger mit Messerstichen tödlich verletzt und verzieh ihm doch auf dem Sterbebett. Später erschien sie ihm in der Haft und bekehrte ihn. Ihre greise Mutter konnte noch erleben, wie das Bild ihrer heiligen Tochter in einer Lichterprozession, die dem Papst vorausschritt, auf den Petersplatz getragen wurde. Es war das erste Mal, daß eine Papstmesse dort stattfand, weil der Petersdom die Menschenmassen nicht fassen konnte.

Der Höhepunkt des *Heiligen Jahres*, die Verkündigung des Dogmas von der leiblichen Aufnahme Mariens in den Himmel, sollte ein Zeichen setzen für das neue Europa. Ganz wie Pius IX. mit der Verkündigung des Dogmas von der Unbefleckten Empfängnis den Beginn eines neuen Zeitalters der Kirche einläutete, wollte Pius XII. auch das neue Europa auf ganz besondere Weise unter den Schutz der

Gottesmutter stellen. Schon am 1. Mai 1946 hatte der Papst durch das Rundschreiben *Deiparae Virginis* die Bischöfe der Welt um ihre Meinung zu dem neuen Mariendogma befragt und war auf breite Zustimmung gestoßen. Von 1191 Bischöfen, die antworteten, bejahten 1169 das neue Dogma, ebenso 13 der 14 Kurienkardinäle und 53 der befragten 54 Oberhäupter der unierten Ostkirchen. Immerhin reicht der Glaube an die Himmelfahrt Mariens, die seit ältester Zeit am 15. August gefeiert wird, nach Ansicht der Theologen und Kirchengeschichtler mindestens ins 5. Jahrhundert zurück, also in die Zeit des Konzils von Ephesus. Und trotzdem war es ein kirchengeschichtliches Novum: Zum ersten (und seitdem einzigen) Mal in der Kirchengeschichte sollte ein Papst von seinem ihm durch das 1. Vatikanische Konzil zugesprochenen *Charisma der Unfehlbarkeit* Gebrauch machen.

Als Schwester Pascalina am 1. November 1950 gegen 5 Uhr morgens aus dem päpstlichen Appartement auf den noch halbdunklen Petersplatz schaute, traute sie ihren Augen kaum. Aus allen Ecken Roms strömten Menschen, zunächst noch schattenhafte Gestalten, in das Rund zwischen den Kolonnaden Berninis. Bald waren die Zugangsstraßen, allen voran die breite *Via della Conciliazione,* schwarz vor Menschen, die alle nur dieses eine Ziel hatten. Es waren Menschen aller Völker und Rassen, singend und betend, mit strahlenden Gesichtern. Friedlich und rücksichtsvoll suchte sich jeder einen Platz in der Menge. Und dann der Himmel! „War es ein Maientag, der sich so rein und klar anzeigte, oder wirklich Allerheiligen?“, fragte sich die bayerische Nonne erstaunt. In strahlendstem Blau leuchtete der Himmel über dem farbenprächtigen Platz. „Heiligkeit, interessiert sie nicht, was für ein Wetter heute ist?“, fragte sie den Papst, aus dessen Badezimmer das Surren des elektrischen Rasierapparates tönte. „Daß es heute schön ist, wußte ich“, erwiderte Pius XII., „gestern habe ich der Gottesmutter gesagt: So, nun habe ich alles zu deiner Verherrlichung getan, nun tu du das deine! Wo soll ich hin mit all den Menschen? Es gibt nur den weiten Petersplatz, und der muß Sonne haben, um schön zu sein!“ Dann trieb ihn doch die Neugier in sein Arbeitszimmer. Als er die Menschen auf dem mittlerweile von der Morgensonne durchfluteten Platz sah, ging ein Seufzer der Erleichterung über seine Lippen: *„Deo gratias!* Unsere Liebe Frau hat Wort gehalten!“

Pius XII. wußte, daß dieser Tag, an dem 700000 Menschen herbeigeströmt kamen, der Höhepunkt seines sturmumpeitschten Pontifikats war. Wie immer hatte er alles (außer dem Wetter) sorgfältig geplant. Schon am Vorabend war die heiligste Ikone Roms, die *Salus Populi Romani,* vor der er einst seine Primiz gefeiert hatte, in feierlicher Prozession von der Basilika *S. Maria Maggiore* in den Petersdom überführt worden. Jetzt verließ ein endloser Zug von Kirchenfürsten, länger und prachtvoller selbst als bei seiner Krönung, das Bronzetor. Ganz zuletzt, wie üblich auf der *Sedia gestatoria,* erschien der Papst auf dem Platz, euphorisch gefeiert von den Massen. Er hatte zur Feier des Tages seine prachtvollsten Gewänder angelegt. „Oh Heilige Kirche, was bist du groß und überragend, herrlich und mächtig … fest und unerschütterlich im Auf und Nieder des Weltgeschehens", entfuhr es Schwester Pascalina bei seinem Anblick. Wie sie müssen viele gefühlt haben an diesem Morgen des Triumphalismus. Als er auf dem *Sacrato* vor dem Petersdom angekommen war, erhob Pius XII. feierlich seine Stimme, während Millionen Radiohörer in aller Welt gebannt seinen Worten lauschten:

> „In der Autorität unseres Herrn Jesus Christus, der seligen Apostel Petrus und Paulus und auch kraft unserer eigenen verkündigen, erklären und definieren wir: Es ist ein von Gott geoffenbartes Dogma, daß die immerwährende Jungfrau Maria, die makellose Gottesgebärerin, als sie den Lauf des irdischen Lebens vollendete, mit Leib und Seele zur himmlischen Glorie aufgenommen wurde."

In diesem Augenblick blickten Hunderttausende zum stahlblauen Himmel über dem Petersdom. Neben der Sonne sahen sie die Mondsichel, gerade über dem Kreuz auf der Kuppel. Es war ein schöner Zufall, doch zugleich war es ein Zeichen: Als „eine Frau, mit der Sonne bekleidet; der Mond war unter ihren Füßen und ein Kranz von zwölf Sternen auf ihrem Haupt" beschreibt die *Offenbarung des Johannes* (12,1) die Gottesmutter. Der Sternenkranz Mariens war es, der sieben Jahre später die Gründer der *Europäischen Gemeinschaft* – Schuman, de Gasperi und Adenauer, alle drei gestandene Katholiken – zur Wahl ihrer Flagge inspirierte. Wie der Papst, so wollten auch sie das neue Europa, das nie seine christlichen Wurzeln vergessen darf, unter den Schutz Mariens stellen.

Nach einer Anrufung der heiligen Jungfrau, vom Papst selbst verfaßt, setzte die Prozession ihren Weg in den Petersdom fort, wo das Pontifikalhochamt gefeiert wurde. Zum Abschluß fügte Pius XII. einen kostbaren Edelstein in die Krone der Ikone Mariens ein.

Nur einige wenige seiner engsten Mitarbeiter wußten zu diesem Zeitpunkt, daß Pius XII. die Tage zuvor selbst Erscheinungen hatte. Sie wiesen deutliche Parallelen zu Fatima auf, wo über 70 000 Menschen am 13. Oktober 1917 den „Tanz der Sonne" beobachteten. Schwester Pascalina erinnert sich:

> „Es war am 30. Oktober. Als Pius XII. von seinem Spaziergang in den Vatikanischen Gärten heimkam, erzählte er, daß er, zufällig von seiner Arbeit aufblickend, ein merkwürdiges Schauspiel gesehen habe: Die Sonne, die noch ziemlich hoch stand, erschien wie eine dunkle, blaßgelbe Kugel, rings mit einem leuchtenden Glanz umgeben. Ein leichtes, helles Wölkchen schwebte vor ihr. Die dunkle Kugel bewegte sich leicht nach außen, sei es, daß sie sich um ihre eigene Achse drehte oder daß sie sich von ihrer Bahn nach links und rechts entfernte und wieder zurückkehrte. Im Innern der Kugel sah man ganz deutlich und ohne Unterbrechung starke Bewegungen. Das Ganze sei ein wunderschöner Anblick gewesen: ohne geblendet zu werden, habe sich der Blick aufmerksam auf die Sonne richten können."

Erst im August 2008 berichtete der Vatikanjournalist Andrea Tornielli, daß im Privatarchiv der Familie Pacelli eine handschriftliche Bleistiftaufzeichnung Pius' XII. zu seiner Vision entdeckt wurde. Sie enthält unter anderem eine genaue Zeit- und Ortsangabe. Danach war der Papst auf dem Weg vom *Piazzale della Madonna di Lourdes* hinauf zur Gürtelmauer des Vatikanstaates, als er gegen 16 Uhr erstmals das Phänomen bemerkte. „Ich habe das Sonnenwunder gesehen. Das ist die reine Wahrheit", schließt das Protokoll.

Am nächsten Tag wiederholte sich das Phänomen, ebenso am Tag der Verkündigung des Dogmas und noch ein viertes Mal am Oktavtag des Festes. Als auch der päpstliche Fahrer und Schwester Pascalina in den Himmel blickten, sahen sie nichts. Schließlich ließ Pius XII. in der vatikanischen Sternwarte anfragen, doch auch dort wußte man nichts und hatte auch nichts gesehen. Erst ein Jahr später berichtete der päpstliche Legat Kardinal Frederico Tedeschini bei der Abschlußfeier des *Heiligen Jahres* in Fatima vor einer Million Pilger von dem päpstlichen Sonnenwunder.

Doch nicht nur vom *non praevalebunt,* der Unüberwindbarkeit der letztendlich siegreichen Kirche, sondern auch vom ersten Teil der Verheißung Jesu sollte die Weltöffentlichkeit in diesem Heiligen Jahr überzeugt werden: „Du bist Petrus, und auf diesem Felsen werde ich meine Kirche bauen ..." (Mt 16,18). So berichtete Pius XII. in seiner Weihnachtsansprache 1950 einer erstaunten Weltöffentlichkeit, daß Archäologen direkt unter dem Papstaltar des Petersdomes das historische Grab des Apostelfürsten entdeckt hatten.

Begonnen wurden die Ausgrabungen schon in den ersten Monaten seines Pontifikats. Ort des Geschehens waren zunächst die *vatikanischen Grotten,* die Krypta unter dem Petersdom mit den Gräbern so vieler vergangener Päpste, Kardinäle und des deutschen Kaisers Otto II. Um seinem geliebten Vorgänger, Pius XI., eine würdige Grabstätte zu schaffen, wollte Pius XII. das Bodenniveau der Anlage um einen Meter absenken. Verantwortlich für die Arbeiten war niemand anderer als Ludwig Kaas, der bekanntlich die Leitung der Bauhütte von St. Peter übernommen hatte. Bei den Ausschachtungsarbeiten stießen die Arbeiter auf einen Hohlraum, der sich als ein Grabgewölbe aus römischer Zeit erwies. Es war nur eines von vielen: unter dem heutigen Petersdom, so stellte sich bald heraus, befanden sich die Überreste einer römischen Totenstadt, eines antiken Friedhofs, dessen Gräber aus dem 1.–3. Jahrhundert nach Christus stammten. Je näher die Ausgräber dem Papstaltar kamen, desto älter waren die Funde. Geradezu fiebernd verfolgte Pius XII., der selbst seit seiner Jugend ein leidenschaftliches Interesse für die Archäologie entwikkelt hatte, die erstaunlichen Funde, von denen Kaas ihm regelmäßig berichtete. Während über ihnen der Krieg tobte, suchten die Männer weiter, bis sie direkt unter dem Bronzebaldachin des Bernini auf einen Grabhof aus dem 2. Jahrhundert stießen, errichtet über einem Erdgrab, das mindestens hundert Jahre älter sein mußte. Eine Wand war über und über mit Anrufungen Jesu, Mariens und des hl. Petrus bedeckt. Eine Inschrift verriet: *Petros eni* – „hier ist Petrus drin". So uneindeutig zu diesem Zeitpunkt auch die Knochenfunde an dieser

Stelle waren – erst Papst Paul VI. sollte 1968 bekannt geben, daß man aller Wahrscheinlichkeit nach auch die Gebeine des hl. Petrus identifizieren konnte – so sensationell war schon die Entdeckung des Grabes selbst, das die römische Tradition so eindrucksvoll bestätigte (siehe Michael Hesemann, *Der erste Papst,* München 2003).

War das *Heilige Jahr* 1950 der Zenit seines Pontifikats, so trat es danach in seine Endphase ein. Gewiß war Pius XII. nach wie vor ein politischer Papst, einer der sich einmischte. Der Kalte Krieg, dann der Koreakrieg, der ausgerechnet im Heiligen Jahr 1950 ausbrach, stellten ihn vor völlig neue Herausforderungen. Beunruhigt war er auch über die kommunistischen Säuberungen in den Satellitenstaaten der Sowjetunion, besonders die Prozesse gegen Kardinal Wyszinski in Polen, Kardinal Stepinac in Jugoslawien, Kardinal Beran in der Tschechoslowakei und Kardinal Mindszenty in Ungarn, die alle in Gefängnissen einsaßen. Die Niederschlagung des Ungarn-Aufstandes von 1956 durch die rote Armee verurteilte er heftigst.

Auch die Entwicklung in Deutschland lag ihm nach wie vor am Herzen. Wohlwollend verfolgte er die Wahl Konrad Adenauers, den er noch aus der Zeit kannte, als er Nuntius und dieser Oberbürgermeister von Köln war, zum ersten Bundeskanzler. So war es kein Zufall, daß Adenauers erster Staatsbesuch 1951 ausgerechnet nach Rom führte. Dort dankte er dem Papst dafür, daß er Deutschlands Rolle „in seiner Abwehrstellung gegenüber dem Osten“ erkannt hätte. Als Pius XII. 1957 Bundespräsident Theodor Heuss empfing, begrüßte er Deutschlands Einsatz für ein vereintes Europa und eine Aussöhnung mit Frankreich. „Die derzeitige westdeutsche Regierung ward empfangen im Vatikan und geboren in Washington“, stellte der evangelische Theologe Martin Niemöller fest. Das war als Kritik gedacht. Tatsächlich aber bestätigte er damit den großen Anteil Pius XII. am Wiederaufbau eines christlichen Europas und eines demokratischen Deutschlands.

Trotzdem mußte Adenauer zuvor einigen Kabinettsmitgliedern versprechen, nicht vor dem Papst zu knien, da dies seiner Position als Bundeskanzler „nicht angemessen sei“. Erst dem Präsidenten des *Jüdischen Weltkongresses,* Nahum Goldmann, vertraute er an, daß er dieses Mal nicht Wort halten konnte. „Als ich die Flügeltüren öffneten und der Heilige Vater in seiner ganzen Glorie vor mir stand … da lag ich auf den Knien, bevor ich überhaupt wußte, wo ich war", gestand er mit rheinischer Schlitzohrigkeit. Als man Adenauer später einmal fragte, welche Männer der Gegenwart er am meisten schätze, nannte er drei Namen: Eisenhower, Churchill und – Pius XII.

Immer wieder erwies sich der Pacelli-Papst als ausgesprochen modern. Als erster Pontifex der Geschichte nutzte er die neuen Medien, ließ eine Filmcrew seinen Alltag darstellen, sprach im Radio und später auch im Fernsehen. Dabei machte er vor der Kamera den selben Fehler wie viele Bühnenschauspieler seiner Zeit: er gestikulierte so stark und sprach so nuanciert, wie er es von der *Cathedra* im prall gefüllten Petersdom gewohnt war. Auf dem Bildschirm freilich wirkt das eher übertrieben und ziemlich unnatürlich. Sakrale Großereignisse und Massenveranstaltungen liebte er fast so sehr wie nach ihm erst wieder Johannes Paul II. Nie zuvor in der Kirchengeschichte hatte es einen Papst gegeben, der derart viele Privat-, Sonder- und Generalaudienzen gegeben hatte wie Pius XII. Auch im höheren Alter empfing er Woche für Woche bis zu 15000 Gäste. Darunter war, zum Schrecken manches Prälaten, die Boulevard-Prominenz seiner Zeit: Sophia Loren, Louis Armstrong, Alec Guiness, Josephine Baker oder die Herzogin von Windsor, die, *absolutely shocking*, eine geschiedene Mrs. Simpson war. Doch auch die Masse der Anonymen wurde zu ihm vorgelassen. Ob Hebammen oder Bankiers, Juweliere oder Bergarbeiter, Chemiker oder Straßenbahnschaffner, Sportler oder Pädagogen – keine Bevölkerungsgruppe wurde ausgeschlossen und jede erhielt ihre eigene, ganz persönliche Belehrung vom Papst. Ganze Nächte verbrachte Pius XII., um sich in die verschiedensten Berufe und Fachgebiete einzulesen, weil er vermeiden wollte, sich in Gemeinplätzen zu ergehen. Alles wurde minutiös vorbereitet, und um auch ja auf jedem Gebiet auf dem neuesten Stand zu sein, bestellte er sich ständig die aktuellsten und wichtigsten Publikationen. Um die 50000 Bücher hatte er zuletzt allein in seiner Privatbibliothek. Monsignore Tardini berichtet:

> „Das ganze, oft sehr reichliche Material wurde von ihm genau überprüft und ausgewertet. Ich erinnere mich, wie ich im Sommer 1958 einmal zur Audienz erschien und auf einem kleinen Tisch ein dickes, ansehnliches Bücherpaket bemerkte. Der Papst, dem der Gegenstand meiner Neugierde nicht entgangen war, sagte: ‚Se-

hen Sie, diese Bücher handeln alle von Gas.‘ In der Tat hielt er am 28. September 1958 eine Ansprache an einen Kongreß der Gasindustrie.“

Doch es war keine Eitelkeit, kein „zu allem seinen Senf dazugeben wollen“, die den Papst zu dieser fast übermenschlichen Anstrengung veranlaßten. „Der Papst muß als Papst sprechen“, war sein Motto. Er hatte zwei Ziele, erklärte Tardini,

> „ein apologetisches und ein pastorales: Er wollte beweisen, daß die Kirche den Fortschritt der menschlichen Wissenschaften nicht mißachtet, indem sich der Papst gern persönlich über die neuesten wissenschaftlichen Ergebnisse auf dem Laufenden hielt. Sind diese Ergebnisse exakt und sicher, so widersprechen sie nicht nur nicht dem katholischen Glauben, sondern erhalten von ihm Licht und Bestätigung. Das zweite und wichtigste Ziel war das seelsorgliche. Der Papst ließ vor den bewundernden Zuhörern die Harmonie zwischen Wissenschaft und katholischer Lehre aufleuchten, um dann in geschickter Redekunst die religiösen und sittlichen Pflichten daraus abzuleiten, die sich für die Wissenschaftler aller Richtungen aus ihrem eigenen, christlich verstandenen Beruf ergeben.“

Er war der Marathonpapst der Worte und Reden, und alles mußte von höchster Akkuratesse sein. Jedes Zitat, das er Dank seines photographischen Gedächtnisses noch im Hinterkopf hatte, wurde überprüft, jeder handgeschriebene Text noch mehrfach korrigiert und umgeschrieben, bevor er ihn eigenhändig in seine weiße, mechanische Schreibmaschine tippte. Sollte die Rede danach im *Osservatore Romano* abgedruckt werden, folgten weitere Verbesserungen. Pius XII. war nicht nur ein Pedant, er war vor allem ein Perfektionist. Auf ihm lastete die ganze Bürde, der Stellvertreter Christi auf Erden zu sein, und er wünschte sich mit der ihm eigenen Gewissenhaftigkeit nur eines: er wollte ein guter Papst sein und jedem der vielen Menschen, die zu ihm kamen, etwas Ewiges mit auf den Weg geben.

Über 22 Bände umfaßt die schmal gedruckte Gesamtedition der päpstlichen Ansprachen. Nie wieder hat sich ein Nachfolger Petri so viel Mühe mit seinen Schäflein gegeben. Es war ein Liebeswerk an Selbstaufopferung. Nicht einen Augenblick gönnte Pacelli sich Ruhe, sogar seine täglichen Spaziergänge und Autofahrten nutzte er zum Lesen. „Wissen Sie, was die Ärzte zu mir gesagt haben? Ich führe ein unmenschliches Leben!“, zitierte ihn Tardini, um zu ergänzen: „und er lächelte fast befriedigt“. Dabei konnte er vieles, nur nicht delegieren. Er war kein *teamworker*. „Seine Natur drängte ihn fast unwiderstehlich zur Besinnung auf sich selbst und zur Trennung von den Mitmenschen“, schrieb Tardini. Als sein Kardinalstaatssekretär Maglione 1944 an einem Herzinfarkt starb, benannte er keinen Nachfolger, sondern übernahm einfach selbst auch noch diesen Posten; genügend Erfahrungen als Staatssekretär hatte er ja. Auch Montini und Tardini waren für ihn nur Ausführende, die er nie – wohl auch auf ihren eigenen Wunsch hin – in den Kardinalsrang erhob. Entscheidungen traf er, „der große Einsame“, am liebsten allein, nach gründlicher Abwägung aller Argumente, oder besprach sie mit seinem deutschen „Küchenkabinett“.

In kirchlichen Fragen war er teilweise progressiver, als sein Ruf es erahnen ließe. In seiner Enzyklika *Divino Afflante Spiritu* ermutigte er zur „Anwendung moderner Methoden in der Bibelwissenschaft“, was fast schon wie eine Absegnung des Modernismus klang, hätte er nicht ein paar Jahre später in *Humani generis* ausdrücklich vor einem „dogmatischen Relativismus“ gewarnt und damit noch Benedikt XVI. eine Vorlage geliefert.

Durch eine Reihe von Liturgiereformen wollte er die Kirche den Menschen näherbringen. So wurden Taufen und Begräbniszeremonien jetzt in der Landessprache und nicht mehr in Latein abgehalten, zudem das Fasten vor der heiligen Kommunion verkürzt und der Besuch der Vorabendmesse als vollgültige Erfüllung der Sonntagspflicht gewertet. Er legte die Weichen für das 2. Vatikanische Konzil, das er kommen sah, doch von dem er auch wußte, daß es seine Kräfte übersteigen würde: „Der Heilige Vater sprach von einem künftigen Konzil, das er vorbereitet, und er glaubt, daß, um es wirklich ganz gut zu machen, es noch sehr viel und intensive Arbeit nötig hat“, zitiert Schwester Pascalina Monsignore Tardini.

Vor allem aber setzte er auf die Gottesmutter; sie sollte die Menschen Christus näherbringen, die Welt beschützen in dieser wieder einmal stürmischen Zeit. Kaum war das *Heilige Jahr* beendet, kündigte er für 1954, zur Hundertjahrfeier der Verkündigung des Dogmas von der Unbefleckten Empfängnis Mariens, ein *Marianisches Jahr* an. Mit einem selbst verfaßten Gebet eröffnete er es am 8. Dezember 1953 zuerst an der Mariensäule an der *Piazza di Spagna,* dann mit einem großen Pontifikalhochamt in der von ihm so geliebten, jetzt von tausend Lichtern geschmückten Basilika *S. Maria Maggiore.* Nachdem er von der Loggia aus den Segen *Urbi et Orbi* gespendet hatte, schien die ganze Stadt in ein Lichtermeer verwandelt zu sein. Doch anders als im Heiligen Jahr konzentrierten sich die Feiern diesmal nicht auf Rom. In der ganzen Welt kamen Christen zu „Sturmgebeten" für den Weltfrieden, der Weihe von Marienheiligtümern oder der Krönung von Gnadenbildern der Gottesmutter zusammen.

Nur wenige ahnten, wie schlecht es zu diesem Zeitpunkt dem Papst wirklich ging. Im Heiligen Jahr 1950 war er bereits vor einer Pilgergruppe kurz ohnmächtig geworden. Im Januar 1953 kam er durchgeschwitzt von seinem zweiten Konsistorium, doch statt sich umzuziehen, hielt er noch weiter Audienzen, bis er über starke Kopfschmerzen klagte. Die Ärzte stellten eine doppelseitige Lungenentzündung fest und behandelten ihn mit Penicillin. Wochenlang konnte er nicht schreiben, weil er an der rechten Hand eine Nervenentzündung hatte. Zudem litt er immer wieder an heftigen Schluckaufbeschwerden. Ein Schweizer Spezialist, Prof. Paul Niehans aus Bern, diagnostizierte eine schwere Magenerkrankung. Der Papst, der keine Audienzen absagen wollte, verweigerte zunächst eine Behandlung, bis er einen Zusammenbruch erlitt. Der eiligst herbeigerufene Spezialist stellte fest, daß Pacellis Organismus jede Widerstandskraft fehlte; zu lange hatte er mit seinen Kräften Raubbau betrieben, sich bis zur völligen Erschöpfung verausgabt. Sein Magen verweigerte jede Nahrungsaufnahme. Erst nach wochenlanger Behandlung flaute die lebensgefährliche Gastritis endlich ab. Doch statt sich sorgsam auszukurieren, stürzte sich der Papst wieder auf die Arbeit, so schlecht er sich auch noch fühlen mußte. „Nur heroische Selbstdisziplin und ein Pflichtbewußtsein, das keinen Namen kennt, würde dies fertigbringen", kommentierte Dr. Niehans. Pius XII. kannte und wollte keine Schonung. Ein Papst, so meinte er, dürfe und könne sich keine Ruhe gönnen. Stattdessen betete er immer öfter: „Lieber Gott, ich bin bereit! Hole mich heim!“, berichtet Schwester Pascalina. Zeitweise dachte er über seinen Rücktritt nach. Bald gab es einen Rückfall. Wieder bangte und betete die katholische Welt um ihren Hirten. Nur durch eine Spritzkur und regelmäßige Magenspülungen trat wieder eine Besserung ein.

Als am Abend des 1. Dezembers 1954 sein engster Mitarbeiterkreis an seinem Krankenbett versammelt war und mit ihm den Rosenkranz gebetet hatte, meinte der Papst nach dem Segen: „Nun habe ich wieder eine Stimme gehört: Es werde eine Vision kommen!“ Jeder fragte sich, was er damit meinte. Wie jede Nacht schlief er ein, nachdem er sein Lieblingsgebet, das *Anima Christi,* gebetet hatte: „Seele Christi, heilige mich. Leib Christi, rette mich ...“ Am nächsten Morgen wohnte der päpstliche Patient wie jeden Tag der Frühmesse bei. Als Schwester Pascalina ihm später das Frühstück ans Krankenbett bringen wollte, lag er dort mit weit geöffneten, strahlenden Augen. „Heiligkeit, was ist?“, fragte die Nonne erstaunt. „Dort, wo Sie stehen, stand unser Herr“, lautete die Antwort. „Welcher Herr, Heiliger Vater“, fragte Pascalina leicht verwirrt. „Unser Heiland, Jesus Christus!“

In ihren Erinnerungen notiert sie: „Ich schaute und schaute in das verklärte Antlitz des Heiligen Vaters und wartete auf ein weiteres Wort, aber es kam keines. Da kniete ich nieder – wo, wie Pius XII. eben gesagt hatte, der Heiland gestanden ist – und küßte den Boden ...“ Später vertraute der Papst Monsignore Tardini an: „Ihnen sage ich es; die anderen könnten denken, es seien Halluzinationen eines Kranken. Gestern früh habe ich deutlich eine Stimme gehört, ganz klar und deutlich! Diese sagte: ‚Jetzt kommt eine Vision.‘ Es kam jedoch nichts. Heute morgen, während ich der heiligen Messe beiwohnte, habe ich einen Augenblick lang den Herrn gesehen. Es war ein Augenblick, aber ich habe ihn gut gesehen.“

Noch am selben Tag verlangte er zu essen, wollte erstmals wieder aufstehen. Nur wenige Tage später ging es ihm bereits bedeutend besser. Fast in einem Zug schrieb er eine Botschaft zur Frage der Koexistenz, die der Monsignore als „eines der bedeutendsten Dokumente seines Pontifikats“ bezeichnet. Dann beschloß er, als Höhepunkt eines Dankgottesdienstes in der Basilika S. Maria Maggiore, per Radio das Marianische Jahr.

Man sprach von einem Wunder. Pius XII. jedenfalls gesundete schnell und konnte vier weitere Jahre mit vollem Einsatz weiterwirken.

Es ist unbekannt, ob er in dieser Zeit weitere Visionen hatte, obwohl ein Vorfall, über den Schwester Pascalina berichtet, darauf hindeutet.

In der Nacht vom 14. auf den 15. Mai 1956 läutete plötzlich bei ihr die Hausglocke. Das bedeutete, daß der Papst nach ihr rief. Sie schaute auf den Wecker, es war 1.30 Uhr. Seit seinem Zusammenbruch ging Pius XII. auf Anraten seiner Ärzte jede Nacht schon um Mitternacht schlafen. Also mußte es etwas Ernstes sein. Schnell zog sie sich ihre Schwesterntracht über, dann lief sie in sein Arbeitszimmer. Dort saß der Papst an seinem Schreibtisch. Als er merkte, daß Pascalina gekommen war, drehte er sich zu ihr um und sagte: „Ich sterbe einmal ganz plötzlich – und ich habe noch kein Testament gemacht!" „Eure Heiligkeit, wenn es nichts anderes ist, da ist doch auch morgen noch Zeit", erwiderte die Nonne, „wir erinnern Sie morgen daran!" „Nein", beharrte Pius XII., „es muß jetzt sein!" Nachdem er es niedergeschrieben hatte, fragte er die Schwester, ob sie es lesen wolle. „Nein, Heiligkeit, da ist in zehn Jahren noch Zeit dazu", meinte Pascalina mit leichtem Trotz.

Am nächsten Morgen kam der Papst noch einmal auf den Vorfall zu sprechen: „Ich habe die vier Stunden gut geschlafen, weil ich getan hatte, was ich sollte. Ich sterbe einmal ganz plötzlich ... Ich habe aber den lieben Gott um einen Tag gebeten." Einen Tag, an dem er sich auf den Tod vorbereiten konnte.

Seit der Nachkriegszeit hatte Pius XII. wie seine Vorgänger den Sommer immer in Castel Gandolfo verbracht, der päpstlichen Enklave in den Albaner-Bergen, hoch über dem Albaner See. Doch als der Sommer 1958 anbrach, bedurfte es noch mehr Überredungskunst als sonst, den Papst zu bewegen, sein geliebtes Rom zu verlassen. Als es dann endlich so weit war – die heißesten Tage waren längst vorüber – schien ihm das Abschiednehmen besonders schwer. Noch einmal ging er durch alle Räume, blieb noch einmal vor der Madonnenstatue und dem Elfenbeinkruzifix in seiner Privatkapelle stehen, kniete ein letztes Mal auf seinem Betstuhl nieder. Schwester Pascalina beobachtete das ungewohnte Verhalten mit Sorge, obwohl es keinen wirklichen Grund zur Beunruhigung zu geben schien. Nur der Papst ahnte, daß es ein Abschied für immer war.

Erst Ende September gab er zu, daß er sich nicht ganz wohl fühle. Kurz darauf setzte sein Schluckauf wieder ein, sicherstes Symptom dafür, daß er ausgebrannt und völlig überarbeitet war. Dr. Niehans und amerikanische Spezialisten diagnostizierten einstimmig, daß die Ursache der Beschwerden im Hypothalamus lag und sie durch starke Erschöpfung ausgelöst würden. Doch Pius XII. wollte trotzdem keine Audienz ausfallen und keine Pilgergruppe ohne ihre persönliche Rede gehenlassen. Als er am 5. Oktober eine Delegation von Notaren empfing, wirkte er bleich, seine Wangen waren eingefallen. Nur mit Schwierigkeiten konnte er seine lange, immer wieder vom Schluckauf unterbrochene Rede beenden, um anschließend sichtbar erschöpft auf den Stuhl zu sinken. Das Fazit seiner Ansprache war das Fazit seines Pontifikats – eine Friedensbotschaft. Er rief die Notare auf, durch Erfüllung ihrer Aufgaben „zur Erhaltung des von allen Menschen guten Willens ersehnten Friedens" beizutragen; die Kirche würde „mit allen Kräften auf dasselbe Ziel hinarbeiten." Im Anschluß daran winkte er noch und rief – was er nie zuvor getan hatte – mit zitternder Stimme ein lautes *Addio, Addio!* („Adieu!") in das Mikrofon.

Schwester Pascalina riet ihm dringend, sich hinzulegen, doch der Papst hatte noch einen Termin. Erst danach zog er sich mit den Worten: „Jetzt kann ich nicht mehr" in sein Schlafzimmer zurück. Bald zwang er sich wieder, aufzustehen und am Schreibtisch weiterzuarbeiten. In der darauffolgenden Nacht ging es ihm so schlecht, daß die herbeigerufenen Ärzte beschlossen, ihm den Magen auszupumpen. Die Folge war ein völliger Zusammenbruch. Erst am Nachmittag kam er wieder zu sich, um zu fragen, ob die Gläubigen benachrichtigt worden seien, daß die Audienzen wohl ausfallen müßten. Er wußte nicht, daß bereits die ganze katholische Welt informiert war und inbrünstig für seine Genesung betete. Pater Hentrich hatte ihm bereits die Krankensalbung gespendet.

Als Pius XII. am 7. Oktober gegen 7 Uhr wach wurde, waren seine ersten Worte: „Es ist Rosenkranzfest!" Die Ärzte erlaubten ihm nicht aufzustehen, und so wurde ihm die heilige Kommunion ans Krankenbett gebracht. Er empfing sie in tiefster Andacht, um danach in sein persönliches Gebet zu versinken. Nach gut einer Stunde, als Schwester Pascalina zum dritten Mal frische Suppe hereingetragen und wieder abgeräumt hatte, öffnete er die Augen, um unvermittelt zu sagen: *Questa é la mia giornata* – „Das ist mein Tag." Erst nach einiger Zeit begriff die Nonne, daß er den Tag meinte, den er sich von Gott erbeten hatte.

Er wollte eine Symphonie von Beethoven hören und schien doch geistig abgelenkt. Immer wieder stellte er Fragen zur aktuellen Arbeit; es schien, als würde er seine Pflichten nie vergessen. Herzlich begrüßte er Dr. Niehans, der gerade mit dem Flugzeug aus Paris gekommen war. Kaum wurde es Abend, betete er wie jeden Tag mit den Schwestern und seinen engsten Mitarbeitern den Rosenkranz. Es folgten drei Ave Maria mit dem Zusatz: „Du Heil der Kranken, bitte für ihn!". Mit einem unendlich wehmütigen Blick schaute der Papst durch die Reihen, jedem einzelnen dabei tief in die Augen. Dann erteilte er seinen letzten Segen. Als eine der Schwestern das Fenster öffnete, und er den sternenbesäten Himmel sah, entfuhr es ihm: „Sehen Sie, wie schön – wie groß ist doch der liebe Gott!"

Noch einmal schlief er ein, noch einmal erwachte er. Dann, als Schwester Pascalina alles für den Kommunionempfang vorbereiten wollte, flüsterte er nur: „Ich fühle mich sehr, sehr schlecht ..." Noch einmal schaute er sie an, dann schloß er die Augen und sein Haupt neigte sich langsam nach vorn.

Sofort stürmten die Ärzte herbei, versuchten noch bis zum nächsten Morgen, den sterbenden Bewußtlosen mit Sauerstoff am Leben zu halten, vergebens. Das Fieber stieg unaufhaltsam, sein Atem war schließlich nur noch ein leises Röcheln, das bald ganz aussetzte. Dann, um 3.52 Uhr am 9. Oktober 1958, schloß sich der Mund zu einem wundersamen Lächeln, verklärte sich das wachsbleiche Antlitz. „Nun schaut er Gott!", entfuhr es Schwester Pascalina. Der Engelpapst war zu dem zurückgekehrt, der ihn gesandt hatte. Jetzt stand er seinem Ewigen Richter gegenüber.

Auch sein Todestag war ein Festtag der Gottesmutter, geweiht der *Mutterschaft Mariens*. Und so erhob Monsignore Tardini die Stimme, um geradezu triumphierend das *Magnifikat* zu beten. Kurz darauf wurde der Tod Pius' XII. von Kardinal Tisserant, der jetzt der *Camerlengo* war, der Öffentlichkeit bekanntgegeben. Die offizielle Todesursache lautete *Kreislaufversagen*. Pius XII. war 82 Jahre alt geworden.

Über die wahre Todesursache waren sich die behandelnden Ärzte einig: „Der Heilige Vater stirbt nicht an einer eigentlichen Krankheit, er ist nur völlig aufgearbeitet. Er hat alles aus sich herausgeholt, was ein Mensch aus sich herausholen kann. Er hat ein völlig gesundes Herz und eine ebenso gesunde Lunge. Hätte er sich ein wenig geschont, er hätte noch 20 Jahre leben können", diagnostizierte Prof. Gasbarini.

Pius XII. hat sich also buchstäblich zu Tode gearbeitet, aufgeopfert für sein Amt, mit dem er sich mit Leib und Seele identifizierte, getreu seinem Motto: „Ein Papst hat kein Recht mehr auf sich selbst. Er gehört Gott, der Kirche und den Seelen. Hier auf Erden gibt es für ihn keine Schonung."

Nichts aber spiegelt so deutlich den Charakter dieses großen Papstes wieder wie sein Testament, das auch Schwester Pascalina in diesen Tagen erstmals las:

> „‚Erbarme Dich, Herr, nach Deiner großen Barmherzigkeit' – diese Worte, die ich im Bewußtsein meiner Unwürdigkeit und Unzulänglichkeit aussprach, als ich mit Zittern die Wahl zum Papst annahm, wiederhole ich nun mit größerer Berechtigung, da die Vergegenwärtigung der Mängel und Fehler, die ich während eines so langen Pontifikats und in solch schwere Zeit begangen habe, mir meine Unwürdigkeit klarer gezeigt hat. Demütig bitte ich jene um Vergebung, die ich durch meine Worte und Taten verletzt oder geschädigt oder denen ich Anstoß gegeben haben mag. Diejenigen, die dafür verantwortlich sind, bitte ich, sich nicht zu bemühen, zu meinem Gedächtnis irgendein Monument zu errichten. Es genügt, daß meine armselige sterbliche Hülle einfach an einem geweihten Ort zur Ruhe gebettet werde, der mir um so lieber sein wird, je mehr er im Verborgenen liegt ..."

Den Abschied von Pius XII. überschattete ein Skandal. Sein langjähriger Augenarzt und zeitweiliger Leibarzt Prof. Dr. Riccardo Galeazzi-Lisi hatte sich eigenmächtig zu den behandelnden Ärzten am Krankenbett des Papstes gesellt und eine Miniaturkamera mitgebracht. Kaum liefen die Trauerfeierlichkeiten an, verhökerte er zuerst einen ausführlichen Bericht mit allen medizinischen Details des Todeskampfes, dann sogar die Fotos des Sterbenden für Unsummen an die Presse. Als er auch noch auf einer eigens einberufenen Pressekonferenz minutiös über die Einbalsamierung des Papstes informierte und dazu Bilder anbot, reagierte Kardinal Tisserant mit gebotener Schärfe. Galeazzi-Lisi wurde von einem Tag auf den anderen aller seiner Ämter enthoben. Die Schweizergarde erhielt Anweisung, dem Arzt fortan den Zutritt zum Vatikan zu verwehren, „notfalls mit Waffengewalt". Die italienische Regierung verfügte eine richterliche Untersuchung, die römische Ärztekammer leitete ein Disziplinarverfahren ein. Später wurde bekannt, daß immense Spielschulden die Ursache für die geschmacklosen Aktionen des gierigen Ex-Leibarztes waren.

Der Platz vor der Papstresidenz von Castel Gandolfo war ganz in schwarzen Stoff gehüllt, als sich am 10. Oktober gegen 14.30 Uhr die Tore öffneten und den toten Papst zu seiner letzten Fahrt nach Rom entließen. Obwohl das Kardinalskollegium angeordnet hatte, daß die Überführung zunächst zur Lateranbasilika rein privaten Charakter hatte und ohne besondere Zeremonien erfolgen würde, hatten sich Tausende von Menschen auf der Piazza vor dem Sommerpalast eingefunden. Als das Portal sich öffnete, erschien ein Wagen mit einem Priester, der das Vortragekreuz trug. Gleich hinter ihm fuhr der große, schwarze, von der päpstlichen Tiara und vier Engeln gekrönte Sargwagen. In ihm ruhte der Leichnam Pius XII. in einem schlichten Holzsarg, mit rotem Damast bedeckt. Gefolgt von einem guten Dutzend Limousinen setzte sich das Trauergeleit in Schritttempo in Bewegung. Die 30 Kilometer nach Rom war die *Via Appia Nuova* dicht von Menschen gesäumt: Männer hatten ihre Werkstätten, Fabriken und Felder verlassen, Frauen ihre Hausarbeit, um sich noch einmal auf diese Weise von einem großen Papst zu verabschieden. Bei strahlendem Sonnenschein erreichte die Kolonne die *Porta San Giovanni*, eines der Tore Roms.

In feierlicher Prozession wurde der Sarg in die Lateranbasilika, die eigentliche Kirche des Papstes, gebracht. Nach der Totenmesse trugen die 16 *Sediarii*, die Träger der päpstlichen Sänfte, ihn zurück zu dem Leichenwagen. Der Platz vor der Basilika war schwarz vor Menschen in Trauerkleidung. Von hier aus setzte sich ein Zug in Bewegung, der es an Größe mit jedem Triumphzug der römischen Kaiser aufnehmen konnte. Voran schritt ein Regiment im Trauermarsch mit gesenkten Fahnen. Danach kamen Offiziere mit gezogenen Degen, die Garde der Carabinieri und die berittene Polizei. Der Palatingarde und der päpstlichen Nobelgarde folgten in gebührendem Abstand über 5000 Priester und Ordensleute: Franziskaner, Benediktiner, Dominikaner, Jesuiten, dann die Weltgeistlichen, die Mitglieder und Studenten der päpstlichen Seminare, Kollegien und Universitäten. Vor dem Leichenwagen schritten sechs Schweizergardisten und vier Mitglieder der Nobelgarde mit blanker Waffe und Helm. Ihm folgten die höchsten Würdenträger der Kirche und der italienischen Regierung, dann noch einmal Priester und Ordensleute. Es war das erste Mal, daß der italienische Staat einem verstorbenen Papst so demonstrativ die letzte Ehre erwies.

Der Zug passierte die Basilika *S. Maria Maggiore,* das protzige Nationaldenkmal und die Jesuitenkirche *il Gesu,* deren Marienbild der kleine Eugenio so sehr geliebt und verehrt hatte, bevor er über die *via della Conciliazione* den Petersdom ansteuerte. Über eine Million Menschen säumten die Straßen, eine halbe Million wartete auf dem Petersplatz.

Es dämmerte schon und die ersten Sterne erschienen am Himmel, als der Leichenzug seinen Bestimmungsort erreichte. Drei Tage lang wurde Pius XII. auf einem riesigen Katafalk vor dem Papstaltar aufgebahrt, bewacht von vier Mitgliedern der päpstlichen Nobelgarde, drei Tage lang nahmen die Menschen von ihm Abschied. Dann, am 13. Oktober 1958 um 12 Uhr, am Jahrestag und zur Stunde des Sonnenwunders von Fatima, schlossen sich die Portale von St. Peter.

Am Nachmittag desselben Tages fand Pius XII. seine letzte Ruhestätte in der Krypta des Petersdomes, nur sechs Meter hinter dem Grabmal des hl. Petrus, dessen Entdeckung ihm so viel bedeutet hatte. „Während ein schmerzlicher Krieg fast allen Völkern Leiden brachte, war er allein der Vermittler, der einen ehrlichen Frieden suchte, der Verteidiger Roms, der fürsorgliche Tröster aller, die in Betrübnis lebten", verkündet eine Schriftrolle, die in den Sarkophag gelegt wurde.

Millionen spürten damals noch, wie wahr diese Worte waren.

Nachwort

Der Stellvertreter

Aber war es tatsächlich nur den Intrigen eines verbitterten alten Bischofs und eines frustrierten vatikanischen Karrieristen zu verdanken, daß Rolf Hochhuth mit seinem Skandaldrama das Image dieses großen Papstes so erfolgreich in das Gegenteil verkehren konnte?

Am 25. Januar 2007 veröffentlichte das in New York erscheinende US-Magazin *National Review* einen Beitrag von Generalleutnant Ion Mihai Pacepa. Pacepa war der ranghöchste Geheimdienstmitarbeiter, der je aus dem früheren *Ostblock* übergelaufen war. Er ist heute amerikanischer Staatsbürger. Bis Juli 1978 war er General des rumänischen Geheimdienstes *Securitate,* persönlicher Berater von Präsident Nicolae Ceauescu, stellvertretender Chef des Auslandsgeheimdienstes sowie Staatssekretär des rumänischen Innenministeriums. Er setzte sich in die Vereinigten Staaten ab, nachdem Präsident Jimmy Carter sein Asylgesuch angenommen hatte. Zwei Jahrzehnte lang arbeitete er mit der CIA in mehreren Operationen zusammen. Der US-Geheimdienst würdigte diese Zusammenarbeit als einen „wichtigen und einzigartigen Beitrag für die Vereinigten Staaten". Doch erst jetzt packte Pacepa aus, daß er Anfang der 1960er Jahre an einer Kampagne gegen Papst Pius XII. beteiligt war, die der sowjetische Geheimdienst KGB im Auftrag von Generalsekretär Nikita Chruschtschow inszeniert hatte.

Entwickelt worden war der streng geheime Plan von KGB-Chef Aleksandr Schelepin und Politbüro-Mitglied Alekseij Kirichenko. Sein Ziel war es, die moralische Autorität des Vatikans in Westeuropa zu beschädigen, indem man ihn als Bastion des Nazismus erscheinen ließ. Pacepa: „Weil Pius XII. als päpstlicher Nuntius in München und Berlin gedient hatte, als die Nazis ihren Aufstieg begannen, wollte der KGB ihn als Antisemiten darstellen, der Hitlers Holocaust erst ermöglicht hätte. Der Trick bei der Operation war, nicht den geringsten Hinweis auf einen Einfluß aus dem Sowjetblock zu liefern. Die ganze Drecksarbeit sollte von Männern aus dem Westen mit Beweisen direkt aus dem Vatikan geleistet werden."

Die Rumänen wurden eingeweiht, weil der KGB keinen Zugang zum Vatikanarchiv hatte. Der rumänische Auslandsgeheimdienst DIE dagegen, dem Pacepa damals vorstand, hatte gerade zwei in Westdeutschland festgenommene Agenten gegen den katholischen Bischof Augustin Pacha ausgetauscht, der unter Spionageverdacht in Haft saß. Dadurch verfügte Pacepa über gewisse Kontakte, die ihm in Rom einige Türen öffneten.

Die Desinformationskampagne gegen Pius XII. fand unter dem Codenamen *Stuhl 12* statt. Pacepa sollte dem Vatikan erklären, daß Rumänien bereit sei, wieder diplomatische Beziehungen zum Heiligen Stuhl aufzunehmen, wenn das Land als Gegenleistung ein zinsloses Darlehen über eine Milliarde Dollar erhielte; die hohe Summe sollte die Bemühungen glaubwürdig erscheinen lassen. Um den Kurswechsel innenpolitisch zu rechtfertigen, müsse man einen historischen Aufhänger finden. Zu diesem Zweck sollten drei „rumänische Priester", die tatsächlich DIE-Agenten waren, Zugang zu den Vatikanarchiven erhalten. Das erste Treffen Pacepas mit einem Mitarbeiter des vatikanischen Staatssekretariats, dem späteren Kardinal Agostino Casaroli, fand in einem Hotelzimmer in Genf statt. Casaroli war generell bereit, Rumäniens Ersuchen um ein Darlehen nachzukommen, verknüpfte das aber mit einer Reihe von Bedingungen. Das führte dazu, daß ganze zwei Jahrzehnte lang verhandelt wurde. Der Zugang zu den Archiven dagegen wurde sofort gewährt. So sichteten die drei DIE-Agenten zwischen 1960 und 1962 in den Vatikanarchiven Hunderte von Dokumenten, die mit Pius XII. in Verbindung standen. Sie wurden heimlich photographiert, die Filmrollen mit spezieller Post nach Moskau geschickt. Kompromittierendes, so betont Pacepa, war nicht dabei.

Anfang 1963 dankte General Ivan Agayants, der legendäre Leiter der Abteilung *Desinformation* des KGB, den Rumänen für ihre Hilfe. *Stuhl 12* sei erfolgreich gewesen, das gesammelte Material nutze man für ein Theaterstück, das den Titel *Der Stellvertreter* trage. Erwin Piscator, ein moskautreuer Kommunist, sei eigens nach West-Berlin zurückgekehrt, um es an der *Freien Volksbühne* zu produzieren. In dem Stück werde Pius XII. als kalter, herzloser Machtmensch dargestellt, dem es mehr darum ging, die Schätze des Vatikans zu schützen als die Opfer Hitlers. Der Autor des Stückes war ein damals unbekannter junger Deutscher namens Rolf Hochhuth.

Hochhuth veröffentlichte sein Drama 1963 zusammen mit einer vierzigseitigen Dokumentation, die er als *Historische Streiflichter* betitelte und die seine Aussagen belegen sollte. Dem General zufolge war sie von KGB-Experten mit Hilfe der vatikanischen Dokumente fabriziert und zusammengestellt worden.

Den Erfolg des Stückes erklärte KGB-Chef Juri Andropow in den 1970er Jahren ganz einfach: „Die Leute glauben lieber an Schmutz als an Heiligkeit." Da ist etwas dran. Trotzdem räumte der Russe damals Pacepa gegenüber ein, man hätte die Kampagne gegen Pius XII. nie gestartet, wenn man damals schon gewußt hätte, wie sehr Hitler den Papst wirklich haßte. Jetzt hofft der Ex-General, daß die Archive des KGB geöffnet werden und ans Licht kommt, „auf welche Weise die Kommunisten einen der wichtigsten Päpste des letzten Jahrhunderts in den Schmutz zogen".

Unverständlich: Obwohl die deutsche Presse über Pacepas Enthüllung berichtete, blieb der Skandal aus. Kein Aufschrei der Empörung ging durch das deutsche Feuilleton. *Der Stellvertreter,* längst von Marcel Reich-Ranicki und anderen in den Kanon der wichtigsten Werke deutscher Gegenwartsliteratur aufgenommen, schien so unantastbar wie sein Protagonist. „Anti-Katholizismus ist der Antisemitismus der Intellektuellen", stellte der Vater des amerikanischen Konservativismus, Prof. Peter Vierek, fest. Und nichts ist schmerzhafter, als sich von liebgewonnenen Vorurteilen nur aufgrund von ein paar Fakten zu trennen.

Nur der CSU-Bundestagsabgeordnete Norbert Geis wagte es, Hochhuth im Februar 2007 mit den Enthüllungen des Geheimdienstlers zu konfrontieren. Die Antwort: Diese seien „vollkommen idiotisch", ja „Blödsinn". Schließlich habe nicht der KGB das angebliche „Schweigen des Vatikans" erfunden. Geis zeigte sich davon wenig beeindruckt und forderte „umfassende Aufklärung". Schließlich hatte sich die Deutsche Bundesregierung schon am 3. Mai 1963 nach einer entsprechenden Anfrage ausdrücklich von Hochhuths Machwerk distanziert. Damals hieß es:

> „Die Bundesregierung bedauert zutiefst, daß in diesem Zusammenhang Angriffe gegen Papst Pius XII. gerichtet worden sind. Der verstorbene Papst hat bei verschiedenen Gelegenheiten seine Stimme gegen die Rassenverfolgung im Dritten Reich erhoben und so viele Juden wie möglich dem Zugriff ihrer Verfolger entzogen. Die Bundesregierung ist sich nach wie vor mit Dankbarkeit der Tatsache bewußt, daß nach dem Zusammenbruch des nationalsozialistischen Regimes Papst Pius XII. einer der ersten war, der sich tatkräftig für eine Aussöhnung zwischen Deutschland und den anderen Völkern eingesetzt hat. Dies macht eine Herabsetzung seines Andenken gerade von deutscher Seite besonders unverständlich und bedauerlich."

Dabei ist durchaus möglich, daß an Pacepas Enthüllung etwas dran ist. Ein Motiv hatten die Sowjetkommunisten auf jeden Fall, war Pius XII. doch nicht nur ein überzeugter Gegner des Nationalsozialismus, sondern auch des Kommunismus, der nur in Hitler zunächst das akutere Problem sah. Schon im Februar 1944, kurz vor Ende des Krieges, bezeichnete die sowjetische Zeitung *Izvestia* den Papst als „Unterstützer des Naziregimes". Die *New York Times* berichtete kopfschüttelnd und bezeichnet die Vorwürfe als „kommunistische Propaganda", die Londoner Times kommentierte, es gäbe „wohl keinen Zweifel, wo die wahren Sympathien des Papstes in diesem Kampf liegen", nämlich bei den Alliierten. Als die Parteizeitung *Prawda* die Vorwürfe ein Jahr später wiederholte, bezeichnete Hitlers Propagandaminister Goebbels sie in seinem Tagebucheintrag vom 9. Januar 1945 als „geradezu humoristisch", weil sie absurder nicht sein konnten. Doch nur wenige Monate später erneuerte der russisch-orthodoxe Patriarch, eine Marionette Stalins, diese Beschuldigung: Der Vatikan habe das nationalsozialistische Deutschland geschützt und sich seiner Verantwortung für die Verbrechen an den Juden entzogen. Schließlich wurden in der Sowjetunion sogar Historiker beauftragt, „Beweise" für diese Konstruktion zu sammeln. Einer davon war Michail Markovich Scheinmann, ein Spezialist für antireligiöse Propaganda, dessen Buch *Der Vatikan im Zweiten Weltkrieg* 1954 auch in Ost-Berlin erschien. Er und seine Kollegen wählten die vorhandenen Quellen entsprechend aus, rissen sie aus ihrem Kontext und interpretierten sie ungefähr so einseitig wie vier Jahrzehnte später Cornwell und Goldhagen.

Die Geburtsstunde der *Schwarzen Legende* vom „Papst, der geschwiegen hat", läßt sich dann auch ziemlich genau datieren. Es war, als die Bilder von dem schrecklichen Schauprozeß des in Haft gefolterten und unter Drogen gesetzten neuen Primas von Ungarn, Kardinal Mindszenty, im Februar 1949 durch die Weltpresse gingen. An diesem Tag, vier Jahre nach dem Zusammenbruch des Nationalsozialismus, wurde tatsächlich der Kommunismus zum Hauptgegner Pius' XII. Unvergessen blieb die flammende Rede, die der Papst am 20. Februar 1949 auf dem Petersplatz hielt:

> „Wollt ihr eine Kirche, die schweigt, wo sie sprechen müßte, eine Kirche, welche das Gottesgesetz abschwächt, es an den Geschmack des menschlichen Willens anpassen will, wenn sie verpflichtet ist, es mit lauter Stimme zu proklamieren, eine Kirche, welche sich entfernt vom unerschütterlichen Fundament, auf welches Christus sie begründet hat, um sie bequem dem unbeständigen Stand der Tagesmeinungen anzupassen oder sie der gerade gültigen Meinung preiszugeben; eine Kirche, welche die Unterdrückung des Gewissens nicht tadelt und nicht für die gerechte Freiheit des Volkes eintritt; eine Kirche, welche in ungebührlicher Dienerei sich in die vier Wände ihres Tempels einschließt, des göttlichen Auftrags, den sie von Christus erhalten hat, vergessend: ‚Geht an die Straßenkreuzungen und lehrt die Menschen'? Geliebte Söhne und Töchter! Geistliche Erben einer ungezählten Legion von Bekennern und Märtyrern! Ist dies eine Kirche, die ihr verehrt und liebt? Würdet ihr in einer solchen Kirche die Linien des Angesichtes eurer Mutter erkennen? Würdet ihr euch einen Nachfolger des ersten Petrus vorstellen können, der sich solchen Ansprüchen beugen würde?"

Die Gläubigen antworteten wie aus einem Munde mit einem donnernden „Nein!" Wie ließ sich die Glaubwürdigkeit dieser bis dahin unbestrittenen Stimme der Gerechtigkeit besser in Frage stellen als durch die Behauptung, er habe angesichts des größten Verbrechens der Menschheitsgeschichte eben das getan, was er gerade am meisten verurteilt hatte, nämlich … geschwiegen?

Entstand also *Der Stellvertreter* mit oder ohne Wissen Hochhuths – der Begriff vom *nützlichen Idioten* zwängt sich auf, sollte er wirklich nichts geahnt haben – im Auftrag des KGB? Davon ist zumindest der renommierte Berliner Historiker Michael Feldkamp überzeugt: „Der Bericht von Pacepa paßt wie ein fehlendes Puzzleteil in die unsägliche Geschichte der Diskreditierung der katholischen Kirche und ihres Oberhauptes durch kommunistische Propaganda und Desinformation und muß als glaubwürdig eingestuft werden."

Auch Pater Gumpel SJ, der weltweit führende Pius XII.-Experte, kann Pacepas Bericht nicht von der Hand weisen. „Schon die Tatsache, daß *Der Stellvertreter* in allen Ländern des Ostblocks pflichtgemäß mindestens einmal im Jahr aufgeführt werden mußte", sei ein klarer Hinweis darauf, wie sehr das Drama den Interessen kommunistischer Propaganda diente. Auch der Zeitpunkt seiner Uraufführung war gut gewählt; im Pontifikat Johannes XXIII. wurde unter Monsignore Agostino Casaroli gerade die vatikanische *Ostpolitik* neu definiert. Da machte *Der Stellvertreter* es leichter, mit der Vergangenheit zu brechen. Doch auch bei den Gläubigen hatte der neue Papst, der so ganz anders war, seinen Vorgänger an Popularität längst übertroffen.

Johannes XXIII., den die Kardinäle am 28. Oktober 1958 schon aufgrund seines Alters (er war 78) eher als harmlos-sympathischen „Übergangspapst" wählten, hätte sich nicht deutlicher von Pius XII. unterscheiden können. An die Stelle des asketischen, großen, fast ätherischen und dabei unermüdlichen Aristokratensohnes aus Rom trat der rundliche, gemütliche und herzensgute Bauernsohn aus einem Bergdorf bei Bergamo. Zwar war Roncalli ein großer Bewunderer seines Vorgängers, ja er wagte es kaum, in dessen große Fußstapfen zu treten, doch er hatte von Anfang an seinen ganz eigenen, sehr viel bodenständigeren und damit volkstümlicheren Stil. Der Mann, den die Italiener bis heute nur *il Papa buono,* den „gütigen Papst" nennen, veränderte das Bild des Papsttums so radikal wie kein anderer vor oder nach ihm. Mit dem *2. Vatikanischen Konzil,* das schon Pius XII. geplant hatte, aber nie angegangen ist, paßte er die Kirche der Moderne an. So wurde er, unfreiwillig und ungewollt, zur Symbolfigur einer klerikalen Revolution. Plötzlich trennte ein breiter Graben die „vorkonziliare" von der „nachkonziliaren" Kirche und ließ – was Johannes XXIII. stark bedauert hätte – das Pontifikat seines Vorgängers allmählich in weite Ferne rücken, wie eine Episode aus einer längst vergangenen Zeit. So entfremdete sich die katholische Christenheit ganz automatisch von einem ihrer größten Päpste. Nur Traditionalisten gehen so weit, in ihm den „letzten Papst", den ultimativen Stellvertreter Christi auf Erden, zu sehen.

Im Gegensatz zu seinem Nachfolger war Pius XII. nie volkstümlich. Er wurde respektiert, verehrt, ja sogar vergöttert, aber er war kein „Papst zum Anfassen", kein freundlicher Großvater; dafür waren seine Ansprüche an sich und an andere viel zu hoch. Er wirkte distanziert, ja entrückt, er lächelte viel, aber er lachte nicht, zumindest nicht in der Öffentlichkeit. Dabei war er weder kühl noch abgehoben und gewiß kein „Eisschrankpapst", wie Cornwell behauptet. Selbst ein so neutraler Beobachter wie der britische Vatikanbotschafter Sir Francis D'Arcy Osborne mußte gestehen: „Pius XII. war die warmherzigste, liebenswürdigste, großzügigste, angenehmste Persönlichkeit, der zu begegnen mir im Laufe eines langen Lebens vergönnt war. Ich weiß, daß sein empfindsames Wesen unmittelbar unter den tragischen Ausmaßen menschlichen Leidens, die der Krieg verursachte, litt und daß er ohne Zweifel sofort bereit und froh gewesen wäre, sein eigenes Leben dafür zu geben, um die Menschheit vor seinen Folgen zu bewahren." Und doch, wenn wir seine Reden hören und lesen, ist er uns manchmal fremd, weil wir heute eine einfachere, volkstümlichere Sprache gewohnt sind. Pius XII. war auch hier ein Kind seiner Zeit, und vielleicht war es gerade gut so, daß, als in ganz Europa Chaos und Barbarei herrschten, einer da war, der für echte Werte stand und ihre Schönheit in Wort und Tat auszudrücken wußte. Doch das war nach der Kulturrevolution der 1960er Jahre längst vergessen, und so machte sich eine neue Generation daran, die Vergangenheit neu zu bewerten. Pius XII., der so gar nicht in ihre Zeit zu passen schien, war dabei ihr erstes Opfer.

Dabei meinen viele seiner Kritiker eigentlich die Kirche selbst, wenn sie ihn angreifen. John Cornwell etwa macht keinen Hehl daraus, daß Pius XII. für ihn nur ein Beispiel ist, um das Versagen des Papsttums, dieses Modells einer zentralistisch auf Rom hin orientierten Kirche, anzuprangern. Kein Wunder, daß sein Buch nicht nur bei Linksintellektuellen, sondern auch bei vielen dezentralistisch orientierten „Kirche-von-unten" oder „Wir-sind-Kirche"-Katholiken Anklang fand. Eben diesen „Stellvertreter-Krieg“, bei dem das „Schweigen des Papstes zum Holocaust“ nur als Vorwand für kirchenpolitische Intentionen gilt, konnte der jüdische Rabbiner und Historiker Prof. Dr. David Dalin nicht länger hinnehmen: „Die linke Elite beutet die Tragödie des jüdischen Volkes für ihre Angriffe gegen das Papsttum und gegen die traditionelle katholische Lehre aus“, stellt er in seinem Buch *The Myth of Hitler's Pope* (Der Mythos von Hitlers Papst) fest. Dieser Instrumentalisierung des Holocaust gelte es sich zu widersetzen.

Daß heute viele Juden ihre Informationen über Pius XII. aber gerade aus den Machwerken Cornwells und Goldhagens beziehen, erschwert die Situation. Tatsächlich bedroht diese bewußte Desinformation sogar das unter Pius XII. noch recht entspannte Verhältnis zwischen der Kirche und den Juden. Während die Juden nämlich die Kirche jetzt mit distanziertem Mißtrauen betrachten, kann von ihnen schnell der Eindruck entstehen, daß sie bestenfalls vergeßlich und schlimmstenfalls recht undankbar sind. Denn gleich, wie man den Verzicht des Pacelli-Papstes auf eine öffentlichkeitswirksame aber für die Opfer buchstäblich lebensgefährliche Anklage des Naziregimes auch wertet, es bleibt doch die Tatsache, daß rund 850000 Juden dem engagierten Einsatz der Kirche unter Pius XII. ihr Leben verdanken. Keine einzige Institution der Welt hat sich je so selbstlos für sie eingesetzt.

So will dieses Buch auch ein Beitrag zur Aussöhnung zwischen Christen und Juden sein, indem es Lügen und Vorurteile durch Fakten ersetzt.

Bibliographie

Bärsch, Claus-Ekkehard: *Erlösung und Vernichtung*, München 1987
Ders.: *Die politische Religion des Nationalsozialismus*, München 2002
Bayern, Konstantin Prinz von: *Der Papst*, München 1952
Bergmann, Werner: *Geschichte des Antisemitismus*, München 2002
Bernard, Jean: *Pfarrerblock 25487*, Luxembourg 2004
Besier, Gerhard: *Die Kirchen und das Dritte Reich*, Berlin/München 2001
Blet, Pierre: *Papst Pius XII. und der Zweite Weltkrieg*, Paderborn 2000
Ders./Graham, Robert/Martini, Angelo/Schneider, Burkhart : *Actes et Documents du Saint-Siège relatifs à la Seconde Guerre mondiale* (12 Bde.), Vatikanstadt 1965–1981
Brechenmacher, Thomas: *Der Vatikan und die Juden*, München 2005
Ders. (Hrsg.): *Das Reichskonkordat 1933*, Paderborn 2007
Blumenfeld, Kurt: *Erlebte Judenfrage*, Stuttgart 1962
Bottum, Joseph & Dalin, David G.: *The Pius War*, Lanham/MD 2004
Brosch, Joseph: Pius XII. – *Lehrer der Wahrheit*, Trier 1967
Brown, M.L.T.: *Eugenio – True Hero of the Holocaust*, McKees Rocks/PA 2002

Chenaux, Philippe: Pio XII, *Diplomatico e pastore*, Cinisello Balsamo 2004
Cornwell, John: *Pius XII. – der Papst, der geschwiegen hat*, München 2002

Dahm, Paul: *Pius XII.*, Würzburg o.J.
Dalin, Rabbi David G.: *The Myth of Hitler's Pope*, Washington D.C. 2005
Deutsch, Harold: *Verschwörung gegen den Krieg*, München 1969
Domarus, Max: *Hitler – Reden und Proklamationen 1932 bis 1945*, Wiesbaden 1973

Falconi, Carlo: *The Silence of Pius XII*, Boston 1970
Feldkamp, Michael F.: *Pius XII. und Deutschland*, Göttingen 2000
Fest, Joachim C.: *Hitler – eine Biographie* (2 Bde.), Frankfurt/Berlin/Wien 1978

Gaspari, Antonio: *Nascoti in Convento*, Milano 1999
Ders.: *Gli ebrei salvati da Pio XII*, Rom 2001
Görgen, Josef-Matthias: *Pius XII., Katholische Kirche und Hochhuths „Stellvertreter"*, Bucheim 1964
Godman, Peter: *Der Vatikan und Hitler*, München 2004
Goldhagen, Daniel Jonah: *Die katholische Kirche und der Holocaust*, Berlin 2002
Goni, Uki: *Odessa – Die wahre Geschichte*, Berlin 2006
Graham, Robert A.: *Pius XII's Defense of Jews and Others: 1944–45*, Milwaukee/WI 1987

Hartmann, Gerhard: *Kirche und Nationalsozialismus*, Kevelaer 2007

Heer, Friedrich: *Der Glaube des Adolf Hitler*, München 1968

Heim, Heinrich / Jochmann, Werner (Hrsg.): *Adolf Hitler – Monologe im Führerhauptquartier 1941–1944*, Hamburg 1968

Hesemann, Michael: *Das Fatima-Geheimnis*, Rottenburg 2002

Ders.: *Der erste Papst*, München 2003

Ders.: *Hitlers Religion*, München 2004

Ders.: *Hitlers Lügen*, Erftstadt 2005

Ders.: *Die Dunkelmänner*, Augsburg 2007

Hitler, Adolf: *Mein Kampf*, München 1925/27

Hochhuth, Rolf: *Der Stellvertreter*, Reinbek bei Hamburg 1963

Hudal, Alois C.: *Römische Tagebücher*, Graz 1976

Jäckel, Eberhard/Kuhn, Axel: Hitler, *Sämtliche Aufzeichnungen 1905–1924*, Stuttgart 1980

Kaltefleiter, Werner / Oschwald, Hanspeter: *Spione im Vatikan*, München 2006

Katz, Robert: *Rom 1943-1944. Besatzer, Befreier, Partisanen und der Papst*, Essen 2006

Kawa, Elisabeth: *Pius XII.*, Berlin 1956

Kempner, Benedicta Maria: *Priester vor Hitlers Tribunalen*, Leipzig 1966

Kershaw, Ian: *Hitler* (2 Bde.), München 1998

Klee, Ernst: *Persilscheine und falsche Pässe*, Frankfurt 2005

Knigge, Jost: *Der Botschafter und der Papst*, Hamburg 2008

Konopatzki, Ilse-Lore: *Eugenio Pacelli*, München 1974

Kuropka, Joachim: *Clemens August Graf von Galen*, Cloppenburg 1997

Kurzman, Dan: *A Special Mission: Hitler's Secret Plot to Seize the Vatican and Kidnap Pope Pius XII*, New York 2007

Läpple, Alfred: *Adolf Hitler – Psychogramm einer katholischen Kindheit*, Stein a.R. 2001

Lapide, Pinchas: *Rom und die Juden*, Bad Schussenried 2005

Large, David Clay: *Hitlers München*, München 2001

Lehnert, Sr. M. Pascalina: *Ich durfte ihm dienen*, Würzburg 1982

Löw, Konrad: *Die Schuld*, Gräfelfing 2002

Manzo, Michele: *Don Pirro Scavizzi*, Casale Monferrato 1997

Marchione, Margherita: *Yours Is a Precious Witness. Memoirs of Jews and Catholics in Wartime Italy*, New York 1997

dies.: *Pope Pius XII. Architect for Peace*, New York 2000

dies.: *Pio XII – Attraverso le Immagini*, Vatikanstadt 2002

dies.: *Consensus & Controversy. Defending Pope Pius XII*, New York 2002
dies.: *Did Pope Pius XII Help the Jews?*, New York 2007
Maser, Werner: *Adolf Hitler*, München 1971
Ders.: *Hitlers Briefe und Notizen*, Graz 1973
May, Georg: *Kirchenkampf oder Katholikenverfolgung?*, Stein a. R. 1991
McInerny, Ralph: *The Defamation of Pius XII*, South Bend/IN 2001
Müller, Dr. Josef: *Bis zur letzten Konsequenz*, München 1967

Neuhäusler, Johann: *Kreuz und Hakenkreuz*, München 1946

Oschwald, Hanspeter: *Pius XII. – Der letzte Stellvertreter*, München 2008

Padellaro, Nazareno: *Pius XII.*, Bonn 1954
Passelecq, Georges / Suchecky, Bernhard: *Die unterschlagene Enzyklika*, Berlin 1999
Phayer, Michael: *Pius XII., the Holocaust and the Cold War*, Bloomington/Ind. 2008
Picker, Henry: *Hitlers Tischgespräche*, München 2003

Rathgeber, Alphons Maria: *Pastor Angelicus*, Kempten 1960
Rauschning, Hermann: *Gespräche mit Hitler*, New York 1940
Reuth, Ralf Georg (Hrsg.): *Joseph Goebbels – Tagebücher* (5 Bde.), München 1992
Riccardi, Andrea: *L'Inverno piu lungo*, Rom 2008
Ring-Eifel, Ludwig: *Weltmacht Vatikan*, München 2004
Rosenberg, Alfred: *Der Mythus des 20. Jahrhunderts*, München 1930
Ders.: *An die Dunkelmänner unserer Zeit*, München 1935
Rychlak, Ronald J.: *Righteous Gentiles*, Dallas/TX 2005

Sanchez, José M.: *Pius XII. und der Holocaust*, Paderborn 2003
Schad, Martha: *Gottes mächtige Dienerin*, München 2007
Schneppen, Heinz: *Odessa und das Vierte Reich*, Berlin 2007
Scholder, Klaus: *Die Kirchen und das Dritte Reich* (2 Bde.), Frankfurt/Berlin/Wien 1977/85

Tardini, Kardinal Domenico: *Pius XII.*, Freiburg 1961
Thiede, Carsten Peter / Stingelin, Urs: *Die Wurzeln des Antisemitismus*, Basel/Gießen 2002
Tittmann, Harold H. jr.: *Inside the Vatican of Pius XII*, New York 2004
Toland, John: *Adolf Hitler* (2 Bde.), Bergisch-Gladbach 1977
Tornielli, Andrea: *Pio XII*, Milano 2007

Völklein, Ulrich: *Die Weizsäckers*, München 2004

Walter, Bruno: *Thema und Variationen*, Frankfurt 1988
Walter, Otto: *Pius XII.*, Olten 1958
Weizsäcker, Ernst von: *Erinnerungen*, München 1950
Wild, Alfons: *Hitler und das Christentum*, Augsburg 1931

Zolli, Eugenio: *Der Rabbi von Rom*, München 2005

Bildquellen:

Vatikanarchiv: S. 78, S. 125
L'Osservatore Romano, Vatikanstadt: (4), (5), (8), (10), (11), (13)–(19), (23)–(30)
Fotografia Felici, Rom: (1)– (3), (9), (12), (22)
Archiv Michael Hesemann: S. 23, S. 122, (6), (7), (20), (21), (31), S. 197

Michael Hesemann im Paulinus Verlag:

Die Dunkelmänner
Mythen, Lügen und Legenden
um die Kirchengeschichte

ISBN 978-3-7902-5765-6
Festeinband, 272 Seiten

Hitlers Religion

ISBN 978-3-7902-5766-3
Taschenbuch, 480 Seiten